キリスト教を哲学する

隠されたイエスの救い

八木雄一

春秋社

まえがき

ヨーロッパの代表的宗教である「キリスト教」は、立派な西洋式教会堂や結婚式場のPR、クリスマス商戦などの機会に目にすること、耳にすることが多い。しかしその教えがどういうものか、日本人一般はよく知らない。というよりも、そもそも宗教一般についての理解があいまいだ。「神頼み」とか、「神仏に祈る」というと、何か都合の悪いことがあったとき、神仏が助けに参じて、自分は何もせずに見ていればめでたしめでたしとなることが、俗には宗教を信じることだと思われている。日蓮も蒙古軍襲来のとき、神仏に国の守護を祈願したという。実際、嵐が来て蒙古軍の船を沈めてくれたのは日本を守る神仏のおかげであり、日本は神に守られる国だと、かつては言われていた。

同様のことはキリスト教にもたしかにある。しかし、それが「宗教」だとするなら、この現代において宗教は「無用の長物」であり、「古臭いもの」であり、「捨てて」よいものだろう。現代では最先端の科学技術が必要なものを手に入れるための手段をさまざまに提供してくれている。

その使い方を指南してくれる専門家も大勢いる。今や、この種の神仏は用済みだ。

しかし、じつは、この「神仏頼み」の宗教観が、そもそも仏教やキリスト教の理解をゆがめている。二つの宗教は、旧の神仏たちが役立たずになっていると考えられるようになったときに、新しい神仏を持ち出したことで新たに世界宗教となったものではない。そうではなくて、「今の自分をまず変えなければ神仏が助けてくれることはない」という理解を、教えの基盤にもっている。つまり仏教とキリスト教は、旧の神仏が役に立たなくなったときに神仏を時代に合わせて新しくした宗教ではなく、人間の側の「自己革新」を求めている宗教なのである。

東西それぞれの地域において、文明の比較的初期の段階でキリスト教と仏教は、文明がもつ根本的な問題に直面して、自己を革新する宗教をつくった。しかし文明自身は旧の問題をもったまま、その後さまざまな発展を遂げて、ついに現在、地球全体で熟成している。文明はすばらしいものを人類にもたらすものだという夢が、圧倒的な力で文明社会の人々の心をとらえ続けて来た。人々の多くは、仲間の間の「一致」ないし「協力」と、市場経済の「競争」が、まさしく自分たちの生活を潤してきたと確信している。そして文明がもつマイナスの問題を陰に追いやって来た。今日、いくつもの問題が見えるようになっていても、人々は文明の夢と信仰を捨てていない。

ところが、文明は人々が集まるその中心地域では「良く見える」ことがらを加速度的に増加させる一方で、その周辺においては、激しい人間の弾圧、奴隷化、人間無視、自然環境の破壊、等々、数々の非人間的事態を引き起こしている。それが地球全体で顕著になった。文明が熟成した結果、文明は人間性を大きく開花させるより、むしろ破壊している側面が、中心地域においてもさまざまな格差を通じて顕在化し始めている。文明の中で鍛えられた頭脳も、複雑に絡まったまま放置されてきた問題を解決できない。そしておそらくこの精神領域における混乱のために、政治も社会も、今や希望の光を見失い、断末魔の状態に向かっている。思うに、キリスト教と仏教は、文明の初期段階において「それに気づき」、自己の革新を通じて「それに対処する道」として示された。そういう知恵だと、じつは理解することができる。

とはいえ、両宗教とも、宗祖からそれが純粋に受け継がれて今日に至っているのではない。どちらもその後に各種の教団が生まれ、それぞれが文明の一面と妥協し、宗祖においては無かったものを取り入れることによってさまざまな宗派に分かれた。キリスト教については、それ以前のユダヤ教がもっていた文明至上主義の性格を取り入れたことによって、当初の段階からさまざまな教えを含み込んできた。そのため、仏教に劣らず輻輳した姿を示している。したがってその正確な理解は、絡まった糸をほぐすように慎重にしていかなければならない。

それを哲学で試みるのがこの本である。

ところで、両宗教とも、典拠とされる書物をもつ。つまりその思想内容が「ことば」で公的に示されている。それを実際に読まなければ正確な理解はおぼつかない。しかし、その全体は理解がすぐには難しい文を多く含み、大量である。そのうえ教団の数だけの理解がある。あるいは、矛盾して見える内容を経典は数多く含んでいる。読み通す気力をもてる人は、ごく少数である。

じっさい、仏教でも、葬式など、日常的な習慣となっていることしか知らない人がふつうだ。したがってキリスト教のような、かつて邪教とされ、近年になってから日本で一般に知られるようになったヨーロッパ由来の宗教となれば、その思想の内実を知っている人が少ないのは当然だろう。

そもそもわたしたちの間で、日常、宗教思想はあまり話題にされない。「触らぬ神に祟りなし」である。すると、ますます基本的なことが知られないままに時間だけが過ぎてしまいがちである。致し方ないと言えば致し方ないが、人々が国際的に動くことが多くなった今日では、いつまでもこのままというわけにはいかない。

たしかに、最近はキリスト教についても遠慮のない意見が聞かれるようになった。よいことだと思う。じっさい各人の「自由な理解」のためには、さまざまな立ち位置の情報が人々の耳に聞こえてくることが何より大事である。偏った情報はどうしても偏った理解を産んでしまう。だから社会全体にとっては、或る程度多様な意見が聞こえて特定の意見のみが突出して聞こえてくることがないほうがたしかによい。いろいろな意見があって、本当はどうなのだろうと、みなが考えてしまうほうが健全だと言える。

したがってさまざまな意見が聞かれることは、聞かれないよりはキリスト教の実相に近づくことができる。しかし、一面ではそうだとしても、一方でさまざまな意見に振り回されて、怪しみ、不安になるばかりなら、それはそれでよくない。宗教など思想的なものごとは特にそういうものである。なぜなら、宗教は生き方そのものに関わるので、そこに不安があると、かえって間違った誘いに容易に心を奪われるからである。カルトの問題はその危険性を示している。とはいえ問題を取り上げるだけでは解決にならない。電話詐欺がその危険の周知によっていくらかは初期の危険を払拭できたとしても、新たな手法が繰り返し現れ、人々の不安な心、心配してしまう心を狙って通信の詐欺は絶えない。

不安は払拭する必要がある。その不安を払拭するために、各人、自分が少なくとも自分個人にとって「これは」と思い、信じるものがあるのは、必要なことだ。じっさい、「これは」と思い、信じるものがあったほうが良いに違いない。少なくともそれがあれば、各人、独りでも生きていく自信になるはずだからである。

このわたしの場合、それは「哲学」ということになるが、他方で、人によっては、「哲学」はそれ自体、宗教に劣らずむずかしいと感じる。さらに、宗教と同様に、哲学は自分の生活を変える。そのことで周囲の人に不安を生じると考え、「哲学」を疑う人もいるかもしれない。さらに自分が変われば、周囲の社会に理解しがたい混乱（迷い）をもたらす可能性があるから、哲学は危険と考え、むしろ極力排除すべきだと考える人がいるかもしれない。たしかに哲学は、各人のうちに新たな思想を作り出し、その思想がその人の行動を左右するのだから、それは既存の社会に混乱を引き起こす可能性がある。この可能性を、わたしも否定しない。

しかし社会に混乱が起きるからと言って、直ちにそれは悪だと断定すべきでもない。問題にすべきは、その混乱が正しいものか、つまりその混乱は、既存の社会が「良くなる」ために必要な混乱なのか、それとも逆に社会がもっと「悪くなる」混乱なのか、ということである。そこを見極めなければ軽々しく悪だと断定すべきではない。混乱から起こるさまざまな危険を悪と考えて社会に起こる混乱すべてを拒絶するのは、既存の権利に執着する頑迷にすぎない。同じことは、個人のなかでも言える。自分の心に混乱が生じることを、一概に悪いことだと断じていては、人は新たなことを学ぶことはできない。

わたしは、「哲学」は、当人に都合のいい思想づくりを目指すものではなく、「何が正しいか」を理性で吟味することだと、考えている。したがって、これ以上に信頼できる思索の技術は見いだせない。

とはいえ、わたしが自分の意見を自由に述べるのは、一方的に自分の意見を正しいものだと我を押し通しているだけではないかと、読者は怪しむかもしれない。その不審を解消するためには、この社会には、哲学を危険視する人がいることを一方で認めながら、なぜわたしが「哲学は正しい」と信じるのか、その理由を説明する必要があるだろう。じっさい、自分が「信じる」から「正しい」ということが普遍的に通用するなら、キリスト教という宗教を信じる人は同じくらい、「信じる」から「キリスト教は正しい」と言うことができる。

それに対して、宗教、信仰よりも「哲学が正しい」とわたしが信じるのは、信じるからというだけの理由ではなく、「それが正しいことを、きちんと説明できそうだ」と思うからである。以下で、一歩一歩、それを説明していきたいと思う。
とはいえ、思考についても、原理的なところになると、「同語反復」になるか、「ことばにならない」、つまり「説明できないもの」に突き当たることは避けられない。これは新奇なことではなく、紀元前から哲学者が述べて来たところである。仏教哲学でも「悟りの会得」に関して「不《ふ》立《りゅう》文字」と言われている。「ことば」にはできないということだ。もちろん、では、絵にできるのか（曼荼羅をもつ真言宗はこの傾向がある）、音楽にできるのかという話になるが、言うまでもなく、それは無理である。

じっさい、「ことば」は、わたしたちの気づかないところで、わたしたち一人一人の心を形作っている。なぜなら、「折々に、ことばが自分の心に湧いてくる」という現象が、一般に「心」とか、「思考」と呼ぶものだからである。そのとき湧いてくる「ことば」は、たいていは周囲からいつか「聞いたことば」である。聞き流したことばもあれば、積極的に学習したことばもある。それらが気づかないところで一人一人の「心」を、それぞれに形作っている。

あらたに、宗教や、文学や、哲学の本を読もうとする人は、これまで聞いて来た「ことば」だけでは何か「もの足りない」と感ずるから、無意識のうちに、「新たなことば」を知ろうとして本を読むのである。その必要性、欲求は、絵や音楽では満たされない。

哲学は、「それがなぜ正しいか」を、ことばで何とか説明しようとするが、その最終的な説明（分からない人にはそれが同語反復に聞こえる）に納得できるかどうかは、これまた「ことば」に対する各人の理解にどうしても依存する。そして「ことば」についての理解は、「ことば」が人間の文化の根幹にあるために、地球規模で共通ではなく、各地域それぞれに異なる「文化」を背景にして異なっている。なぜなら、ことばの意味は、それぞれの人が出合う現場の経験を土台にして理解されるものだからである。ことばの学習の現場、意味を受け取る現場が異なれば、それだけ、ことばの理解は異なる。

じっさい、ヨーロッパの言語、たとえば日本では学校で教えられることが多い英語と、わたしたちの日本語との間に、さまざまな違いがあることは明らかだろう。日本語しか知らなかった者が英語を学ぶときには、発音から何から、何らかの苦労が、かならずある。だれも英語と日本語が同じ言語だとは思わない。しかし英語を通訳して自分たちの言語に変換しても、翻訳だけでは分からない意味の違いがあることは、当然、翻訳からは見えてこない。気をつけなければならないのは、その違いである。

わたしはこの本の中で、「ことば」の意味を吟味して、聖書の内容を含めて中世のキリスト教神学を正しく理解することを試みた。すなわち、参考となる本を含めて、聖書を読む限り、また中世の神学書を読む限りで、キリスト教がどのような要素をもった宗教であるか、その本質的な意味を分析してみた。そうすることによってそもそも宗教とは、信仰とは、あるいは「わたし」とは、あるいは人間とは、等々について、新たな観点から見ることができるようになった。すると、キリスト教と言われている宗教が、じつはさまざまな由来をもつ知恵が集められ、案外に

「輻輳《ふくそう》した状態」のままキリスト教会によって、いかにも統一的で一貫した教えであるかのように言われていることが見えて来た。キリスト教にさまざまな宗派が存在するのは、もとの聖書の内容に、すでにさまざまな種類の知恵が集められ、輻輳しているゆえであり、各宗派は、その中から自分たちの立場から見て都合がよく、強調したいところを取捨選択して、それぞれが自分たちの解釈を正当化している。

伝統的な宗教であることで、現在では比較的安定しているキリスト教は、現在でもこのような状態にある。そしてそれをいいことに、カルトと呼ばれる宗教が広がっている。じっさい、キリスト教が基にしている聖書の内容が輻輳した状態にあるために、さまざまな教えが「キリスト教」の名で口にされる。まともなキリスト教にたまたま出合った人は、カルトに引きずり込まれないで済むが、たまたまカルトのほうに出合った人は、カルトに引きずり込まれる。なぜ騙されるかと言えば、たまたま出合った教えが本物のキリスト教かどうか「分からない」からである。そしてそれが「分からない」のは、「キリスト教」の名で言われているものが、それ自体、そもそも「分からない」ままに、社会のなかで放置されているからである。

それゆえ、ふだん宗教について、もやもやしたものを感じている読者は、歩みがぎくしゃくしたところもある拙著の論考に付き合ってみても、無駄にはならないと思う。じっさいキリスト教の内容が輻輳したものであることが分かれば、読者各自それぞれに、宗教について、あるいは、信仰について考え直す機縁を、この本のなかにきっと見つけることができるだろうから。この本は、そのようすがとなることを目指している。

そして、最後に、この本の全体は著者が宗教以上に正しいと信ずる哲学のはたらきを考察の足元に置いていることもまた、明確にしておきたい。したがってまた、この本に書かれていることに説得力がない部分があれば、それは著者の哲学が未熟であることを意味していることも、はっきりさせておきたい。

目次

キリスト教を哲学する　隠されたイエスの救い

第2章　処罰と悔悛

第3章　自由と予定説

キリスト教を哲学する

隠されたイエスの救い

第１章

「宗教」と「哲学」と「文学」

1／ことばの文化性

哲学の仕事に入るためには、まずは「ことば」をできるだけ客観的にながめることが必要である。なぜならわたしが信じるところ、哲学は、「ことばの吟味」だからである。ただし、「ことば」と言っても、辞典の編集作業のように「単語」を吟味するのではなく、一定の意味のある「文」(「命題」と言われることが多い)を哲学は吟味する。つまり一般に科学が、一個の物体ではなく複数のものごとが関係する「事態」を研究するように、哲学も、一個の単語を研究するのではなく、「事態」を表示する「ひと続きの文面」を問題として「ことば」を吟味する。

そして「ことば」をそのように吟味するためには、わたしたちは吟味する「ことば」に対して自覚的でなければならない。なぜなら、わたしたちは幼い時から母国語を無意識のうちに学んでいるからである。したがって吟味するためには、まず「ことば」をはっきりと「意識化」しなければならない。すなわち、それを「対象」として、心のうちに「据える」ことが必要である。それをまずしなければ、哲学は始められない。

まずはためしに、東西の「人間は…である」という一文を吟味しておこう。

さて、日本の『古事記』では、人間は水面から顔を出した葦の芽に喩えられ、『古今和歌集』

序では、「ことば」は「歌」と捉えられ、心を種として生まれる「ことの葉」と言われた。つまり古来、人もことばも、植物の姿になぞらえられてきた。たしかに、葉は植物が光合成をする主な場所である。人間が植物に喩えられたなら、その人間が用いている「ことば」を、植物がその成長に必要なはたらきをもつ「葉」という重要な部位に喩えるのは、たしかに理にかなっている。じっさい、植物は葉を広げて太陽光と炭酸ガスと水から光合成を行い、それによって成長する。それと同じように、わたしたち人間は、「ことば」を通して何事かを学んで、その栄養で心が成長する存在である。

他方、聖書（創世記）によれば、人間は塵・泥でつくられ、そこに「気」が吹き込まれたものである。この説明は泥人形からの発想だろう。ユダヤ民族発祥地周辺にあるメソポタミア（二つの川の間の）文明においては、そこにあった粘土がさまざまなものに用いられたことが知られている。人の姿が作られただけではなく、粘土を板状にしてヘラで文字が刻まれた。大量の粘土板文書が見つかっており、かつてそこにあった人々の生活の一端が分かるようになった。また、粘土板に押し付ければ名前を刻むことができる印鑑も作られた。すなわち、粘土の文明である。それゆえ人間は、土から生まれ、土に還ると考えられた。その粘土質の大地には大量の小麦が育ち、人間を養い、死んだ人間は土に還ったに違いない。

そして降雨、あるいは水源地に雪解けがあれば、大量の水が流れ、一部に池が生まれれば、そこには葦（あるいは、カヤツリグサ）が生い茂った。葦は東西いずれでも亜熱帯地域に育つらしい。

パスカルは「人間は考える葦」だと言った。また、前述したように、日本人は葦の芽から生まれたと言われている。それゆえ、葦にまつわる泥が人間誕生の土台になるのは、日本人にも「分かる」文化である。

他方、ヨーロッパの哲学を産んだギリシアの神話には、人間の誕生は語られていない。神々の系譜が王家の系譜に連なることが語られているだけである。「ことば」についても、その誕生神話はない。「ことば」について、日本のような「葉」という「比喩的説明」もない。

一方、古典ギリシア語では、「言う」を意味する動詞は〈レゴ〉であり、この動詞から派生した名詞が〈ロゴス〉で、それが「ことば」を意味している。そしてこの名詞は、そのまま「理性」、「理由」、「推理」、等々、さまざまな人間の思考作用を表す。振り返ってみれば、人間が自分の行動の「理由」を他者に説明するとき、わたしたちはいつも相手に「ことば」を「言う」。またそのとき、わたしたちは自分の頭を使っている。それゆえその部分を「理性」と名付ける。

そして、そのときの頭の中での「ことば」の動きを、あるいは、ことばを並べるはたらきを、わたしたちは「推理する」、あるいは、「照らし合わせて比べる」という動詞で述べる。それゆえ、「ことば」と同じ単語が「理性」を意味し、「推理」を意味しても、あるいは客観的にものごとを「比較対照」することを意味しても、その理由は明らかである。矛盾はない。むしろ人間の心が、いかに多くの場面で「ことば」によってはたらいているかを、「ロゴス」というギリシア語は明らかにしている。

そして、ギリシアに根差す哲学の歴史においては、「ことば」、「理性」が「人間」を代表している。この点がとくに日本語の由来の説明との大きな違いである。日本では、ことばを種として生まれる歌は、理性よりも情緒を表し、それが生きとし生けるものすべてに通じるものとされている（『古今和歌集』序）。それは人間だけのものではない。ところが、たとえばアリストテレスにとって、他の動物から区別される人間の特質は「理性」である。つまり人間と、ほかの動物との違いは、彼によれば、「ことば」をもつかどうかである。

また、聖書の中に「初めにことばがあった」（ヨハネ福音書　1－1）という一文が見える。その一文が意味するのは、「ことばが生じる」ところに「人間が生きる」ことが始まるという意味だと、ギリシア思想のなかでは受け取られる。たしかに、「ことば」から、わたしたちの理性、思考、思いが生まれ、その思考から自分の納得が生まれ、他者の説得が生まれ、わたしたちの間にさまざまな行動が生じて、それがとりもなおさず他の動物から区別される人間の歴史を作って来た。神話も、「ことば」で語り伝えられてきた。キリストも神のことばが受肉したものと言われている（ヨハネ福音書　1－14）。それゆえ、ヨーロッパにおける重要な精神文化はほとんどすべて、人間だけの間で通じると見られる「ことば」のさまざまなはたらきによって生まれている。

さらに、聖書では、人間は泥・塵から作られているが、その魂は、その泥人形に吹き込まれた「気」である。「ことば」は、泥のほうではなく、明らかにその「気」に関連している。泥に関係しているのは目に見える肉体のほうである。死体が土に還ることを見ていたからだろう。他方、その「気」によって、泥人形は命をもつようになった。したがって、「命」は「ことば」と密接に関連している。あるいはまた、「ことば」は、人間を作った創造主の「神」と密接に関連している。なぜなら、「ヨハネ福音書」は、「ことばは、神とともにあった」（1－1）と続くからである。

これに対して日本の「ことば」は、泥から出て来て成長した植物の「葉」であり、それをもとにした歌（文学）は、人間以外にも通じるものであり、広く自然そのものを表現し、また互いを成長させる自然な力として敬愛されて来た。ことばは、日本では泥と一続きの自然の一端であり、別々のものと見られていない。

したがって「ことば」に対する理解、あるいは、その背景になっている文化、人間理解から生ずる「ことば」に対する一般のイメージは、ヨーロッパと日本の間で、明らかな「違い」がある。

2／哲学のむずかしさ

宗教、文学、哲学は、どれも「ことば」によって語られる。一般に大陸で生まれた世界宗教は「ことば」で語られ、人々に言い伝えられる。それは三大宗教の基盤が、「聖典」とか「経典」と言われる書物にあることで明らかである。そして同じく、文学作品が「ことば」とそれを示す「文字」で伝えられていることは、疑問の余地がない。ギリシアで生まれた哲学も、何より「ことば」に基づく。このことは、先に述べたように、哲学の基礎概念である「理性」も「推理」も、同じ「ロゴス」、すなわち「ことば」であることから明らかだろう。

では、哲学は、宗教や文学と、何が違うのか。

宗教には「儀式」がある。身体的表現がある。また文学は、「歌」で表されるとき、音楽的表現要素がある。たとえばイスラム教は、日に数度の礼拝の儀式がある。その経典「コーラン」のアラビア語は、朗誦されるときの音楽的「美しさ」によって、その内容の「神性」（それが神に由来するという根拠）をアラブ人に確信させていると言われる。つまり宗教や文学には、芸術的な側面、感覚に訴える側面が、「ことば」がもつ「理」とは別にある。

他方、哲学には、音楽的要素はない。また身体的表現要素もない。哲学にとって重要なのは、ことばがもつ「論理性」だけである。それは「単語の並び」において、ことばが独自に持つ「説得力」であり、人を納得させる力である。この「論理的性格」については、これ以上のことは何も言えない。もともと「論理」も、ギリシア語では「ロゴス」である。そして論理が哲学のはずすことができない根幹であるために、哲学は、一般的に「難しい」と言われる。

他方、すでに述べたように文学と宗教は、「ことば」を基盤としているだけでなく、表現されたものの映像や、表現の音楽性など、何か感覚に訴えるものをもつことによって、人々の間で何らかの魅力や話題性をもっている。耳に心地よい音楽性とか、心に感動を引き起こす物語性、あるいは、宗教家は特別な日時に特別な行動を見せることによって、見た目に日常性を超えた謎めいた神秘性を醸し出す。つまり姿や行為によって一般人の耳目を集め、あるいは、それによって多くの人が集まる儀式や集会を開く「魅力」をもっている。文学も、朗読会や詩の朗誦が人々の前で行われる。そこで味わったものについては、だれもが他者と話題にすることができる。面白そう（興味深く）であり、単純で、わかりやすい印象がある。つまり音楽会や美術展、あるいは、舞台や映画のような要素を、文学と宗教は「ことば」以外にもっている。

哲学には、こうしたものがない。

一方で、哲学は万人に必要なものだと言われる。哲学は人間や人生について、何か善いことを語るからである。何が正しいか、何が善いか、何が真実かを語ることがなければ、それは哲学ではない。あるいは、何が正しいかを追求することが哲学である。ところが今しがた述べたように、哲学が、数学や幾何学、あるいは他の諸科学などと同じく「学問」であるために、どうしても必要としている「論理性」は、一般人を近寄りがたくさせる。

とはいえ、この文学と宗教の受け取りやすさと哲学のむずかしさは、受け取り手としてのものであって、作り手としてのものではない。受け取り手というのは、それを学ぶ側のことである。おそらく、作り手としてのむずかしさは、文学や宗教にもそれぞれ哲学に劣らずあるに違いない。じっさい、文学にしても宗教にしても、作ることに成功した人間の数は、哲学者と同じように少ない。ただ、文学と宗教は、すでに述べた要素をもつことによって、受け取る側には技術的むずかしさを表向き要求しない。受け取る側が、むしろ「楽しみ」、「慰め」として受け取れるように、さまざまな工夫を凝らすことが文学や宗教には含まれる。

哲学がなぜ、作り手側のむずかしさと同じむずかしさを受け取り手にも要求するかと言えば、作り手による「論理」を受け取り手が理解しないことには、その「論理」を根幹としている哲学を受け取る（学習する）ことができない、つまり、哲学は、受け取り手が作り手と同じ論理を理解しないと、受け取って学べないからである。

これはほかの学問、たとえば数学でも同じである。数の加減乗除の論理が分からなければ、数の間の計算を理解することはできない。分数の論理を知らなければ、分数の計算は理解できない。したがって、数学も哲学と同じく、受け取り手側にも、学ぶためには理解しなければならない論理が存在する。数学ができるかできないかは、数学の論理が理解できるかどうかに掛かっている。

数学は、ものを数えるときに使う「数の論理」を用いる。そして幾何学は、ものを作るとき、たとえば建築物を作るとき、設計図面はものを紙の上に単純化して表す。幾何学は、そのときに用いる直線、曲線の「線の論理」を用いている。数学、幾何学は、それぞれの論理を学ばなければその成果としての数学、幾何学を理解することはたしかにできないが、数学は、用いる論理を数の論理に限定している。同様に幾何学は、特定の数の線についての公理に、使う論理を限定している。そのため、幾何学も必要な論理を学ぶための経験は、一定のものである。それゆえ、数学や幾何学はむずかしいとはいえ、若いうちに一流の専門家になれることが少なくない。

ところが哲学は、人間や人生の全体を対象とするので、それを理解するために必要な論理を学ぶための経験が、数学などの諸科学と比べると、どうしても「多く」なる。哲学の理解に必要な論理は、限定された数の論理や線の論理ではなく、さまざまな人生の場面の全体にわたる日常言語の論理だからである。哲学は、それをもとにして説得力のある思想をつくらなければならない。しかも、それぞれの哲学者が自分の人生経験のうちに見出したその論理が理解できなければ、受け取り手も、作り手の哲学を理解して受け取ることはできない。

このことによって、哲学は一般に「むずかしい」。

他方で、理解するために必要な経験の多さとしては、宗教のことばや文学のことばは、哲学と同じである。文学にしても宗教にしても、そのことばの意味を理解するために必要とする人生経験の広さ、多様さは、哲学と同様に、小さくない。老齢となった筆者自身、文芸作品のことばの一つ一つに己の経験を結びつけて人生を味わう時間をゆっくりと過ごすことは、今頃になってようやくできるようになった感がある。

宗教作品も文学作品も、人生の機微に自分の人生のなかで十全に触れていなければ、理解のために必要な想像がむずかしくなることでは、哲学と同じだろう。したがって文学が哲学よりもわかりやすいと思われるのは、イメージ（想像）の問題である。つまり文学の味わいは各人の人生経験に左右されながらも、各人の人生経験がどんなに貧しくとも、それを背景としての読みが各人の自由な読みとして文学にはつねに許容されている。

文学と哲学の間には、もう一つ大きな違いがある。すでに述べたように、哲学は、人間や人生に関して「正しいこと」を追求しなければならない。それに対して文学は、描写される人間や人生が「間違ったもの」（たとえば倫理的、道徳的に）であろうと、残虐であろうと、その描写が読者に何らかの感動を引き起こすなら、それでかまわない。つまり文学は、人間や人生を「正しく受け取ること」を、作者にも読み手にも、とくに要求しない。

文学作品は、その現実的な活き活きとした描写が読者に迫るなら、たとえその現実は悪として拒絶すべきものであろうと、一向にかまわない。文学は、それが描くものを心に描くことがむずかしいと読者が感じたら、読まないで済む。つまり拒絶は読者の自由だ。他方、哲学は、「正しく考える」ことをそれ自体が要求する「学問」である。したがって、その論理を追うことができなければ、読者は自分が正しくあろうとしていても、哲学から冷たく拒絶される。

3／「ことば」は人間、社会、自然を描写する

ことばは、さまざまなことがらを描写する。人間の発言も行動も描写する。あるいは、心も描写する。人間社会に起こる事件も描写する。また自然のさまざまな風景、そこに生きる生き物の

姿も描写する。しかし、ことばで「描写する」とは、ことばに「変換する」ことであり、ことばでなかったものを、ことばに変えることである。そして、哲学の発祥地のギリシア語にならえば、すでに述べたように、心が「ことばをもつ」ことは、「ことばによって思考する」ことであり「理性のはたらき」をもつことである。したがって、ことばによる描写は、つねに対象についての何がしかの「解釈」（理解）である。

この解釈の仕方の違いが、科学的か、法律的か、政治的か、文学的か、宗教的か、等々の違いを生ずる。そして一般的に、それぞれの違いは、それぞれの分野の特有の注目点を表す「ことば」、つまり専門用語によって表される。あるいは、印象づけられる。たとえば十分に客観的でなく科学的ではなくても、科学的言語を多く用いれば専門外の人間にはそのことばは「科学的描写」に聞こえる。ことに専門分野の地位にある人の発言であれば、その発言はその専門分野の権威ある発言として受け取られる。宗教に関しても同様である。宗教家の発言ならば、そのことばに対して、無言のうちに人は「敬虔である」（崇める思いをもつ）ことを求められ、反論してはいけない雰囲気が心の世界に立ちはだかる。

しかし、科学的であるための条件とは何か、宗教であるための条件とは何か、それらについて十分な吟味がなければ、「ことば」を正確に受け止めて理性的な判断をもつことはできない。一般にわたしたちが特定の他者の主張を聞いたとき、言われるままに従ってしまい、それによって判断を誤るのは、発言されたこと、書かれていることについて、十分な吟味があらためて各自によってなされないからである。したがってわたしたちが判断を誤らないためには、相手がだれであれ、つねに相手の「ことば」を自分で吟味することが必要である。それ以外に、判断の誤りを防ぐ方法はない。なぜなら、正しく考えること、すなわち、正しく理性をはたらかせる以外に、正しい答えを見つけることはできないからである。そしてこれが、「哲学」と一般に呼ばれる作業である。

このことを、具体例で考えて行きたい。

わたしたちの社会で或る殺人事件が起きたとしよう。新聞がこれを報道する。新聞は、まずは警察発表をそのまま報道する。そして記者が事件の背景をさぐって、それを記事にする。また、さまざまな専門家の意見を聞きだしてそれを報道する。この中で新聞社の独自性は、自分たちの記者が探って来た事件の背景のみである。ほかの記事は他人頼みであり、それぞれの専門の視点からの描写にすぎない。警察発表は、警察が犯人の犯罪性を疑わせる視点からのことばであるほかない。自分たちの過ちなどは発表しない。警察発表は「警察の発表」であって、もともと客観的な情報ではない。

他の専門家の視点も、それぞれの専門性の立場からの解釈である。その事件が、たまたま専門家自身が考察することがむずかしかった場合、「不可解」だと言って犯人の「異常さ」を強調して自分の理解力のなさを隠すだけである。また新聞が売れない時代になると、新聞記事の編集も、週刊誌の記事の編集と同じように、読者を増やすために最大公約数の読者目線をさがすものになる。良心的新聞の編集はその中でも（発行部数に左右されるよりも）少数の読者の信頼を得ることを目指して努力する。しかしそれでも、ある種の記事に「非難」の声が多くなれば、声を小さくしなければ新聞社も生き残れない。

新聞各紙の記事はそれぞれの特徴を有するが、それでもおおざっぱに言って一般の「社会的視点」からできた記事であり、ことばである。学校現場で文部科学省の指導を受けた先生が子供たちに教えようとする視点は、多くがこの視点である。同じ国の一員となるために要求される「ものごとを見る視点」は、その国の人々が社会を見る共通の視点（価値尺度）だからである。人は、共通の視点で社会を見ることによって他者と同調することができる。同調できない人間は、社会性がないと見なされる。そしてこの視点から、犯罪を抑止するための「法律」が作られ、「刑罰」が規定される。またこの視点から、何事であれ、社会の「評価」が下される。

ただし、そのときどきの新聞記事は、社会的視点を完全に網羅しているわけではない。そしてこのことは、学校教育の現場で教えられるものについても、国家で議論されることがらについても同様である。それぞれの時代の人々がもつ社会的視点には、かならず限界がある。

これに対して、同じ事件を後になって作家が小説にするときには、そのことばは、社会的視点からの描写ではなく、個人が出合う景色と個人の心の内面を含む「人間的視点」からのものになる。なぜなら、小説は一般的に読者が「共感できる」登場人物の視点をもつことが必要だからである。共感するためには、共感できる人間が共感できない人間と対峙するとか、何らかの関係のなかでときに共感できる人間が登場して、登場人物の日々の「暮らし」を想像することが、読者にできなければならない。

つまり小説は、読者の現実世界から離れていても、心理的な「向こう三軒両隣」の世界を描き出す。その世界のなかには周囲に目撃される自然や街並みがある。あるいは、ペットの動物がいる。個人の喜びや悩みがある。したがって小説の世界は、心理的に「手の届く世界」であり、キリスト教の用語を使えば「隣人の世界」である。ただし、登場人物の周囲に描写されるものごとは、作家の想像の範囲に収まっている。現実の世界ではないために、それがもつ真実性には限界があり、現実がもつすべての真実が語られるのではない。宗教の経典が描写する世界は、一方で信者に共通する世界であるとともに、自己の革新につらなる描写に関しては、小説世界と同じ「向こう三軒両隣」の世界である。自己革新は、結局、自己自身に連なる身近な世界の革新にほかならないからである。

4／ことばが描き出す客観世界と身近な世界

このように、一方に、一般人が社会一般の知識・情報を得る新聞の記事や学校の教科となる諸科学の世界があり、他方に、文学や宗教、哲学が対象にもつ具体的な個人の世界がある。どちらの世界も「ことば」によって描き出される世界である。ところが、この二つの世界は、じつは質の異なる世界である。二つの世界を区切る線は、目には見えない。しかし、「ことば」の世界において、二つの世界は意識して区別しておく必要がある。特に自己の革新につらなる哲学や宗教の側面を理解するためには、二つの世界がもつ論理の違いを十分に理解する必要がある。

ヨーロッパの近代以降の良識では、国家権力は個人の世界に権力の手を差し込むことを遠慮しなければならないことになっている。ただ、社会秩序を安定的に保つために、特別に、犯罪に対して、あるいは、その他のことで国家権力が個人の世界に入ることが許される場合がある。しかしそのときでも、つねに「なんらかの注意」が必要とされる。つまり国家権力が社会の視点で個人の世界に入ることの妥当性については、つねに十分な吟味がなされなければならない。犯罪捜査に際して個人宅への調査に裁判所の判断が必要となるのはそのためであり、「思想信条の自由」が守られなければならないというときの問題とは、そういう問題である。

当然、その逆もある。個人の世界のことがらを社会の視線にさらすこと、社会一般に伝えること、また個人が組織力によって社会一般に対して支配力を及ぼそうとするときには、その正当性が十分に吟味されなければならない。つまり中傷や、名誉棄損の訴えが起こらないように注意しなければならない。

個人の世界に「ことば」の基盤を置いているのは、宗教と文学と哲学である。これらの三つのものは、社会的に価値を認められた文化である。ところが一般的に宗教と文学は、個々の人間の心を救う道筋を、また個々の人間がそれぞれの視点で経験することがらを、つまり人生の本質に関わる真実を、喜びや悲しみをまじえて「ことば」によって一般読者に伝える。他方、哲学はこの宗教と文学が描き出す世界のなかで「正しい」ことを吟味する。ただし、哲学は宗教や文学の対象領域を超えてことばを吟味する。日常的な個人の世界の「ことば」を吟味するだけでなく、科学の正しさを吟味する、あるいは、一般社会の視点についても「正しい」ことが何かを吟味する。

一般読者は個人であると同時に、社会のなかの一員であるから、そのために自分が触れた宗教や文学は、個人的生活を超えて広く社会に関わるものだと、つまり社会共通の側面が宗教や文学の本質だと考えることも、一方で、無理もない事実である。しかし宗教や文学は、本来各人の身近な周囲の世界を基盤にして成立している。それが広く社会全体に関わると考えられる理由は、どの社会の内にも人が関わる身近な周囲の関係があるからである。つまり誰もが自分の周囲に身近な人の関係をもつからである。

宗教や文学の専門家が、個人の世界を超えて、国家社会を目標にして関わることは、当然、ゆるされている。しかし、国家の軍事的防衛や国家の政治的秩序に関わる際には、その活動、作品は、必然的に国家社会の視点をもたざるをえない。そうなったとき、宗教家であれば、その活動はそれだけ宗教本来の力、すなわち、個人の心を救う力を失う。つまり宗教が事実上、政治的なものになる。すなわち、個人を「救う力をもつもの」ではなく、むしろ個人を「支配するもの」

になる。文学であれば、それだけ文学性、人の心に訴える描写の真実さを失う。つまり非文学的なもの、すなわち、一般人の心を一定のものに塩梅する洗脳手段、権力者の宣伝になる。言い換えると、宗教が国家社会に関わると、その宗教は、人を救う性質をもつものであるより、信者を増やすための広告宣伝、あるいは、教会の社会的影響力を国家権力に及ぼすための政治的性質をもつ活動になる。また、文学が同様に国家社会に関わると、それは文学的と言うよりも、事実の報道めいた作品、ないし、政治に影響を及ぼす政治的作品になる。

じっさい宗教が国家社会の視点を信者に示すと、信者は宗教が力点を置いているはずの個人の世界から国家の問題へと、自分の心を引き離す結果を生じる。信者は己の本当の問題から目を離して、国家政治のことで気を紛らす（消費する）こととなる。じっさい、聖職者と信徒の間であろうと、信徒どうしの間であろうと、国家の問題に心を注ぐとき、その心は、政治を正す（政治を救う）ことに向かって、人間のなかで「己を救う道」（宗教の本道）を見失うほかない。

個人の革新を目指す宗教と、個人の経験を普遍的な経験とすることを目指す文学が、自分たちの礎としているのは、あくまでも個人の日常世界である。宗教教団が国家の問題に関わると、信者は「信仰の名」において、個人の日常世界、すなわち、「隣人の世界」に注目することができなくなる。そうなると信者は、「隣人の世界」にのみ見出すことができる「己を救う道」を見つけることが、あるいは、その道を歩むことができなくなる。文学作品も、個人的世界の描写から離れれば、個々の読者に訴えるべき文学性を失う結果になる。したがって国家や政治に関わることは、宗教にとっても文学にとっても、それ自身を破壊する自滅行為である。

じっさい、文学は国家そのものを描くことなどできない。個人の具体性がなければ読者の共感は期待できないからである。そのために、個人を国家社会の視点に結びつけることがなされれば、すなわち、或る個人の肩書を、「国家の英雄」や「国家の由来」として描けば、そのことによって作品は、勢い、登場人物の描写が個人の心の内面性を失い、社会的権威を示す特別な人間の心と特別な人間が出合う事件の羅列となり、それだけ記述が外面的になって人間個人の真実を描き出す文学性を失う。

宗教、文学がもつべき個人を救う論理、あるいは個人を喜ばす、あるいは、個人の慰めとなる論理は、つねに個人ないし隣人の世界のものであって、普遍的な社会を基盤とするものではない。宗教や文学にとっては、社会は、たんなる背景（舞台装置）でしかない。すなわち文字も宗教も、広い社会を相手にするから国境を越えるのではなく、むしろ国籍抜きの人間、特定の社会抜きの人間を相手にするから国境を越えるのである。

それに対して哲学だけは、一方で個人の世界に基盤をもちながら、他方、国家社会に関わることが正当化される。なぜなら、哲学はそれ自身が「正しいことを吟味する」活動なので、二つの世界の間を超えるときにも、その「超越」の「正しさ」が吟味されるからである。それゆえ、ある哲学がこの空隙を間違った形で乗り越えようとすれば、それは偽として否定される。その吟味がなければ、真の意味での哲学ではない。哲学は「正しい」ことの「吟味」を通じて、個人における正しさだけでなく、社会的視点についても一定の「正しさ」に関する主張をもつ。

またそれによって哲学は、「個人の世界」と「社会の世界」という二つの世界をつなぐことができる唯一の学問である。あるいは、いずれの世界も扱うことができる総合的な唯一の学問である。すなわち、哲学は主体である個人が何を対象としたときであっても、すなわち、その対象を個人にするときであろうと、国家にするときであろうと、どのようなものを対象にするときでも、自分の考えの道筋が「正しく」在ることを見出す学問である。ただし、哲学が吟味のための基盤（正しさの根拠・尺度）にしているものは、宗教や文学と同じく、あくまでも身近な個人の世界（向こう三軒両隣の世界）である。

5／二つの世界を切り分けるヨーロッパ言語の人称

宗教や文学は、本来「社会的視点」から語られるべきものではなく、「人間的」（個人的）視点から語られるべきものだと述べた。この視点の違いは日本語ではわかりにくいが、ヨーロッパの言語では、社会的（客観的）視点は3人称の表現となり、身近な人間的視点は、1人称、2人称の表現になる。じっさい、この文法上の区別を通じて、日本語ではあいまいなところが、ヨーロッパの言語に翻訳されると、急にわかりやすくなる。

たとえば、和歌に、「海行かば、みづくかばね、山行かば、草生すかばね、…」（『万葉集』巻一八　大伴家持）とある。

わたしは小学生のときからこの歌を聞いていた。しかしわたしはこの歌は、「海に行くと、そこには水に浮いている死体があり、山に行くと、そこには草に埋もれた死体がある、…」という、戦争の悲惨な3人称の情景描写と思っていた。ところが、最近になって読んだアメリカ人の英語への翻訳では、「（天皇の兵として）わたしが海に行くなら、わたしは水に浮く死体となり、わたしが山に行ったなら、わたしは草に覆われた死体になる（わたしはそのつもりでいます）」という意味の英語になっていた。

じっさいこの歌は、歌を詠んだ当人（大友家の家持）が軍人として天皇に仕える覚悟をうたっている。そのことが英語に訳されたことで、この歌の冒頭から明確になっていた。たしかに再度『万葉集』に当たってみると、この和歌は、もともと長歌（四〇九四番）の一部で、先に挙げた所の前に、「自分は大友家という、職柄の者であり、この家は祖先のときから」という意味のことばを持っており、先に挙げた歌のあとに、「大君の辺にこそ死なめ」と、「天皇のためには死ぬことも顧みないと誓っている」という意味のことばが続いている。

これを読んで、「なるほど」と思った。短く区切った歌の日本語だけだと、天皇に向かって、わたしの命を利用してもいいですよという覚悟は、歌の後半に入ってようやく見えてくる。しかし、英語では、はじめから1人称で訳しているので、個人の覚悟が歌の冒頭から明らかになっている。ほかの和歌の英訳の場合でも同様なのだ。日本語ではそのあたりが今一つはっきりしないため、読み手のほうで、あとから可能性を考えてみなければならない。ところが英語に訳されると、主語と人称が1人称の「わたし」に限定されることによって、はじめから読みの可能性が一つに限定され、そういうことかと、はっきりと分かる。

日本語は、「わたしが」なのか、「わたしたちが」なのか、「だれかが」なのか、1人称、2人称、3人称、また単複の区別がない。日本語では、その区別があいまいで、したがって、いったいどれなのか、聞いたもののほうが考えなければならない。それが日本文学を味わうことだと言えばそうだろうが、他方で、それが日本文学を味わうことをむずかしくしている。

逆から言えば、ヨーロッパのキリスト教も哲学も、言うまでもなく、日本語で翻訳文を読むときは、「主語の人称」が何かをつねに注意しなければならない。日本語の論理であいまいに受け取れば、そこにあるヨーロッパの「論理」（ことば）が、じつは受け取れない。とくにヨーロッパの哲学は、本来、ソクラテスが始めた「一対一の対話」にある。そこにある主語は、単数の1人称「わたし」と単数の2人称「あなた」であり、したがってその主語のもとに述べられるものは、各個人の主体性を宿したことばである。決して1人称複数の集団的なことばではない。また、3人称の客体的ことばでもない。訳者が注意していなければ、日本語に訳されたとき、それがあいまいになる。

また、ヨーロッパの「産業の強さ」を生み出しているのは「科学」である。ところで、近現代では産業力が国力である。それゆえ、国力こそ誇れるものだと考える人は、「科学的である」ことこそ「現実的である」と考える。そして、哲学もまた、いやしくも学問であれば、科学的でなければならないと考える。そうなると、哲学は3人称の客観的なことばで訳されなければその本質を伝えられないと、思い込む。つまりその訳が、客体的なことばになりやすい。するとまた、その訳文で哲学を学ぶ人の間でも、「科学哲学」（広義の）こそが真の哲学だと考える人が多くなる。そして世間というものは多数派でできているので、一般の人々は、哲学について、その種の意見が一般的な意見であり、真であろうと考えて疑わない。

このような背景があるために、わたしの見方では、ヨーロッパの哲学が3人称で述べられる解釈によって説明されがちである。あるいは、ソクラテスの哲学のような、1人称を土台とする主観的な道徳哲学は真の哲学ではなく、一部分をとらえた矮小な哲学にすぎないと見てしまう傾向が生じる。そしてこの種の傾向は、ヨーロッパの哲学自体のうちにも内在している。じっさい、アリストテレスの「倫理学」は、まずは個々人の間の道徳を扱っているのであるが、アリストテレスは道徳は個々人の間で完結するものだとは考えていない。むしろプラトンの『国家』篇（言うまでもなく、中身は一対一の対話篇である）にならって、『ニコマコス倫理学』を『政治学』へと連なる基礎学とみなしている。

つまりアリストテレスは、哲学の「完成」は、個人の道徳の完成にあるのではなく、社会制度としての「国家」の完成（完全性）にあるとみなしている。おそらくヘーゲルもこの理解を受け継いで、弁証法を基礎としつつ、体系がなければ哲学ではないと主張して、政治や国家を論じることのできない哲学は真の哲学ではないと、見ている。そして1人称単数の自己という個人を語ることに不慣れな日本人は、アリストテレスやヘーゲルという哲学の大立者が示す理解を早合点してしまいやすい。すなわち、彼らの語る「基礎」を飛び越え、いきなり「完成」を求めて、アリストテレスの「形而上学」や、ヘーゲルの「精神」に飛びつきがちなのである。

しかし、英語の文法を学ぶとき1人称から学ぶように、ヨーロッパの言語は、「1人称を主語とした文」を「基本」としている。言い換えれば、ヨーロッパの言語は、1人称の文が「文の原理」である。ところで、繰り返すが、哲学は「ことば」のみを基盤としている。したがってヨーロッパ哲学の基盤の基盤、すなわち哲学の原理は、「1人称を主語とした文」だと考えなければならない。

6／主語の単数の地平から複数の地平への抽象移動

しかし哲学が政治や国家を論じるためには、1人称単数から1人称複数へ、あるいは、2人称単数から2人称複数の段階へ、つまり主語を「わたし」から「わたしたち」へ、「あなた」から「あなたがた」へ移して、主語のあとにつづく述語の真理の地平を変えて（揚げて・抽象して）いかなければならない。すなわち、主語を複数としながら文に真理が成り立つ地平に立つためには、複数の間で共通に成り立つ「普遍性」が述語に必要である。

しかし、じつはこの「抽象」の正当性（真理性）は、３人称の命題を基礎とする科学の正当性（真理性）と同様に、哲学の歴史のなかで、つねにその真理性が疑問とされてきた。つまり抽象によって生まれる概念は実在性のない「観念」にすぎないと批判され、今も疑われている。一方、近代科学は、個別事実（実験・観察データ）との関連を明らかにすることで普遍命題の真理性を証拠立て、ようやくその批判を逃れてきた。

他方、ヘーゲル哲学は、一対一の対話（異なる見解の提示）から、別の概念を抽象する過程を「弁証法」と名付けて権威化し、わたしの見方では、それによって述語が主張する真理を十分に吟味することなく「矛盾」をかかえ込んでいることをうまく言い逃れている。つまり「矛盾対立することがら」をそのままにする理由を、「弁証法」の名で言いくるめている。あるいは、文学と同様に「矛盾を表現する」だけで、問題を少しも解決できない（答えにたどりつかない）。

じつは、そこにある矛盾は、１人称単数の段階から１人称複数の段階に挙げていくときに、立ち止まって慎重に吟味して、あらかじめそのことから生じる問題を解決しなければ正当化できない。主語の地平は述語が示す真理の視界の範囲を示している。主語が「わたし」であれば、述語の真理は「わたし」が見聞きする範囲に限られている。「わたしたち」であれば「わたしたち」が見聞きしているであろうと「わたし」が推測している範囲である。以下、同様。むしろこうした吟味で真理を見出して解決していくことが真の哲学だと言うべきである。日本人は「弁証法」という「ことば」に魅了されがちである。それは日本人が文学好みであることと、おそらく関係している。じっさい弁証法が示す世界は哲学の世界ではなく、問題があるという「事態」を、ただ「表現する」だけの文学の世界である。それはことばの表現力に訴えるだけで、哲学が重視する論理性をあいまいにする世界でしかない。

なぜなら、その哲学は1人称単数を主語として述べられた真理（文）と、多数の人の合意を得ることによってはじめて1人称複数を主語として語られる資格をもつ真理（文）が、区別できずに混淆されているからである。1人称単数を主語とする文は、その主張をするものにとって「自明」であるが、「多数の合意」は、個人には他人である多数の個々人の心は「見えない」という事実を考えれば、当然のごとく「自明」ではない。ただの「幻想」かもしれない。それゆえ、それらは、きちんと区別されていなければ、ことがらの明晰さを欠くことになる。

この問題の解決を素通りして、あるいは、解決の努力を怠って、往々にしてごく一部の多数の間で合意されたものが、客観的真理の主語である3人称の主語で語られる。そのとき、その真理は、まるで純粋に客観的な独立した事物のように、他者の批判をはねのけて、偉大な哲学の絶対的真理であるかのように、わたしたちの前に居座る。ちょうど悪名高いプラトンの「イデア論」のように。そしてこうした真実を知らない民衆は、その安直に作られた真理を礼賛する。しかし、そこにあるのは真実の哲学ではない。

「一対一の対話」という、ソクラテスが始動した哲学は、1人称単数を主語とする述語の真理という、まずは自分一人だけが納得できる真理の確認から始まる。それをほかの人と確認するために、その他多数の人々の監視の下に、2人称単数の「あなた」に披露し、二人の間でその真理を吟味し合い、そこから一人一人が独立して生きている世界（1人称単数の主語の真理世界）において、何が他者にとっても「真実」であるか、それを見出し、それを互いに確かめる。それが「哲学」の根本である。そして、つぎの段階で二人の間で納得されたものが、「哲学の真理」として社会に向けて一般的に主張される。このときはじめて、たとえば「人は…」という3人称を主語とした人生についての真理が哲学の名で語られる。

たとえば、自分が直接に接する相手、「隣人」は、自分にとって都合の良い人であることも、都合の悪い人であることもある。その「隣人」に対して、その違いを乗り越えて、すなわち、自分にとっての敵味方の区別を乗り越えて、誰に対してもつねに「正しく」対応するほうが、相手が、自分が嫌っている相手（敵）だからという理由で「不正に」対応するより、つねに「善い」ことが、さまざまな場面で確認される。ところで、相手に対して「正しく対応する」ことは、相手に対して「大事に対応する」ことを意味する。そしてそれは事実上、相手を好き嫌いの欲求レベルではなく、本当の意味で「愛する」ことである。なぜなら、相手を「愛する」ことは、相手を尊重して「大切にする」ことだからである。じっさい、キリスト教が日本に伝来したころ、神の愛を意味する「カリタス」は、「大切にすること」と、日本語に訳された。

じっさい相手がだれであれ、すなわち、敵であろうとも正しく付き合うことは、敵味方の区別をつけて付き合うことよりも、正しいこと、善いことである。そしてそれは、相手を敵味方の区別なく「愛する」ことである。こうして、イエスの「隣人愛」の主張、すなわち「汝の敵を愛せ」（マタイ福音書 5-44）が、哲学の吟味を通じて身近な世界における普遍的真理であると認められる。

じっさい、それは「ことば」（論理）のうえでも、正しいと言える。まずは現実に生きて人生に直面している自分の中で、それが経験的に真理であることを確かめ、その真偽を他者に尋ね、吟味を重ね、こうして十分に多くの人の納得が得られるならば、それは、人が生きるうえでの「知恵」であり、「真理」であると主張することができる。そしてこの知恵の内容は、「敵味方の区別なしに人を愛することは、一般的に正しいことだ」という3人称で語られうる真理であると言うことができる。

それは3人称で語られる点では、科学の真理と同等であるが、科学とは異なり、主体的なはたらきに沿った真理であるゆえに、一人一人が、自分が生きる身近な現実のあらゆる場面で、主体的に（自己自身から）実行することが可能な真理である。すなわち、それぞれの人において1人称の「わたし」で受け取り、身近な世界で実行することができる「知恵」であり、「真理」である。このような1人称の真理が、哲学的な真理である。それゆえに、「隣人愛」の真理は、まずは哲学の真理であり、同時に「正しく生きる」ことが、人が「救われる」ことであるかぎりで宗教の真理である。

7／科学と哲学の近代化の素因となった身近な事実

まさにそれゆえに、宗教的真理は、3人称のかたちで、机上のことがらとして受け止められているかぎり、宗教としては無意味だと言われる。つまり自分自身が観客の立場でいられる「知識」としてもっているだけでは無意味である。あるいは、ことばのやり取りを行う（論議する）だけでは無意味である。その真理は、1人称で語られる意味で1人称の「わたし」が受け取り、具体的な「わたし」によって実行されなければ、宗教的意義がない。つまり実際の「救い」にはならない。

イエスも言う。「わたしのことばを聞いて実行する者はみな、岩の上に家を建てた賢い人にたとえられる。雨が降り、大水となり、風が吹いて、その家を襲ったが、倒れなかった。その家は岩の上に土台を据えていたからである。しかし、わたしのことばを聞くだけで実行しない者は、砂の上に家を建てた愚かな人にたとえられる。雨が降り、大水となり、風が吹いて、その家に襲いかかると、家は倒れた」（マタイ福音書7‐24以下）。

とはいえ、科学的真理も、作られるときは、同様の過程をとって作られる。まずだれかひとりが、物体的事物において、あるいは数学的事実の内に、何らかの普遍的事実を見つける。つまり自分の脳内を含めて身近な世界の内に真理命題を形成するデータがある。まずそれを見つける必要がある。それは物体的ないし数学的であるために、はじめから3人称の主語のもとに記述される。自分一人で繰り返し試算し、実験・観察をして、それを確かめる。つぎにそれを第三者に伝え、別の人に、同じ条件(前提)で試算、実験・観察してもらう。もしも第三者の手元でもその通りなら、それは「客観的、普遍的真理」として主張される。たとえばガリレオ・ガリレイは、望遠鏡で木星を見ていて、そこに衛星を発見した。他者にも同じ条件でそれを見てもらい、それが客観的事実であることを確認した。すなわち、諸科学において3人称で語られるいずれの真理も、最初は1人称における「わたし」の経験においてはじめて真理性が確認される。この点では、哲学と科学の真理発見の過程は同じである。

しかも哲学は、あらゆる領域で「正しいこと」、すなわち「真理」を吟味するので、このように科学が行う真理の確定過程を検討して、3人称で語られる物体を対象とする「真理」について検討を行い、それについて真理が主張できる理由を明らかにする。すなわち、客観的真理の根拠は、対象についての個別の(私的な)経験にあることを明らかにする。他方、道徳的真理は、主体行動の真理であるゆえに「主観的真理」である。それは「個人の実行場面」がなければ、複数の個人の目で見ることができる客観的な事実(客観的真理)を、現実において生じない。つまり結果としての行動が正しく生じることを証拠として、哲学は主観的真理文(主観的命題)の真理性を明らかにする。

科学の近代化は直接の観察データの数量とその数学的論理の吟味による。他方、哲学の近代化は身近な日常生活の倫理を論じるストア哲学による人間世界の再発見による。そして現代化はやはり現象学による身近な世界の再発見によって起きている。

こうして長い歴史を通じて哲学は、一人一人の人生の現実場面（実践）における1人称で言われる「主体的（道徳的）真理」を見出し、信頼できる他者との対話を通じて確認し、その真理を学問的に3人称で語ってきた。他方で、同様に哲学は、数学者科学者によって発見され3人称で言われる「客観的（科学的）真理」を、個人が出合う個別の事実の自明性に基づいて吟味してきた。

すなわち、哲学は「ことば」による思惟をもつ人間にとって、人生で出合う具体的な「向こう三軒両隣」の世界と、「科学的客観的」世界、すなわち「学問的」世界の両方の局面で、「真理」を見極める学である。哲学は、それゆえすべての領域の問題について、「ことば」において「正しさ」を吟味する力をもつ。わたしが信仰や文学よりも哲学を信頼するのは、信仰と文学は自らの「正しさ」を吟味せずに主張するだけであるのに対して、哲学は、「自らの正しさ」、すなわち、3人称で述べられる客観的真理の自明性だけでなく、「1人称の主体的真理」の自明性をも、吟味できるからである。

8／キリスト教の社会的視界（国家宗教性）

キリスト教は古代ローマ帝国の時代に帝国の宗教としての地位を得たが、ローマ皇帝個人による統治に、とくに影響を与えてはいなかった。ローマ帝国はキリスト教の神に帝国の守護神としての役割だけを求め、その権威が政治に介入することを許していなかった。つまり帝国の制度はそのままに、旧の神とキリスト教の神を交替させただけである。したがって固有の意味でのキリスト教が「国家の政治」に強い影響力をもつようになったのは、中世からである。事実、カトリック教会は北西ヨーロッパ世界が「文明世界」となった「中世」という時代に、もっとも強い力をもつ王に「ローマ帝国」の王冠を与えて、王に宗教的権威をつけることができた。また、十一世紀の末には、強力な権力をもつ国王でさえ、教会から破門されれば国王としての権威を失う（カノッサの屈辱）ことを明らかにした。

また、中世ではローマ帝国の法律が一般的に利用されたが、新たな法律が「教会法」という教皇の権威によって制定されるようになった。「教会法」というと道徳的なことがらに限られていたように聞こえるかもしれない。しかし実際には、十三世紀になると、土地の問題、経済の問題、たとえば利子の徴収の問題についても、新たな法律が教会の権威によって検討されたのである。

現代でもキリスト教の国家政治に対する影響は、とくにヨーロッパやアメリカでは残っている。キリスト教がもっている国家に積極的に関わろうとするこの性格は、旧約聖書に記された古代ユダヤ教の歴史に由来する。それは、古い時代の「神政政治」の名残であり、あるいは、祭事を通して政治に助言する預言者ないし巫女の時代の政治の名残だと言える。

しかし、すでに述べたように、特定の宗祖をもつ世界宗教、創唱宗教と呼ばれる宗教は、個人の日常生活における自己革新を導く信仰によって、真実、個人に対して「救いの力」となるが、その他の領域では「救いの力」にはならない。つまり国家を救う力にはならない。じっさい、国家は正しく運営されなければならないが、国家は、組織であって、個人ではない。国家は個人とは違って、本来、創唱宗教による「救い」の対象ではない。また、国家の政治は個人の心を救う力ではなく、個々人を「集団的に統治する」力である。したがって、国家と宗教は、本来まったく異なる機能をもつ。

それゆえ、教会が個人を救うことを忘れ、国家政治に熱心に関わると、教会は信仰を「多数の人を統治する」ことに用いることになり、結果として、教会は個々人で異なる苦しみをもつ「心」を「救う力」を喪失する。

中世以降のヨーロッパの歴史において、「異端」が発生してそれを抑えるために国家の力である軍隊が用いられた。このことはカトリック教会が表向き熱心に信仰を広めながら、じつは個人の集団的統治に熱心になっていたことを示している。十二世紀に何回か行われた十字軍の派遣は、多くはイスラム世界に向けられたが、十字軍のうちアルビジョワ十字軍がイスラム世界ではなく南仏で異端撲滅に当たったことは、よく知られている。そもそも他国への軍隊の派遣自体、教会がすることではない。これは常識だろう。中世のカトリック教会が信仰を守る組織だったのか、それとも信仰を袈裟にした国家組織であったのか、疑われるゆえんである。十六世紀に至ってプロテスタント運動が成功する。それによってカトリック教会は、本来の教会組織にならなければならないことに気づいたのである。

これらのことは、たしかに歴史資料や何らかの統計資料から科学的に証明できるものではない。なぜなら、科学的証明は科学的視点からしかできないが、科学的視点は、事物など、客観的に見られる内容ならば視野に入るが、宗教や政治活動のような、人間が主体的に関わる活動自体は、科学の視野に入らないからである。つまり科学は、社会情勢を分析できても、個人が個人の視点で政治活動に関わる領域までは視界の内に含まない。じっさい科学的証明は科学的（社会的、集団的客観性の）視界の中でのみ論じられる。したがってそれは、主体的個人を対象とした宗教の本質については、検討することができない。

宗教（以下、キリスト教などの世界宗教のみを意味して使う）は、人間的視界（隣人的視点）を守れば、そこでは、宗教が持つ「個々人の救い」の様相が視野に入る。ところが、客観的に社会をとらえようとする視点からは、それが見落とされる。なぜなら、客観的に社会をとらえて政治に関わる視点は、客観的な科学的視界を見出す視点だからである。この視点においては、個人的実践的視点は見失われる。宗教家（教会）がその視点を見失うと、見るべき視界を失い、自分に与えられた仕事がわからなくなる。すなわち、宗教家が国家を客観的に、正確にとらえて政治に関わろうとすれば、そのとき宗教を指導する教会人自身がもつ視野から、イエスが求めた「救い」の実相が見えなくなる。

繰り返すが、宗教の救いは、個々人の「心の救い」である。国家社会の力は、軍事力と経済力による集団の統率力である。「個別の心の救い」は国家社会の集団統率の地平にはない。観劇その他の楽しみは、国家が市民に提供できるが、それは心の救いではなく、市民の無聊を一時的に忘れさせるものでしかない。

繰り返すが、宗教家が政治に関わって教会組織を維持しようとすれば、救うべき個人の心や、救いの実相が自分の視野に入らなくなる。教会は人を救う活動がじっさいにはできなくなる。その結果、既存の教会から迷える信者は見放される。すると、その人々の間に別の教会が現れる。そして既存の教会は自分たちを守るために、新興の教会をなんとしてでも弾圧する必要に迫られる。

ヨーロッパの中世に起きた数々の異端運動に対してカトリックの教会が見せた残虐な戦いは、あるいは、ミュンツァーが国王に対して起こしたドイツ農民運動、並びに、農民に対して見せたルターの冷酷な判断、フランスの近代にあったユグノー戦争で見られたおぞましい結果、等々は、その具体例である。また日本でもとくに中世において、為政者側が統率されているがまさしく宗教運動である活動を自分たちの政治に敵対する政治的活動と見たとき、あるいは誤解したとき、やはり厳しい弾圧があった。各地の一向一揆の弾圧、信長の比叡山焼き討ち、徳川幕府によるキリシタン弾圧などが思い起こされる。

この歴史理解がどれだけ客観的に正しいかは、残念ながら詳らかにできない。歴史は社会的視点（勝者となったものが見る事実）からのみ記述されているからである。しかし、正しいことが客観的に証明できないからと言って中世に起きた異端運動、宗教弾圧についてのわたしの理解が間違っていると言うこともできない。そのうえ、わたしのこの歴史理解は、科学的に（客観的に）証明しなければならないものではない。なぜなら、宗教や哲学が第一義的に関わっている世界と、国家社会や科学が第一義的に関わっている世界が、二つの違う質の世界であることは、わたしの哲学的主張だからである。それは科学的主張ではない。したがって、本来、この主張については哲学的な基準（論理性）で証明が要求されるだけである。

しかしそれでも、宗教と文学と哲学を、それぞれの独自性において理解するためには、まずは上述の二つの世界が「質の違う世界」であることを十分に認識する（納得する）必要がある。読者にそれを理解してもらうために、以下で、その違いを例示する。そしてそれを納得してもらう以下の論述は、いくぶん長いものになるが、翻って、それは同時に以上のすべてのことを納得してもらうための哲学的証明になるだろう。

9／ヨハネ福音書の八章導入部

わたしは、同一のことがらが二つの視点から見られ、その視点の違いによって、一方の視界では「ただの不思議な事件」と見られることがらが、他方の視界では「宗教的意味が濃厚に含まれた重要な事件」として見られることを明らかにしようと思う。それによって、二つの世界を見出す二つの視点があることを、わたしは証明したいと思う。つまり同じ記述が、社会的視点から見ると、どう理解され、同じ内容を個別の具体的人間の視点から見ると、どう理解されるか、比べてみたい。

取り上げるのは「ヨハネ福音書」の中の「八章」の記述である。この箇所は「ヨハネ福音書」が作成されていくらか時がたって、「のちに挿入された」と見られている。日本語訳でも括弧でくくってそれを明示しているものもある。しかし、「のちの挿入」だからと言って「捏造」とは言えない。じっさい、事実あったことの描写としか思えない内容である。

まず、その記述を社会的視点、すなわち、客観的視点から読んでみよう。

そこには或る事件の状況が述べられている。しかし、記述のうちに編集者の作為がある。じっさい、とくに冒頭の数行は、あとから聖書の編集に際して前後の辻褄を合わせるために適当に書き加えたもののように見える。前後で話が通じていないからである。もともと四つの「福音書」、マタイによる、マルコによる、ルカによる、ヨハネによる福音書は、ことが起きたあと、すなわち、イエスが処刑され葬られたあと、イエスの話を熱心に聞いていた人たちが集まり、互いの間で次第にイエスに対する崇拝の思いを募らせ、そうした状況のなかで作成された作品である。

イエスから直接に話を聞いていた人たちの話にも怪しいところがすでにあったと思われる。また事柄の順序がわからない伝えが多かったと思われる。つまり弟子のなかにイエスの活動の全体を一貫して知る人物がいなかったのだと思われる。そして時が過ぎて部分的な話を伝える人も次第にこの世から去り、信者たちがイエスの「ことば」を知る必要に迫られるようになった。おそらく、そのときになって、はじめて作成されたのが福音書である。それゆえ、さまざまな言い伝えが前後の検討もなされぬまま、教会人によって収集されてまとめられている。そのために福音書の文には、編集上の辻褄合わせとしか思えない箇所が随所にみられる。

「ヨハネ福音書」八章は、まず「イエスはオリーヴ山に行った」で始まる。エルサレムの近くにある山である。エルサレムの町自体が丘陵地、ないし山地にある。オリーヴ山というのは、オリーヴを栽培する場所となっている山だ。この山とエルサレムの間には、オリーヴの実を搾る工場があったらしい。聖書の中では「ゲッセマネ」という名で呼ばれている。この頃のイエスは、自分は洗礼者ヨハネと呼ばれていた人物の弟子のつもりだったと思われる。

ヨハネは、この時にはすでにこの世の人ではない。かつてエルサレムから徒歩で半日ほど離れたヨルダン川の水辺で、彼は悔い改めよ、ふさわしい実を結べと言って水による洗礼を施していた。民衆からは「預言者」と見られていた（マタイ福音書 14 - 5）。福音書記述者のヨハネとは別人である。ローマ帝国のガリラヤ地方総督ヘロデ・アンティパスを厳しく批判したかどで彼はつかまり、牢に入れられた。たまたまそのときに望むものをあげようと約束したヘロデに対して踊り子がヨハネの首を所望した。ヘロデは自分では望まなかったが、踊り子との約束を果たすほかなかった（同上 14 - 3～12）。

ヘロデは、のちにイエスの評判を聞いたとき、イエスは自分が殺したヨハネがよみがえった人間ではないかと、考えたという（同上 14 - 1～2）。これらの伝えから、イエスは、一般の人々からもヨハネの弟子と見られていたと思われる。そしてヨハネと同様、「預言者」かもしれないと見られていただろう。そしてそうであるなら、イエスは、ヨハネと同様に、エルサレム教会を牛耳っていた祭司たちから自分たちを脅かす危険な人物と見られていたに違いない。なぜなら「預言者」は神と直接に関わり、神のことばを受け取ることができると見られていたからである。

他方、祭司の地位は、「古来の律法」の定めによって安泰であった。しかし預言者を通じて新たな預言が出れば、民衆がそちらになびいて古来の律法にもとづく祭司の権威が貶められる危険性がある。したがって自分たちの地位を守るために、「預言者」の噂をもつ人間は早々に消さなければならない。適当に理由をつけてイエスを捕縛し、殺すことにしようと、祭司たちをはじめ保守派の人たちは話し合っていたという（マタイ福音書 26 - 3～4）。そしてイエスはおそらくそれを知っていたので、祭司たちの煽動による捕縛の危険から逃れるために、夜はエルサレムの町から出て、郊外の山で弟子たちと過ごしていた。

じっさい、イエスが十字架に掛けられることになる民衆による捕縛は、夜間であった（マタイ福音書26－43〜50）。イエスがエルサレムで得た信者の家を間借りして「過ぎ越し祭」の宴（最後の晩餐）を行ったのち（同上26－17〜30）、その夜の間に町の外へ出て、いつもの隠れ家へと引き返すとき、途中のゲッセマネでの出来事であった。夜、祭司たちの煽動で集まった群衆に、裏切り者のユダが合図を送ったのも、暗がりでは人の顔が見分けにくかったからだろう。またこれが夜でなければならなかったのは、昼日中のことだと、ローマの兵士から「暴漢」と見られ、逆に民衆が兵士たちに捕まることになっていたからだと思われる。

したがって、イエスが夜はエルサレムの町から出て郊外のオリーヴ山で過ごしていたことは、事実だっただろう。

事件を語る「ヨハネ福音書」では、つぎに「朝早く神殿の境内に入った」とある。明け方に町に入り、神殿に行って神に祈ったということだろう。それは当時のイエスの習慣だったと思われる。「すると民衆が集まって来たので、座って教え始めた」とある。教えたのは、神殿の中か、その近くのことに違いない。しかし、このあとの記述との関係で考えると、教え始めたイエスは、町の外にいるのでなければならない。なぜなら、つぎの場面は「石打の刑」の場面だからである。死刑が行われる刑場は、汚れた場になる。そのため、それは神殿の外、さらに遠く離れて、城壁で囲まれた町の外になければならない。じっさい、刑を決める裁判は町の門のそばで行われ、他方、神殿は城壁で囲まれた町の中の奥まった場所にあった。

それゆえ、イエスが民衆相手に教えていた場所とその時間は、以下の刑場での出来事とはまったく別だったと考えられる。少なくともイエスがエルサレムの町を出て、ほかへ行く途中であったに違いない。

とはいえ、詳しい真相はわからない。

つぎに、聖書の記述をたどれば、興味深い事件が起こる。

10／ヨハネ福音書八章の事件

律法学者とファリサイ派のひとたちが、姦通の現場でとらえられた女を連れて来て、まんなかに立たせ、イエスに言った。「先生、この女は姦通をしているときにつかまったのです。モーセは律法のなかで、このような女は石を投げつけて殺すようにと命じています。あなたはどう思いますか」（8－3～5。以下、太字は新共同訳を参考にした『ウルガタ』ラテン語訳聖書からの私訳）

律法というのは宗教法のことだから、律法学者は法律の専門家である。またファリサイ派というのは法律の遵守を求める人たちである。両者とも、祭司ではない。しかし、サドカイ派の祭司たちも安息日を軽視していたイエスを敵視していたと考えられる。そして、彼らはここで「モーセの十戒」の一つに言及している。モーセの十戒は神自身が求めた基本法だから違反した者は死罪である（申命記 17-2〜8）。神の名をみだりに口にすること、神の像を拝むこと、人殺し、盗み、姦通、等である。

法律とそれに対応する刑罰の定めは、言うまでもなく人間社会の規定である。法律と刑罰は、人々が社会秩序を保持し、安全な暮らしを守るために必要なものと見なされている。そしてここには社会的視点からの個人の評価がある。社会に役立つ人間には社会から褒賞が与えられ、反対に、一般人を不安にし、社会の秩序を壊すものは、社会から抹殺しなければならない。

つぎの一文は、律法学者らの発言の意図を説明している。

こう言ったのは、イエスを試みて、訴え出る口実を得るためであった。（8-6）

訴え出る相手は、神殿の大祭司である。イエスがモーセの律法を遵守しなければイエスのユダヤ教信仰を疑うことができる。併せてイエスが社会の安定的秩序を破壊しようとしていると判断できる。モーセの律法はユダヤ教信仰（ユダヤ人の生活）の基本法だからである。つまりユダヤ教会は、信仰を通じて既存の社会集団の安定を担っていた。そして当時はローマの支配を受けていたので、それはローマとの協力でもあった。したがって不信仰の嫌疑はイエスを大祭司に訴え出るうえで十分な理由になる。一方、律法を尊重して遵守するなら、女を石で打って殺せと、イエスは言わなければならない。イエスにはそれもできないに違いないと、律法学者たちは内心、踏んでいたと思われる。

しかもこのとき、イエスの周りには親しい弟子は一人もいなかったと思われる。後に（最後の晩餐のあと）、祭司たちが送り出した群衆にイエスがつかまったとき、弟子たちは一目散に逃げたと、「マタイ福音書」は伝えている（26－56）。したがって上記引用した事件が起きたとき、すなわち、律法学者たちにイエスが詰め寄られたとき、弟子たちのだれかがその場にいたとは考えにくい。

さて、その後に、イエスは「身をかがめた」と言われている。自分を守ってくれる味方がだれもいなかったので、律法学者たちの前でイエスはかなり気弱になっていたと考えられる。

じっさい、つぎの一文では、

イエスは身をかがめて地面に指で何か書いていた。（8－6）

と、描写されている。日本近代文学の見合い場面なら、畳に「の」の字を書いていた、という姿である。したがってイエスのこの態度は、通常の見方からすれば、どう答えればいいかわからなくて、子どものようにいじけていた状態である。当然、律法学者たちは、「それみろ。偉そうに預言者ぶっていても、俺たちの目からは逃れられないぞ。こうなったら、出るところに出てもらわなければならないな」と、内心、そのように考え、ほくそ笑んでいたに違いない。

彼らは、しつこく問い続けた。（8－7）

という。答えられずにいるイエスを、彼らはことばで「なぶって」楽しんでいた、ということだろう。

ところが、ふいにイエスは立ち上がった。

イエスは身を起こして言った。「あなた方のなかで、罪を犯したことのない人が、まずこの女に石を投げなさい」。そして、再び身をかがめて、地面に何か書いていた。（8－7〜8）

ここは有名な一文である。身をかがめていたイエスが、とつぜん勇気を奮い起こして立ち上がり、ひと言、言ったのである。言ってから、また身をかがめてしまったという。そしてこの描写は、明らかにイエスの言動をはたから見聞きしたものによる描写である。イエスがどのような考えでこのように言ったのかは報告されていない。つまり、事実あった、そのままだと考えられる。つぎにそこにいた人々の反応が述べられている。

これを聞くと、人々は年長者から始まって、一人、また一人と、去っていった。（8－9）

この描写も、まるで事件を目撃した記者による新聞報道のようである。事実のままの描写である。なぜ去っていったのか、理由を述べるくだりはない。続けて、つぎのように描写されている。

そしてイエス一人が、真ん中にいた女とともに残った。イエスは、身を起こすと尋ねた。「女よ、あの人たちはどこにいるのか。だれもあなたを処罰しなかったのか」。女は、「だれも」と答えた。イエスは言った。「わたしも、あなたを処罰しようとは思わない。行け。もう罪を犯そうと思うな」。（8－10～11）

聖書（『ウルガタ』ラテン語訳聖書）の記述（ヨハネ伝八章）は、以上である。

女が立たされ、その場にとどまっていた「真ん中」とは、石打の刑場の真ん中だろう。イエスはその外にいたはずなので、二人は離れたところでことばを交わしている。わたしが昔見た当時を再現した映画の場面では、大きく窪んだ場所がつくられ、受刑者はそのくぼ地の真ん中の底の部分に立たされる。石を投げる人は、その周囲の縁の高さから、いっせいに拳大かそれ以上の大きな石を投げつけるのである。頭に当たれば頭蓋骨が割れて死ぬ。だれの石が当たったかは分からない。多数の一般人が執行人となる集団処刑の方法である。自分一人が殺すのではないうえに、ユダヤ社会のルールとしての刑であるから、参加者はおそらく、通常はむごたらしく死んでいった人間の姿だけを胸に刻んで、その場から去ったに違いない。

そしてこのときは、不思議なことに、そうはならなかった。身をかがめていたイエスと女だけを残して、みんな、律法学者たちも含めて、何もせずに黙って去ったのである。社会的視界に見えた事柄としては、それがすべてである。なぜそうなったのかは、外見（客観）からは分からない。したがって聖書の描写は、現場にいた人間の証言から構成した殺人未遂現場の警察発表のようなものである。現代なら新聞報道があり、専門家の分析が続けて行われるだろう。新聞社は背景をさぐり、記事にするだろう。しかし、一般社会の視点からは、警察発表の類いの内容しか見えてこない。せいぜい、「きっと、若い女を殺すには忍びないと、みなが思ったのだろう」という観測が、専門家の間からもれ出るだけで終わる話だと思われる。

そして「ヨハネ福音書」のこの記事の中で、わたしたちが容易にその意味が理解できるのは、律法学者たちの発言内容や行動だけである。なぜなら、彼らの行動、発言の観点は、法律の視点であり、それは新聞報道と同じ社会的な視点だからである。最後に法を遵守すべき律法学者たちまで、みなと一緒に黙って去ってしまった行動は別である。前半の彼らの発言と行動は、現代のわたしたちにもわかりやすい。その理由は、すでに述べたように、彼らの発言と行動の理由が法律の遵守にあるからである。つまりまったく合理的社会的規準で途中まで彼らは発言し、行動したのである。すなわち、法律に違反した女を現場でとらえ、それを刑場に引き出し、イエスに刑の執行の許可を求めた。

イエスが、日々、神殿内で教えていたのは神が示した「律法」には違いない。すなわち、イエスは神殿内で一般的に言えば「先生」と言われるような行為をしていた。したがって刑の執行の前に、「先生、いいですよね」という意味で、ファリサイ派の人がイエスに尋ねるのは、自然なことである。じっさい犯行は確実だから、律法にかなった刑が執行されなければならない。これは当時の社会のルールに沿ったものである。だからわたしたちは、それが良いか悪いかは別として、彼らの発言と行動は十分に理解できる。

繰り返すが、わたしたちは前半部分の彼らの発言と行動を十分に理解できる。それは、わたしたちがとくに疑問もなく、新聞に掲載された事件の警察発表を理解できるのと同じである。同じ社会的視点から見て理解できないのは、後半に描写されたイエスのことばと、それに反応してその場を去った人たちの行動である。その行動は、当時の社会のルールに反している。なぜなら、彼らの行動によって、現行犯でつかまった犯人が何の咎めも受けずに解放されたからである。したがってヨハネ福音書に伝えられた事件の顛末は、当時の社会的視点からは理解不能である。

それゆえ、わたしたちは、もう一つの視点、活き活きとした具体的人間どうしが視界にもつ現場の視点、人々の心を含めた視点から、彼らの行動の理解を試みなければならない。

11／哲学による「正しさ」の吟味

具体的人間どうしが見る視界というのは、個人的に「共感できる」描写をもつ視界である。キリスト教の用語を使えば、「隣人愛」が理解できる視界である。なぜなら、隣人愛は具体的な個人の場面においてのみ実現する愛だからである。日本の少し古い言い方を使って繰り返すなら、「向こう三軒両隣の愛」、あるいは、庶民どうしの間に見られる「人情のある行為」である。他方、述べて来たように、社会的視界とは、新聞記事が理解できる視界である。

したがって同じ個人でも、その人がまったくの社会人（都会人）として行動するときは、その行動は社会的視界の中ですべて理解できる。それゆえ、その場合は、理解するに際して個人的共感は不要である。これは先ほど律法学者やファリサイ派の人々について述べたことである。そしてそれに対して、個人的共感を可能にする視界というのは、小説描写的視界であり、哲学が文学作品と共通にもつ視界である。そしてその視界は、個人の日常生活の場面を、その人の心のうちを含めて見る視界である。

ただし、すでに述べたように、哲学と文学の間には違いがある。文学は人間の生き方が「正しいかどうか」、「善かどうか」を問題にしない。すなわち、文学は人生の機微を描き、さまざまな人生を「ことば」を通じて描く。つまり「人間が経験すること」を描く。それによって文学は、自分一人の人生の経験にもとづく他者の人生経験を模索する道をつくる。文学はさまざまな人生を、自分がそれを歩んだかのように味わうことを通じて、「心が豊か」になる喜びを目指すものである。描かれた人生が「正しいかどうか」、「善い人生であるかどうか」、「幸福な人生であるかどうか」、こうしたことの決定を問題にしない。その人生が正しいかどうかの判断、あるいは問いは、読者がそれぞれにすればいいことだと、自由に構えるのが文学である。

じっさい、文学作品に描かれる人生は、たいていは何がしか不幸であり、まったくの幸福に見える人生が描かれることは多くない。せいぜい悲惨な生活のうちに、どこかで好運に出合う、あるいは、ようやくのことで幸福を実感できる人生が描かれる。多くは、金持ちでも不幸であり、恋人がいても不幸であり、子どもたちや家族がいても不幸であり、長生きできても不幸であり、力持ちでも不幸であり、みなに恐れられる権力者でも不幸であり、種々の才能があっても不幸である人生が、文学の世界では繰り返し描かれる。なぜなら、全くの幸福な人生は、何がしかの疑問を自分の人生に懐いている読者を満足させることができないからである。あるいは、不幸な生活のほうが身近であり、共感しやすく、不幸は個人の数だけ多様だから、またそれだけ興味をそそられるからである。

それに対して哲学は、問題解決の方向性を確実な「正しさ」に向けている。つまり文学と同じく、人生の個々の場面をさまざまに想定していながら、あくまでも何が正しいかをそのうちで吟味する。哲学はそれを自らの主要な課題とする。しかも、その解決のための推理を進める一歩一歩の過程をつねに注意深く吟味し、ことばの「論理」において「正しさ」を守る。

すなわち哲学は、推理の目的においても、過程においても、ことがらを測る規準として「正しさ」を保持する。そして究極の正しさの基準は、個人的な（隣人世界における）「正しさ」である。哲学が追求し、また、それを基準（尺度）として「正しさ」を測る根拠となる「正しさ」は、社会的ないし、「客観的真理」（正しさ）ではない。言い換えると、哲学が追求し、正・不正を判断する基準として見出すものは、注意深く練られた「法律」が示す「正しさ」（正義）ではない。法律は、あくまでも社会的視界の中での「正義」を実現するために作られている。他方、哲学は、その法律がじっさいに自分個人の生活に照らして正しいかどうかを、「自らの基準」で個々の場面ごとに吟味する。

哲学は個々の場面の正義を、裁判官のように法律にもとづいて吟味するのではない。すなわち、哲学は客観性（社会的共通性）にもとづいている科学一般の立場とは異なる。しつこいようだが、哲学が出発点として見出そうとするのは、社会的正義や科学的真理ではない。哲学が見出そうとしているのは、個人的主観的な世界における「正しさ」、「真理」である。その真理は、知性の「対象」となる真理ではなく、個々に生きている心の「主体的はたらき」が沿うべき、あるいは、人の心がならうべき真理である。これは正しく主観的真理（1人称の主観的命題のうちに置かれる真理）である。むしろその真理にもとづいて、社会的並びに科学的真理をあらためて問い直すのが哲学である。

したがって、知性が対象とする科学的真のみを「真理」と受け取る習慣を保つなら、哲学は理解しがたくなる。哲学的真理の「正しさ」が、科学的真理がもつ「正しさ」と違うこと、「正しさ」を求める哲学的吟味と、科学が真理を求めて行う科学的吟味が「違う」こと、それを理解する必要がある。しかしこれについては、以下の論述を具体例として理解を深めてもらうしかない。

12／謝罪と刑罰

さて、哲学的吟味は、つぎのように一歩一歩進められる。イエスの発言のなかに「罪」ということばがあった。これについて、人間的（隣人的）視点から何を考察すべきか、あらかじめ検討してみる必要がある。なぜなら、個人が引き起こした犯罪に関して、社会的視点からはとらえられないことが現にあるからである。じっさい現代においても事件を起こした犯人は刑罰を受ける。罪が重かった場合、死刑になる場合がある。これらは、法律に沿った事実である。ところが、死刑が行われたとき、犯人から被害を受けた人が「謝罪のことばを聞きたかった」と、個人の立場で公に発言する場合がある。

言うまでもなく、犯罪者は罪に対して相応の罰を受けなければならないが、法律上は、それ以上のことは何も要求されない。つまり法律的には、すなわち「社会正義上は」謝罪の必要はない。死刑が実行されれば謝罪ができなくなることは言うまでもないが、死刑でなくても拘留期間が過ぎて罰金も支払ったとなれば、それとは別に謝罪を求めることは、法律の条文にはない。

ところが往々にして被害者個人は、犯人に「刑罰」あるいは「罰金」の支払いよりも、むしろ心からの「謝罪」(反省)を求める。この事実がわたしたちに明らかにしているのは、同じ犯罪に対して異なる視点があること、異なる視点から見える別の世界があること、そして両者が求めているものには違いがあることである。一般的に「刑罰」と「罰金」は、犯人に対して、自分がしたことが「割に合わない」ことを認識させることを目指して社会によって規定されている。あるいは、似たようなことをしようとしている人間に対して、結果が「割に合わない」ことを認識させることを目指して規定されている。つまり社会は、犯罪を刑罰による「脅し」によって抑制する。

それに対して、被害者が「謝罪」ないし「反省」を求めるのは、犯罪者に対して「二度と同じようなことをしない」という誓いを立てさせるためである。すなわち、犯罪者に「心を入れ替える」ことを求めている。

じっさい、犯された罪は同じ一つの罪であっても、「刑罰との関係をもつ罪」は、「謝罪との関係をもつ罪」とは別のものとして異なって受け止められる。あるいは同じ犯罪が、第三者（社会一般）に受け止められる場合と、直接の被害者に受け止められる場合で異なることを明らかにしている。事実、刑量は、法律の定める条件のうちで決められる。それは被害者側が自分個人の感覚で納得できなくても、最終的には社会がさだめた裁判によって納得させられる。それに対して被害者側が加害者に求める謝罪は、その謝罪の様子に被害者個人が十分に共感できなかった場合、被害者はさらに心からの謝罪を要求できる。第三者に強制的に納得させられることはない。

この事実は、裁判の視点からだけでは汲み取ることができない。哲学によってのみ、法律による裁判の視点と被害者の視点との両方が考慮され、いずれについても、ことの「正しさ」が検討される。すなわち、罪には二つの種類があって、それは「刑罰」（拘留ないし賠償その他）で解決される罪と、「謝罪」で解決される罪の二つがあるということである。このように哲学によって、はじめて「罪」は総合的に理解され、解決がはかられる。

ところで、「刑罰」は社会の安全を維持する視点からのものであるから、それと関係する罪も、社会的視点、つまり社会的評価の対象として受け止められる。しかし犯罪者が死刑となったことで謝罪を受ける機会を失った被害者が残念に思い、悲しむように、それは被害者個人の心の評価と同じではない。そして後者の視点では、罪は犯罪者個人の「謝罪」を得てはじめて最終的に納得され、解消される。それゆえ、直接の被害者の視点も含めて、わたしたちは「謝罪」を「刑罰」の一つと受け取るのは間違いであるし、「刑罰」を受けることは、「謝罪」にはならないことを理解しなければならない。したがって、以上の事実からすれば、この二つは区別して考えなければならない。

さらに、刑罰と関係する罪と、謝罪と関係する罪という、この二つの罪が区別されるべきなら、それを受け止める視点の二つも区別されなければならない。なぜなら、実行された犯罪は一つであるにもかかわらず、その罪の全体が理解されるとき、罪が二種類あることが結論されたからである。そこには当然、視点の違いがある。すなわち、社会的視点と個人の人間的（隣人的）心の視点である。したがって、一つの事件において、たとえば一つの殺人が起きたとき、それぞれの視点から見た罪が、別々に、現にあると言わなければならない。あるいは、そこには二つの罪が同時にあるにもかかわらず、社会的視野の内には、そのうちの一つしか見えないことが理解されなければならない。

これについて、また別の言い方ができる。すなわち、一方の罪は「物体的」であり、「客体的」である。それは「外から見える罪」である。そして他方の罪は、「心のうち」にのみ在って、「個々の被害者と加害者の心のみが、見ることができる罪」である。それは心のうちに隠れているから、「外から見えない罪」である。これはただそれが公に言及されるときにのみ、他者によって「想像される罪」である。またそれゆえ、この罪は、まずは本人しか見つけることができない。言い換えると、本人しか気づくことができない罪である。ただし、すでに述べたように、それがあえて言及されたときには他者にも想像され、理解される罪である。わたしたちが離れたところで起きた犯罪のニュースに触れたとき、何らかの犯罪が行われた場面における被害者の心情を想像できるのは、正確には、被害者がそれを公に訴えたときに限られる。

「ヨハネ福音書」の描写において律法学者が告発した女の罪は「外から見える罪」であり、「刑罰」によって解消される罪である。それに対して、イエスが人々に言った「罪」は、それとは違う罪である。そのように論理的に（哲学的に）結論される。なぜなら、すでに展開した社会的視点からの事件の記述のうちで、イエスが「罪がない者」と述べたときに指摘した「罪」は、目で見ることができない心の「罪」と、判断できるからである。

なぜなら、イエスが「あなたは罪のない人かどうか」と問うた相手は、犯罪者の女に「刑罰を加える資格をもった人たち」だったからである。当然、その人たちは立派な市民たちであり、犯罪者たちではない。むしろ社会から良識のある人々と認められた人たちでなければならない。したがってイエスが「罪がないか」問いかけたその人たちの「罪」は、現実の犯罪のような「目に見える罪」ではありえない。「心の中にある罪」でしかない。

じっさい、それがはたからは見えないものであったために、そこから引き起こされた男たちの行動は、社会的視点から見ると理解しがたい行動となった。逆に言えば、その行動が理解しがたい行動であることが事実なら、それを引き起こしたものは、外からは見えない理由によるものであるに違いない。すなわち、本人の心のうちに在るものだと考えなければならない。そうであれば、それは謝罪によってはじめて解消される罪のほうだと考えられる。なぜなら、立ち去った人々の行動は社会的ルールの視点からは不可解な行動であり、その不可解さと関係しているのが、イエスが言った「罪」ということばに違いないからである。すでに述べたように、外から見える罪なら「ヨハネ福音書」に見える報告だけで、そこに書かれたすべての行動が十分に理解されるはずである。なぜなら事件のすべての報告は、社会的視点からは十分になされているからである。

では、イエスが指摘した罪は、はたして心の中の罪であるのだろうか。心の罪として正しく説明できるのか。もしもできるなら、それは加害者の謝罪によってはじめて解消される罪でなければならない。

ところが、少なくとも刑場の真ん中に立たされた女は、だれにも謝罪していない。謝罪がないにもかかわらず、女は、実質的にゆるされている。これはどういうことなのか。ここが最大の謎になる。心の罪に対して要求されている謝罪を女はしていないにもかかわらず、なぜ女は、身体的罪に対して要求される身体的刑罰も受けずに、みなにゆるされたのか。

一方、それでも、事件の推移の謎が心のうちのことであることは、そこにいた全員が「黙って去った」ことから明らかである。じっさい黙って去ったのでなければ、身をかがめていたイエスが最後に立ち上がったとき、女に「みんなはどうしたのか」と訊ねるはずがない。なぜなら、人々が話したうえで去ったのなら、その声は刑場の真ん中にいた女より刑を執行する人々の近くにいたはずのイエスの耳に、むしろ届いていたはずだからである。そのときは、イエスは女に聞かずとも、人々が「去った理由」をとっくに知っていただろう。

イエスは、正直者であったに違いない。立ち去った男たちの声を聞かなかったイエスがファリサイ派の人たちも含めて、彼らが何もせず、何も言わずに去った後を見て、不思議に思い、女に「一体、みんな、どうしたのか」と尋ねたのは当然だろう。おそらくイエス自身にとっても、そこで起きたことは予想外の出来事（驚くべき事件）であったに違いない。

13／心理学による考察は無効

イエス自身にも予想外のことが起きた理由を見つけるためには、わたしたちの心のうちに在るものを検討しなければならない。ただし、これからしなければならないことは、心理学の分析ではない。なぜなら、心理学も専門の科学であり、それは社会的、客観的視点で研究されるものだからである。

心理学は、生身の人間の自然的欲求と、社会関係による自我の発達、言い換えると、社会的抑圧と、社会的地位に対して与えられた自由になる力との間のさまざまな力関係をもとにして、あるいは、そうしたものを背景とする個人間の軋轢（ストレス）をもとにして、人間の心理状態を説明する。たとえば、資本主義的利益追求の増大にもとづいて、それが引き起こす社会に広がる個人の不安や孤独を説明する。心理学は一つの科学として、社会の或る状況のもとでの人の心理作用の「必然」を説得的に説明する。

じっさい、結果についての原因が必然的であることを説明するのでなければ、それは科学ではない。言い換えると、科学の研究は、ある現場において「どうすることが倫理的に良い（正しい）こと」か、という視点ではなされない。倫理的に良いかどうかの視点は、選択できる複数の可能性の前でしか問われないからである。科学の説明は、何らかの必然があるときに、それを理由としてはじめて可能である。ところが、人が「正しい」かどうかの判断ができる場面とは、複数の可能性があり、その可能性をもつ偶然的場面にしかない。ところで、「罪」とは「不正」である。それゆえ、イエスが問うた「罪があるかどうか」の問いは、「正しいかどうか」の問いである。それは心理学の問いではない。倫理学の問いであり哲学の地平にしかない問いである。

したがって心理学の視点では、先の事件の謎は解決できない。先の事件は当時の社会心理学的状況の特異さから起きた事件ではない。たしかに、ファリサイ派の人々がイエスを亡き者にしようとしたことは、当時の社会状況が関係している。つまり当時のユダヤ教会の人々にとってイエスの教えは、自分たちの権威を危うくする内容を含んでいた。しかし、この事件の謎になっているのは、そのことではない。現実に女が男たちから罰を受けずに済んだことが、この事件の謎である。それ自体は社会のなかで起きた事件であるにもかかわらず、社会的視点からも心理学的視点からも、そうなったことの説得的な理由を見つけることができない。なぜ、法に従うことを信条としていた律法学者たちまで、罪を犯した女を黙って解放して、てんでに去ったのか。この理由は、社会が定めた法に従って理解されることはできない。法に従って刑を執行せずに去ってく男たちを、なぜ律法学者たちは止めなかったのか。その理由は、法律的観点からは決して見つからない。

それゆえ、これについては、哲学的分析（個人の心のうちの「正しさ」を基にして、「正しさ」を目指す「ことば」による分析）をする必要がある。あらゆる領域で「正しさ」を問題にできる哲学だけが、イエスが問うた「罪」（＝不正）を完全な仕方で問題にすることができる。じっさい、人々の謎の行動の発端となっているのは、イエスが口にした「罪」ということばである。これは哲学のみが対応できる課題である。

そして「心のうちに在る罪」という「ことば」（ことがら）の正確な理解が、この問題を解決するためにまず必要である。

14／「姦通の罪」を吟味する必要

さて、いったん冷静に哲学の吟味をするために、広く「心のうちに在るもの」について考えることにしよう。すでに述べたように、それは他人の目には見えない。したがってそれについて「正しく」哲学するためには「正しい想像」が求められる。つまり真実をとらえる想像が求められる。

ところで、「想像力」は、人の話を聞いたときの「思い込み」の能力でもある。それは人の判断を誤りに導きやすい。じっさい、電話で詐欺にあうことも、噂を聞いてあわててしまうことも、何らかの権威筋の看板のもとに聞かされた情報を信じてしまうことも、わたしたちの想像力が他者のことばによって刺激され、思い込むように誘導されることで起きる。

したがって、わたしたちは想像力を必要とする場面においては、その想像が正しいことを吟味する必要がある。そしてこの場合も、正しさの根拠となるのは、自分が日常、直接に経験することである。たとえば、ある「ことば」を聞いたときに、自分は何を考えるか、ということを思い起こさなければならない。あるいは、想像してみなければならない。それができなければ直接に見ることができない他者の心のありようを正しく想像することはできない。すなわち、過去の自分の経験を思い出して、それを正確にとらえることができなければ、他者の心に起こることを「正しく想像する」ことはできない。それができないとき、自分にとっての他者の心は、つねに「怪しむべき」ものと考え、疑うほかない。

したがって「イエスのことば」を聞いた当時の人々が、どのようなことを考えるか、わたしたちは「正しく想像する」ことができなければならない。そしてそのためには当時の人が「姦通の罪」という「イエスのことば」を聞いたときに、「何を想像し、何を思うか」。それを吟味して、正しく理解しなければならない。それがなければ、イエスのことばを聞いて人々が黙って去ったことは「謎」にとどまる。

まず、「ヨハネ福音書」の「姦通の罪」が当時、どのような意味で受け取られたかを検討しなければならない。日本語訳聖書で「姦通」、「姦淫」と訳されている「ことば」は、ラテン語訳においては三種類の単語の一つになっている。そしてこの三種類の単語は、どれも辞書によれば「姦通」と訳すのが正確だと言わなければならない。そして「姦通」は、当時のユダヤ社会の規範では、少なくともどちらかが夫婦関係にあるか、婚約関係にある、あるいは、いずれもが夫婦関係にあるか婚約関係にある、そういうもの同士の間で、そういう自分の公的関係を離れて犯される私的な生殖行為の罪と規定されている。じっさい、イエスが述べた「姦通の罪」は、「モーセの十戒」、すなわち「出エジプト」（20-14）においても、また「申命記」（5-18）においても、「姦通」を意味する同じ単語で記載されている。

しかし、「申命記」（22-22）によれば、その場合、男女とも死罪である。女だけがとらえられて殺されるのではない。「申命記」は、ユダヤ教の「律法」理解の基本とされている。しかも「七年の終わりごとに」イスラエルの人々全員に、この律法を語って聞かせなければならないと規定している（申命記 31-10以下）。それゆえ、ユダヤ教聖書の「基本」とみなされる「申命記」の記述通りなら、「姦通の罪」に関するこの律法理解は、当時の人々みなの共通理解でなければならない。

ところが「ヨハネ福音書」に伝えられているイエスと人々の現場においては、「姦通の現場」

でつかまったのは「女」だけであった。たまたま男がつかまらなかっただけなのか、それは分からない。じっさい先に紹介した通りなら、そのことについては問題にされていない。おそらくファリサイ派、律法学者を除いてイエス以外の人たちは、裁判の場にいた人たちで、そのあたりの事情についてはすでに分かっていたと考えられる。つまり裁判を終えて、処刑を実行するために処刑場に来ていたところ、イエスは、たまたまその場に出くわしてしまった、ということかもしれない。

15／十戒に見る罪の規定

わたしたちは特定の社会文化のうちに育つ。したがって、具体的にどのようなことを「罪」として受け取るかということについても、自分が育った社会からの学習がある。それゆえ、何が罪であるかについても、人類全体で完全に共通ではない。とはいえ、すでに述べたように「人間」であるかぎりの共通部分があると推定される。それをまずは吟味しなければならない。

ところで、「罪」は、その中で支配者が社会を安全に、安定的に維持するうえで、「危険」とされることがらになるとき、「法律文」に明示され、禁止される。つまり行為があれば、社会が何らかの衝撃を受け、いつもの活動が止まる危険が生じる。そうならないように、そのようなことをした人間を処罰する。したがって特定の社会における「罪」、「悪いとされること」の内容は、その社会に明示された法律文によって相当程度に推測できる。

ところで、言うまでもなく当時のユダヤ社会における法律の基礎となっているのは、「十戒」(出エジプト 20、申命記 5)である。

したがって、それを吟味してみれば、当時の人たちにとっての「罪」が、正しく想像できる。それはつぎのようになっている。

(1) あなたには、わたしをおいてほかに神があってはならない。
(2) あなたはいかなる像も造ってはならない。
(3) あなたの神、主の名をみだりに唱えてはならない。
(4) 安息日を心に留め、これを聖別せよ。
(5) あなたの父母を敬え。
(6) 殺してはならない。
(7) 姦淫してはならない。
(8) 盗んではならない。
(9) 隣人に関して偽証してはならない。
(10) 隣人の家を欲してはならない。隣人の妻、男女の奴隷、牛、ろばなど、隣人のものを一切欲してはならない。

「十戒」のうち最初の四つの戒律はユダヤ社会で宗教儀礼を乱すことになる行為を罪として明示している。第一の戒律は、ユダヤ社会が崇拝するべきと定めた神以外を、神として崇拝してはならない、である。しかし、不思議なことに、これは第三の戒律と矛盾している。第三の戒律は、「神の名」を唱えることの禁止である。一般的に言えば、社会が決めた神を崇拝していることを正確に明示するためには宗教儀礼の場でその「神の名」を唱えなければならない。したがって、この二つは、矛盾した戒律に見える。

初期のイスラエルでは、神は「エル」と呼ばれ、後にエジプトからの同族避難民を迎えたあと、「ヤハウェ」となったと推測されている。「創世記」の記述によると、最初のユダヤ人の族長はアブラハム、その長子イサクが次の族長となり、さらにイサクの子のうち弟の「ヤコブ」が神から「イスラエル」の名を与えられた。これはヤコブが「神エルと相撲を取った」という謂れ（創世記32－24以下）にもとづいている。

一方、「ヤハウェ」は、ユダヤ教における最高の預言者とされたモーセを導いて、エジプトから奴隷となっていた同族を救い出した神の名とされている。

第三の戒律は、この「名」をみだりに口にするな、という。

神の「名」を口にしないことは、それを人に明かさないことである。たしかに神に特定の名を与えてそれを「呼ぶ」ことは、神に対しての「正しい姿勢」とは言えない。なぜなら「呼ぶ」ことは、相手を「呼び出す」ことだからである。それはむしろ主人が自分に仕える者を呼ぶ行為である。じっさい、イスラエルの人々も、神をむしろ「主」（アドナイ）と呼んでいた。神を「主」と呼ぶのは、神の心に添って生きることを自分のほうが選ぶことである。言い換えると、神を自分の心の支配者（主人）として受け入れ、その指示に絶対的に従って生きる姿勢である。

この場合、神の固有名は、何でもよい。エルでも、ヤハウェでも、ゼウスでも、阿弥陀でも、稲荷でも、どれでもかまわない。神に対する姿勢として必要なことは、心に抱くものが自分よりはるかにすぐれたものであり、自分の心の存在を肯定し（受け入れ）、自分の心に「正しいこと、善いことを勧めて、悪いことを勧めない」ものであればいい。なぜなら、そういうものが、人が生きて行くときの「主」であるべきだからである。そして、その神が国家神ないし民族神であるなら、それは国民や民族を支配する神である。その神に「我慢して」従えば、国民ないし同族は「自分たちが生きる」ことを保証してくれると期待できる。

その神に特定の名をつけるのは、一致を求める集団であり、とくに宗教儀式を司る人々である。彼らからすれば、神の名は一つに特定されるべきである。なぜなら、宗教儀礼は人々を前にして社会の権威をもって見せなければならないからである。複数の神に儀礼を捧げることは、その神々の間に一致がなければ混乱を招くことになる。「エル」と「ヤハウェ」との間に、当時どの程度の一致があったかは分からない。

古代イスラエル史の研究によれば、近隣に勃興したアッシリアに北イスラエル王国が滅ぼされたとき（紀元前八世紀）、大量の避難民が南のユダ王国に入り、それ以来、「エル」を信奉していた北イスラエルの人々は「ヤハウェ」を信奉していたユダ王国の宗教習俗に同化して、イスラエルの人々の信仰は「ヤハウェ」に統一されることになったらしい。同時にユダ王国の人々も、かつては自分たちより繁栄し、諸外国にもその名を知られていた「イスラエル」の名で自分たちが呼ばれるようになることを、その頃、自ら望んだのだと考えられる。こうしてイスラエルの神はヤハウェになったと考えられる。

じつは、預言者モーセによる出エジプトの物語も、エジプトその他における考古学的研究の結果、どうも史実ではなく、あくまでも作られた物語らしい。つまり大規模な集団で奴隷がエジプトから逃げたという歴史的事実は見つかっていない。奴隷化されたユダヤ人の逃亡があっても、それはごく少数の逃亡であったと見られる。このことからすると、後になって北イスラエルからの多数の避難民を受け入れたとき、ユダの人たちは自分たちの歴史のなかに、エジプトからの大規模な避難の物語を作ったのではないかと想像できる。つまり、そのことによって、ユダ王国の祭司たちは「自分たちも同じ経験をもつ民であり、それゆえ同族の避難民を受け入れるのは当然のことである」ことを、民衆に納得させたと考えられる。

そしてこのとき、「申命記」と「出エジプト」の原型が成立したと考えられる。つまりイスラエルの統一的宗教教義が、この二つの書によってつくられた。十戒とは、そういう特異な歴史をもつものだと考えられる。

さて、第二の戒律は、像を刻んではならないという教えである。しかし、目に見える像がなければ、信者が「エル」を崇拝しているのか、「ヤハウェ」を崇拝しているのか、分からない。したがってこの戒律は、北イスラエルからの避難民を迎えるにあたって、礼拝の儀式において無用の混乱を引き起こさないために考えられた方策だったのかもしれない。

しかし、そのことによって、神が「目に見えない」ことを、この戒律は意味することになった。そしてこのことは、なかんずく神が「心のうち」のものであることを示唆している。そしてこの戒律によって、ヨハネとイエスの教えが前提にしている「心のうちの世界」が、イスラエルの人々の前にあらかじめ示されることになった。

他方、言うまでもなく、特定のかたちを見せる神の像がなければ、信者が何を拝しているか、宗教儀式において判別できない。これは先に述べた理由で、儀式を司るものにとっては信者の統率がとれないことを意味している。

以上、三つの戒律は、神が目に見えないものであること、それゆえ心に現れる神でなければならないこと、なおかつ信者は神の名を口にする必要はないこと、それゆえに、信仰を他者に知られずに秘密にできることを意味している。そして、このような規定が十戒にあるために、ファリサイ派の人々も、ヨハネやイエスの教えのうちに律法を犯す明確な「犯罪」を見つけることができなかったのだと理解できる。

しかし、第四の戒律は安息日をもつことを要求している。神に祈るために仕事を休まなければならない日を特定する戒律である。この戒律によって、信者は自分の信仰する教えを公にすることとなる。そして同じ神を信じていることを明らかにするために、儀式を司る祭司を支えることが要求される。したがってユダヤ教会の祭司にとっては、この戒律は自分たちの存在意義を守るきわめて重要な戒律であったに違いない。

第五の戒律は、自分の父母を敬え、という戒律である。人は生まれて、いくつかの段階を経て大人になる。しかし、それぞれの段階で自立できるようになるまで、自分を何らかの大人に任せなければならない。その代表が父と母である。自分の生を他者に任せることは、相手を深く信頼することであり、それを自覚するとき、「敬う」という姿勢が生じる。

人間は成長して日常の生活場面において自立することができても、何が起こるかわからない一生に関しては、人間は最後まで完全に自立できない。それは、死んだ後に自分で棺桶に入ることができないという事実によって理解される。あるいは神に頼らなければ天国に行けないと考えれば、やはり究極の自立はあきらめなければならない。したがって、人はそれを知るときから、神に頼る生活をする必要性を認めなければならない。

そして身近な父母を敬うことは、神を敬うことがどういうことかを、人が知るすべとなる。すなわち、この戒律は父母を通じて神を敬うことを学べ、という教えだと理解される。

第六、第七、第八の戒律は、文明社会一般に共通する法である。

すなわち、「殺してはならない」、「姦通してはならない」、「盗んではならない」である。第九の戒律は、公の裁きを重視する戒律である。最後の第十の戒律は、物欲一般の抑止の戒律である。他人のものをむりやり奪うことを、いさめる戒律であるとも読める。なぜなら「欲する」ことは「奪う」ことを目指すことだからである。以上のことがユダヤ社会に神によって明示された基本の「律法」である。したがって公的には、これに反する行為がイエスも知っていた「罪」である。

さて、以上、十個の戒律のうち、「心のうちの罪」を暗示しているのは、第一、第二、第三、第五、第十の戒律の都合五つである。あとの五つは、人々の目に見えるか耳に聞こえる犯罪行為を明らかにしている。すなわち、安息日という神を礼拝する特定の日をもたないこと、殺害行為、性的にみだらな行為、盗み、偽りの証言、である。

イエスが、「安息日」の守りを重視しなかったことは、福音書に伝えられている（マタイ福音書12－1～5、マルコ福音書 2－23～28、ルカ福音書 6－1～5）。そしてこのことは、すでに説明したように、ユダヤ教会の祭司たちの地位を危うくする。両者の対立が明らかである。

そして、イエスが「姦通するな」の戒律に対して、「情欲を懐いて女を見るものは、すでに姦通の罪を犯している」と述べたことが心の中の罪を考えていることは、イエスの教えを伝えることの文自体（マタイ福音書 5－27～28）が明らかにしている。また、「殺すな」の戒律についても、「兄弟に腹を立てるものはだれでも裁きを受ける」（マタイ福音書 5－21～22）とある。いずれも実際の犯罪が行われる以前の「心の中で生じた罪」に関して、神の裁きがあることをイエスは教えている。

それに対して「盗むな」の戒律に対しては、とりわけてイエスの教えが福音書にない理由は、おそらく第十の戒律が、すでに「盗み」に向かう「心の罪」、すなわち他者の所有物を「欲する」ことに言及しているからだろうと考えることができる。

いずれにしろ、イエスの教えが「心の中の罪」に注目していることは、律法学者とファリサイ派の人たちに対してイエスが言った次のことばにおいて明らかである。「律法学者とファリサイ派の人々、あなたたち偽善者は不幸だ。杯や皿の外側はきれいにするが、内側は強欲と放縦で満ちているからだ。ものの見えないファリサイ派の人々、まず杯の内側をきれいにせよ。そうすれば、外側もきれいになる」（マタイ福音書23－25～26）。また一般庶民に対しては、つぎのように言っている。「口に入るものは人を汚さず、口から出てくるものが人を汚すのである」（マタイ福音書15－11）、「すべて口に入るものは、腹を通って外に出される。しかし口から出てくるものは、心から出てくる。それが人を汚す。悪意、殺意、姦通、みだらな行い、盗み、偽証、悪口などは、心から出てくる。これが人を汚す」（マタイ福音書15－17～20）。

彼の数々の教えは、聞く人がわかりやすいように比喩が多用される。つぎのことばも、彼の教えが「心のありよう」に注目していることは明らかである。「良い木には良い実がなり、悪い木には悪い実がなる。木の良し悪しはその結ぶ実で分かる。蝮の子らよ、あなたたちは悪い人間であるのに、どうして良いことが言えようか。人の口からは、心にあふれていることが出てくるのだ」（マタイ福音書 12－33〜34）。

ここで「蝮の子ら」と呼ばれている人は、目に見えて悪い人ではない。なぜなら、洗礼者ヨハネは、洗礼を受けに来た一般の人たちに向かって「蝮の子ら」と言っている（ルカ福音書 3－7）からである。おそらく、その人たちは比較的近くにいたエルサレムの住人たちだろう。したがってヨハネの見方では、すなわち、心のうちに罪深い心をもつ悪い人であっても、表向きは都会の善男善女である。現代日本の町に住む「わたしたち」のように。

16／心の中の罪に気づく教え

さて、十戒には「隣人のものを一切欲してはならない」とある。他人のものを「欲しがる」ことは、十戒において戒律違反である。他人のものの内には、「妻」や「婚約者」もある。したがって、「姦通」に関しても、それを隣人の妻や隣人の婚約者に対して「欲する」、つまり「情欲を心に抱いて女を見る」なら、戒律違反である。それゆえ、先に引いたイエスの教えは、もともと戒律が含んでいたものを明確にしただけだと言うこともできる。

しかしさらに言うなら、現代の都会では、隣人のものを欲することなしには生活が成り立たない。なぜなら、商店で売っているものは、すべて消費者が「欲しがる」ものだからである。言うまでもなく。商店で売っているものは商店主の所有物である。しかし、消費者が「欲しい」と思わないなら、それは「売れない」に違いない。したがって「他人のものを欲しがってはならない」という教えに従っていては、都会の経済生活は成り立たない。ところが、あくまでも十戒によれば、それは神が断罪する罪である。したがって現代の都会の生活者は、多かれ少なかれ罪を懐くことなしには生きて行くことができない。

あるいは、美しい異性が、人が集まる劇場やテレビ画面に出ること、雑誌のグラビアを飾ることは、多かれ少なかれ、みだらな思いを誘う行為である。そしてそれに誘われる客は、みだらな思いを心に懐く罪を犯す。しかし、このような誘惑とそれにもとづく消費がなければ、広告その他の経済は成り立たない。

小説やドラマでは、殺人が描かれる。それを「怖い」と思って楽しむ人は、心のうちで、その行為がなされることを、多かれ少なかれ欲していると言える。

これらのことが「罪」だという認識は、一般社会では要求されない。

繰り返すが、イエスが「姦通の罪」に触れた有名な箇所は、「だれでも情欲を懐いて女を見るものは、すでに心の中で姦通の罪を犯している」（マタイ福音書 5 - 28）である。先に述べた律法の正確な理解に従うと、この場合、「女」は他者と夫婦関係にあるか、婚約関係にある女でなければならない。それ以外の女の場合には、「罪」にならない。とはいえ、当時の風習で、女が婚約しているかどうか、既婚者かどうか、一目で分かる格好をしていたのかどうか。一目で分からないなら、それが分かるまでは、男の目は女を見て情欲を懐いていても通常のことでしかないだろう。

これが「法律」上の問題か、「心の内」の問題かの違いである。

そしてこの二つは、宗教の経典である聖書がすでに含み込んでいる。ヨハネとイエスは、後者を強調しただけだとも言える。しかしまた、とくにイエスは、後者を実際犯罪の原因と見て、それこそが「罪そのもの」だと考えた。

イエスはヨハネの弟子と見られていたとすれば、その教えは、ヨハネの教えに連なるものであったと考えられる。たしかにイエスの教えは、ヨハネの教えを一歩超えた内容をもっていた。しかしそうだとしても、本質的には両者の教えには同じ内容がある。それは、ヨハネの教えが「悔い改め」であったことから明らかである。そして「悔い改め」は、「反省」と同じであり、さらに「謝罪」と同じである。

「マルコ福音書」によると、イエスの活動の前にヨハネが人々の前に現れた。場所は「荒れ野」とされている。最近「死海文書」と呼ばれる巻物が見つかってこの時代の一端が耳目を騒がした。この時代、ユダヤはすでに長くローマの支配を受け、ローマが任命した総督によって統治されていた。反抗するものは兵士に捕まり、処刑された。ある町ではローマの神殿建設、ローマの宗教儀礼を強要されることがあった。そしてそれに反抗する人々が支配者になびきやすいユダヤ教会から離れて、いくつかの集団が「新たな教え」を主張しつつ、町の外の荒れ野を拠点にローマに対して抵抗活動をしていたらしい。

他国の支配下に入ることは、他国の宗教習俗が入ることであり、自分たちの宗教習俗が脅かされることである。ユダヤ人はかつて、さまざまな場面でエジプト、メソポタミア各地の宗教習俗の影響下に入ったことがある。しかしそのときにも、ユダヤ人は信仰をたくみに保持することによって、国家が滅ぼされても同一民族意識を保持しつづけた。この伝統があったので、ローマの支配を受けたこの時代にも、ユダヤ人は自分たちの神に対する宗教儀式をあきらめなかった。

通常、支配者側は、滅んだ国家の神々は自分たちの国家の神々によって滅ぼされたと考え、自分たちの宗教儀式を自分たちが奪った土地に広げようとするものである。ローマの支配が、そういう考えによっていたことは確かだろう。ところがイスラエルは、そういう常識がすでに通用しなくなっていた土地だった。そのため、ローマ側から見れば、宗教活動を背景にした独立運動と言うべき大変やっかいな動きがみられる土地だった。そしてその不穏な動きは、とくに支配者側の力が及びにくい町の外、「荒れ野」における「宗教的な活動」のかたちで現れていた。

ヨハネとイエスの活動は、その中の一つと見られていたと考えられる。

四つの福音書は、周知のように、キリスト教会による解釈に沿って書かれているので、その内容は多くが信仰に限られている。そしてイエスのほうが絶対的に優れたものとして二人を描いている。つまり洗礼者ヨハネは、イエスが通る道をあらかじめ通りやすいように整える「露払い」

の役目をもっただけの人物として描かれている。

しかし、そのような著者の偏向した記述をはずして福音書を読むと、つぎのようなイエスの履歴が想像される。すなわち、まずイエスは、おそらくヨハネの噂を聞いてガリラヤ地方の村ナザレから出て、ヨハネのところへ来て、彼の教えを学び、ヨルダン川でヨハネによる洗礼を受けた。その後、荒れ野で修行したが、ヨハネがヘロデ・アンティパスに捕まって殺されたことを聞き知り、自分もヨハネの一味として捕まることを恐れてガリラヤの国境へ逃げた。しかし、その恐れがないと分かり、しばらくしてガリラヤ地方でヨハネから教えられた活動を始め、そしてペテロをはじめとする幾人かの弟子をそこで得た。その後、イエスはエルサレムに移り、神殿に入って民衆に教えるようになった。

イエスは、ヨハネ捕縛の知らせを聞いて逃げたのだから、彼自身、ヨハネの弟子の自覚があったと考えられる。そしてヨハネの活動を先に知っている人たちは、やはりイエスが、師匠であるヨハネの教えを広めていると、受け取っていただろう。イエスの出身地ナザレはガリラヤ地方にあり、エルサレムの町から一一〇キロほど離れたところにある。エルサレムの町の人は、ヨハネの名は知っていてもナザレの名は知らなかったに違いない。

死海に流れ込むヨルダン川の川べりは、エルサレムの町から三〇キロほどである。徒歩で七～八時間の距離である。おそらくエルサレムの人々は、ぎりぎり町の「郊外」の意識がもてた場所だったに違いない。つまり、農民であれば「通勤圏」に入る。当時の人は、夜明けから行動したので、朝五時に町を出ると昼過ぎには着く。現場で野宿することが当時の習慣として通常であれば、翌日の朝、現地を出て、日中にエルサレムに戻ることは無理なことではない。また、ヨルダン川で羊に水を飲ませる生活をする人間を奴隷として持つなら、ときどき監視のために人をやれば済む。

ヨハネの教えと洗礼は、そういう場所で行われた。しかも福音書によれば、エルサレムからも多くの人が彼のところへ行って洗礼を受けた。「ユダヤのすべての地方と、エルサレムの住民は、皆」（マルコ福音書 1－5）と言われている。福音書の記述はイエスのことについてはかなり盛られているが、ヨハネについてはそういうことがない。したがって、じっさいにエルサレムの住民の多くが、まず先にヨハネの教えに接していたと考えられる。そしてヨハネの教えが伝えられた後にイエスが来たとき、イエスのことばは、ヨハネの教えのうえに重ねられて理解されたと思われる。つまりこの点では、福音書の記述の通り、ヨハネの教えはイエスの教えに至る道の「露払い」となったと言える。

17／心のありように関わる教え

ヨハネの教えの内容は、イエスが教えたという内容より、いくらか控えめなものであったと思われる。ヨハネとイエスの関係は、日本で言えば、浄土宗の法然と、その弟子親鸞の関係のようなものと見ておきたい。つまり親鸞は、法然の教えから、さらに一歩踏み込んだ教えを庶民に伝えた。親鸞の教えは、その印象の強さからか、きわめて多くの人を引き付けたが、なかには教えを受け取り切れず、誤った信仰に陥る人も大勢出たらしい。おそらく同様なことがエルサレムの周辺でも起きたと考えられる。

ただし、イエスの活動は親鸞のように長期にわたるものではなかった。数年のうちに処刑されたと考えられている。したがってイエスの教えは、彼が生きているうちには十分に理解されることも、広まることもなかっただろう。ただその教えが持つ印象は大きな強いものがあり、死後にも言い伝えられて信者を増やすことになった。特にイエスの場合、ローマ支配のもとで十字架刑というもっとも残酷な仕方で処刑されたので、そのことが支配に抵抗する精神を周囲の人に鼓舞することになった可能性がある。

とはいえ、宗教と政治は、混同することがないようにしなければならない。すでに説明してきたように、自己を刷新することで個人の救いの道となる宗教は、集団を安定的に支配する国家政治の道とは本質的に異なる。イエスがヨハネから受け継ぎ、それを一歩進めて最終的に示した宗教は、まさに自己を革新することで個人を救う道であった。彼ら以前のユダヤ教には、それは明らかでなかった。先に示したように、「モーセの十戒」は「心の内」を問題にする戒律をもっている。しかし神（ヤハウェ）は、個人を救う神であるよりも、ユダヤの国家神、民族神であった。

じっさい神（ヤハウェ）は、人々に対して「祝福と呪い」を置く（申命記11－26）ことによって国家と民族を支配する神であった。「祝福と呪い」とは、神による「賞賛と罰」である。ちょうど国家が、国家の繁栄に利する人を賞賛し、褒美を与え、それに反する人には罰を与えるのと同じである。

それに対してヨハネの教えは、「マタイ福音書」によれば「悔い改め」と言われ（3－2）、「罪の告白」と言われ（3－6）ている。「マルコ福音書」によっても同様である（1－4と5）。ところで「悔い改め」というのは、「おのれの罪を悔いる」ことなので、実際には「自分が犯した罪を口にして、それを悔いる、つまり自分がしてしまったことを嘆き、これからは決してしないと誓う」ことを意味している。ヨハネは、自分のところへ来た人にそれをさせ、そのあとにそれを証しするために、水に体をつけさせるという「洗礼の儀式」を授けていた（マタイ福音書3－6、マルコ福音書1－5）。

ところで、ヨハネのところに洗礼の儀式を受けに来た人たちは、犯罪を実際に行なった人たちではありえない。むしろ善男善女であった。なぜなら法律を犯した犯罪者なら警吏（国家の兵）がつかまえるからである。宗教問題もあって支配が安定していなかったイスラエルにおいては、ローマの監視の目はとくに厳しかったに相違ない。したがってヨルダン川の川岸で活動していたヨハネの前で告白される「罪」は、当局に訴追される犯罪者の罪ではなく、心の中で犯された罪であったに違いない。

じっさい、ヨハネとイエスの教えは、「心の中で犯される罪」という「心のありよう」に関わる教えである。したがって彼らの教えは、目に見える「祝福と呪い」によって人々の心を「支配する」（管理する）ユダヤ教の神の教えとは異なる。むしろ二人の教えは、人の「心の刷新」によって「人の救い」を実現しようとする宗教である。対象になっているのは、出自に関わらない「個々の人の心」であった。福音書によれば、イエスの活動の犯罪性をとらえようと、ファリサイ派の人々が、あるいは祭司たちがイエスをつかまえて問い詰めたが、イエスの口から彼が律法に違反している言質をとらえることはできなかった（マルコ福音書14－55～64）。その理由は、その教えが神の教えの規定の刷新ではなく、信者の心の刷新を求めることにあったからである。

すなわち、ファリサイ派や祭司たちが見つけようと考えていたイエスの犯罪は、イエスが「別の神」を語ってヤハウェを裏切っている、ということだった。ところが、ヨハネとイエスの教えは、「神を替える」、あるいは、実質同じことであるが、「律法を替える」教えではなく、「信者の心を変える」教えだった。つまりヤハウェを信奉する信者の心が正しくないために、神ヤハウェが「あなたを赦さない」。ヤハウェのゆるしを得るためには「悔い改め」が、つまり「謝罪」が必要だという教えだった。

それゆえ、つかまえたイエスを問い詰めても、思い通りの言質を得ることができなかったのは、イエスの教えていた信仰と、祭司たちが守ろうとしていた信仰がまったく違うものだったからである。わたしたちはここでも、この違いを乗り越えて考察するために哲学が必要であることを見出す。

じっさい、繰り返し指摘しなければならない。「心のありよう」は、他者には見えない。他方、人民を支配しようとするためには、人々の目に見えることがらによって人々を管理、支配しなければならない。この両者を検討するためには、心のありようを含めて普遍的に吟味できる学問が必要になる。ただし、心理学にそれができるかと言えば、心理学は、「科学」であることが要求されるために、外から確認できる症状を必要とする。しかし、「症状」とは、「正しい心のありよう」ではない。

ただ、心に何らかの「歪み」(=不正)があるとき「症状」が現れる。したがって心理学は不正なありよう(社会との不適合)を吟味するとは言えるが、個人の「正しい心のありよう」を積極的にとらえることはできない。心理学が積極的にとらえるのは社会的視点から見える「歪み」のほうだけである。そしてそれを「治す」広義の物体的技術ないし説得のマニュアルを、心理学は求めて研究している。個人の「正しい心のありよう」を吟味することは、哲学によって為されるほかない。

じっさい、ソクラテス以来、哲学は「善美なことがら」を追求してきた。ところで、「正しい心のありよう」とは、「心の善美なありよう」である。そして言うまでもなく、心が善いありようをもつことが「良く生きる」ことであり、「幸福なこと」である。そしてそれは、宗教的なことばを用いれば、「救い」である。

ソクラテスがなぜ公開の宗教裁判で有罪となり、死刑になったかと言えば、彼が「ダイモーン神」という「新しい神」を導入したからである。言うまでもなく、ソクラテスも哲学で心の改革を目指していた。ただ、それをわかりやすく説明するためにゼウスやアポローンなどの既存の神ではなく、「霊的な存在」（ダイモーン）を特別に彼は語った。そのために、アテナイ市民たちに「アテナイが奉じている神」とは「異なる新奇な神」を教えたと見られてしまった。そのためにソクラテスは宗教裁判で死刑となった。

ソクラテスがダイモーンと呼んだ神は、キリスト教では「聖霊」に当たるが、ユダヤ教では、それについて語ることは「ヤハウェと別の神」を語ることとはみなされなかった。すでにユダヤ教は一神教であった。したがって、「聖霊」ということばが別の神を指しているという理解は起きなかった。漠然とヤハウェがもつ霊的存在（神の目に見えないはたらき）が、「聖霊」とみなされた。それゆえ、イエスが「聖霊」を語っても律法違反とはみなされなかった。

このことを考え合わせても、ヨハネとイエスの教えの内容は、心の中のことである。律法が明確にしている目に見える犯罪ではない。それゆえ、「罪の告白と悔い改め」が「心の救い」を実現することを理解するためには、まずは目には見えない「人の心のありよう」を「正しく想像する」ことが求められる。

18／心のうちに在る罪

わたしたちは、心のうちに在る罪と、その告白と、悔い改めの行為が、それぞれ何をもたらすか、検討しなければならない。ところで、哲学は「学問性」（科学性）をほかの科学と同様に必要とする。すなわち、一種の客観性を要求される。ただしこの客観性は、かなり特殊なかたちで実現されなければならない。つまり、人の目に入らない「心のありよう」を学問的に吟味するためには、「自分の心」を「実験」に用いる素材として公に提出しなければならない。すなわち、それを実験材料として使うことは、いわばそれを哲学の「犠牲として公共に捧げる」ことである。十分な覚悟が必要である。

じっさい「自分の心」は、自分に対してのみ「明らか」である。したがって実験の結果を学問的証拠とするためには、つぎのことが必要である。すなわち、まずは自分にだけ結果が明らかになることを確かめる。つぎに、隠し立てせずに「そのままそれをことばで他者に示す」。こうしたことができなければならない。それが哲学の吟味についてある種の客観性（普遍的真理性）をもたらす。なぜなら、「わたし」と「あなた」は、「生きている人間の心である」という共通の基盤をもっていると言えるからである。「わたし」と「あなた」は意見を異にすることが多いとしても、あるいは、好みがどれほど異なっていても、二人の間には「同じ人間の心のありよう」を持つ部分があり、哲学が心のありようの吟味のために素材として用いるのは、心のその部分だからである。すなわち、ことばを用いて活動する「理性」と呼ばれる共通部分である。

哲学者は、この信頼にもとづいて、つねに哲学することが鉄則である。したがって当該の問題を哲学するに当たっても、わたしたちは、ことばを用いて思惟する自分の心を「人の心の共通なはたらきをもつ」一個の実験材料、また実験結果（データ）として提出しなければならない。

さて、わたしたちは、「心の中の罪」を見出し、それが何かを明らかにし、つぎに「それを告白する」ことがどのような結果をもたらすか、判定しなければならない。そしてここでは、ヨハネとイエスの教えを理解することが目標なので、理解にあたっては、ヨハネとイエスの意図に沿うことも大事な要件である。そしてそのためには福音書の記述を注意深く見ておかなければならない。

そもそも「罪」と呼ばれるものは、わたしたちが「それをすることに、やましさを覚える」ことである。すなわち、自分の心に、「不正」を感知する、あるいは「してはいけない」と思う、あるいは、「悪いことだ」と思う、そういう行為が「罪」と呼ばれる。そしてその種の行為をしてしまったときに、「謝らなければならない」と思う。

洗礼者ヨハネとイエスの教えは、それらを「罪」と認識することを求めている。そして「それを告白する」ことを求めている。自分の中に「罪」を認識することは、人には言えない「やましいことを自分がした」ことを認識すること、自覚することである。そしてそれを他者に「告白する」ことは、その自覚を別の人に「証しする」ことである。それは決して楽しいことではない。つらいことであり、悲しいことである。あるいは、恥ずかしいことである。その意味で、自分の罪は、自分の心の「恥部」である。それを人に告白することは、自分の心を完全に他者の心に「さらす」ことを意味する。つまり自分の心を「裸にする」ことを意味する。たとえば幼児のように。

おそらく、洗礼者ヨハネの前での「罪の告白」は、彼一人に対して行われ、彼は、自分の立場を「神への取次」と説明していたと思われる。それは一般他者に対しては秘密裡になされた。それは後にキリスト教会が告解のための小部屋を用意して、告解を他人に聞こえないものにしたことから推察できる。つまり「罪の告白」は、ヨハネを通して「神に対してのみ」行われたと理解されたに違いない。

19／罪の告白

ではつぎに、神に罪を告白したとき、何があるか。それを考察しなければならない。言うまでもないことであるが、自分の心のうちで生じた罪を神に告白しても、現実には何も起こらない。

つまり神の怒りが降るわけではない。しかし神の存在を信じているなら、その心には、つぎの考えが生じる。「神はすべてを見通している。したがって神は自分が告白した内容をとっくに知っていたに違いない」。すなわち、人に隠していた心の罪を神に告白したとき、人は神の怒りを恐れるのではなく、他人に告白する機会を得ることによって、自分の罪の重さにあらためて気づく。というのも、告白するとき、人はあらためて自分の犯した罪を見直すことになり、それがそれまで見過ごしてきたときとは異なり、案外に重いものであることに気づくからである。

じっさい心の中の罪に関しては、だれもが、ふだんはほかの人も同じだと考えている。そのことに疑いをもたない。自分がもっていた欲望は、どれもたいしたことではない、見過ごしてよい、ごく軽いものだと思っている。いわゆる下ネタの笑いで人々はそれを確認する。ところが、神という完全なもの、まったく罪をもたない厳格なものを相手にすると、罪は、とても惨めな、恥ずかしいものになる。言うまでもなく、比較の対象が異なるからである。罪を持つ人間どうしの比較は、似たものどうしの比較になる。団栗の背比べである。ところが、罪がまったくないものと対照することになれば、自分の小さな罪も無限に大きいと考えなければならない。すなわち、合理的には、神を前に罪の告白をしたとき、人は「罪人」としての自覚を無限に深く迫られる。

ところが合理的に見て、神の前で罪の告白をした者は、もう一つのことに気がつくはずである。それは、自分が犯してきた無数の重い罪にもかかわらず、神は自分に罰を降さないでいるという事実である。人はこのとき、神による「無限のゆるし」に気がつく。すなわち、「自分の犯した罪を考えれば、いつ神に命を奪われてもおかしくない」。当時の刑罰で言えば、十字架刑になって殺されてもおかしくない。それにもかかわらず自分は罰を受けずに、現に「生かされている」。このことに気づくのである。

神が自分に「罰を降して」いないことに気づくことは、神は自分の罪を「ゆるしてくれている」ことに気づくことである。そのような理解が理性の内に生まれる。じっさい、「この今、自分には死をもって償わなければならない罪があるにもかかわらず、神はわたしを磔にせず、殺さずにいる」。それどころか「自分は、まさに生かされている」と気づく。そうだとすれば、神は自分の罪を完全にゆるしてくれていると、無理なく考えることができる。罪を告白してみると、おのれの罪深さに気づいて恐れおののき、「神に断罪されるに違いない」、「断罪されて当然だ」と考えたが、神は「その自分をゆるして、生かしてくれている」と気づく。

すると、以上のような思いをもつことができた人は、罪の告白によって、犯してしまった罪を悔やむそばから、その罪をゆるしてくれている「神の憐み」にあらためて気づき、「感謝の思い」に心が満たされる。ところで、「感謝の思い」に満たされることは、「幸福な心」であり、その心は「救われた」状態にある。こうして、洗礼者ヨハネの取次による「罪の告白と悔い改め」によって、神の救いが実現する。そしてそれは、悔い改めによる「自己の心の刷新」である。

わたしは無宗教の読者のために、以上の理屈を、神を信ずる信仰心がない状態で納得してもらう吟味を付け加えておこうと思う。

そもそも故意に為される殺人でない場合は、殺人罪で処罰されることはない。殺意がない場合でも、何かの不注意で人を殺してしまうことはある。たとえば自動車で事故を起こすとき、他人を巻き添えにすることがある。しかしこの場合は、取り返しのつかない結果を生んだ「不注意」、「操作ミス」を、人は悔いるだけである。そしてその背景に隠れていた「スピード欲求」などが、その場合には自分の「罪」として考えられ、それを悔いる。

他方、あらかじめ殺害者の心のうちに殺意があるとき、実際の犯罪としての「殺人」がある。つまり心の中で罪が犯されたうえで現実の犯罪が起きる。この順序は、普遍的、必然的である。そして十分な反省と悔いが見られるなら、多くの場合、一般社会でも罪が「ゆるされる」ことがある。処罰が減免されるとか、被害者の遺族から「ゆるし」のことばをもらう、ということが起こる。そして反省と悔いる思いは、「謝罪」というかたちで一般には表される。

繰り返すが、犯罪の実行以前に、心のうちに罪があらかじめあることは、一般的に認められる。たんに、人は、だれかを「亡き者にしたい」、「早く死んでほしい」と思っても、実際に自分の手で殺さないだけである。それが一般的である。すなわち、心のうちに罪があっても、忘れていられる、あるいは、心のうちにとどめていられる。それを抑える力のない者が犯罪に走ると考えられている。犯罪を取り締まる社会は、一般にその能力の有無を問題にしている。決して殺意自体をそのまま問題にしていない。なぜなら、それは心の中のことだから、事件の証拠にすることができないからである。殺意は、行為に至った「動機」として現実の殺人事件、襲撃事件が起きたあとに問題にされ、本人の心に質される。

ヨハネとイエスの教えは、この人間の心理をとらえている。自分の中にとどめている罪を、あえて自分の心の目にあざやかにさらすこと、その罪深さに「おののく」ことが、おのれの罪に気づくことである。この時点で反省があり、悔いがあるのなら、犯罪の実行には至らない。このこと自体には、神や信仰は説明に必要ではない。ただ、それを実際にヨハネという「神に通じた者」に「告げる」という宗教儀式につなげているところで、「信仰」が関係するだけである。たとえ、この宗教儀式がなくても、自分の心の中の罪は自分で見つけられるものであり、それを見つけ出して「罪」意識に「おののく」ことは、信仰心などなくても十分にできる。むずかしいことではない。

そしてそのとき、それでも「生きていられる」ことに気づくことも、それが目の前の事実であるから、だれにとっても明白である。このとき、神を持ち出さなくても、あるいは、特定のだれかを持ち出さなくても、「ありがたい」、「良かった」、「助かった」（救われた）と思うことはごく自然なことだ。イエスやヨハネが言っている「罪の告白」と「悔い改め」、そして「水による洗礼」は、それを宗教用語で規定し儀式化することによって、神の権威を付けているだけだとも言うことができる。いずれにしても、心のうちで罪を悔いることによって人の心は「救われる」のである。そしてすでに述べたように、そこから生まれる「謝罪」は、実際に被害が生じた場合にも、加害者の心を救い、同時に被害者の心を救う力をもつ。

わたしたちはすでに、罪に対しては「処罰」と「謝罪」という二つがあり、一般には区別されずにいるが、本当は区別されるべきであることを明らかにした。今ここでは、罪に対する「謝罪」の問題を明らかにしている。それゆえ、わたしたちは、「罪に関する謝罪」を哲学の用語や吟味を用いて、さらによく考察しておかなければならない。

20/罪を悔いるときの主体性

まず、謝罪の実体は、表面的、外面的な礼儀「作法」ではない。他人の目からは心のうちに隠れてしまう謝罪は、純粋な「思い」である。つまり謝罪を口にしたり、行動で示したりすることはできるが、謝罪の本体は、あくまでも外からは見えない「心のはたらき」である。「ごめんなさい」と口にされる謝罪や、頭を下げる行動で外的に示される謝罪はどれだけほんとうか、つねに疑われる。つまり謝罪の本当の部分（実体）は、心のうちに隠れて見えない。ヨハネやイエスの教えが「神」を前提にしているのは、謝罪の本体が心のうちにあって、それが本当にあるかどうかは、「神」にしか分からないからである。

そしてそれは、「感謝」も同じである。感謝の気持ちも内面のはたらきであって、「ありがとう」と口にすることはできるが、本体は、あくまでも心のうちに在る。

すなわち、「感謝」と「謝ること」は、本来、「愛」や「憎しみ」と同様に、心のうちに在る。したがって、神と本人にしか明らかではない。

わたしたちは、親が子に、人に「感謝する」ことと「謝る」ことを教えている場面に出合う。しかし、そこで教えているのは、形式的な（外面的、表面的な）礼儀の形であって、「本当の感謝」や「本当の謝罪」ではない。「本当の感謝」とは「心からの感謝」であり、「本当の謝罪」とは「心からの謝罪」である。そして「心からのもの」は、「人から教えられて知るもの」ではなく、「自分から感謝すべきこと、謝罪すべきことに気づいて、思わず（自発的に）心に懐くもの」である。

つまり感謝と謝罪は、じつは他人に従う従属的な行為ではなく、つねに本人が「主体的に動く心の様相」である。社会や親から教えられてする感謝は、いわば強制された受け身の様相としての感謝である。子どもは、親に叱られるのが嫌で「ありがとう」と言い、親がうるさいので「ごめんなさい」と言う。しかし、その場合、子どもは礼を言わされるのであり、頭を下げさせられているだけであって、感謝を知ったのでも、謝ることを知ったのでもない。

感謝を知る心とは、その心が、自ら、自分以外のものの「恩」、あるいは、「おかげ」に気づくことができる心のはたらきであり、他方、謝ることを知る心とは、自ら、自分の中に、「罪」、「悪いこと」、「不正」の数々を見つけて、「自分が悪かった」ことに自ら気づく心である。ほかの人に教えられたことしか知ることができない心は、じつは、そのどちらもない。

すなわち、本当の感謝を知らない人間は、じつは自分の心の中の罪、悪に気づくこともできない。心から謝ることも、心から感謝することも、知ることができない。このような人は、心の中まで見通す神であっても救うことができない。その理由は、すでに述べたように、主体的に「恩に気づいて」動く心がないからである。したがって、他者の言葉に従うことしか知らない人間は、神から見れば、善い人ではなく、救いようのない悪人である。

そして、以上のことから、さらに哲学はつぎのことを明らかにする。自ら主体的に感謝を知る心は、他者の「恩」に気づき、それに感謝する心である。そうであるなら、そのための基準となる「善」を、その前に心は「前もって知っている」と考えなければならない。なぜなら、他者から受ける「恩」に気づくことは、何らかの「善」の尺度を自分の内にあらかじめもっていて、それとの比較対照がなければ生じないことだからである。じっさい「恩」に気づくとは、あらかじめ自分のうちに在る「善」と照らし合わせて、「それが一致する」ことに気づくことである。すなわち、「善い」ことがあったことが、他者に教えられなくとも、自分自身だけで分かることである。

すでに述べたように、その基準は、社会的評価の規準（尺度）ではない。なぜなら、社会的評価の基準は、社会から学ばなければ心のうちにないものだからである。それゆえ、前もって自分の内にある善の基準・尺度は、社会から、あるいは、他人から教えられる知識から生まれる規準・尺度ではない。したがって、その知は、生まれつきのものである。なぜなら、それが社会によって教え込まれることができるものなら、犯罪者を矯正することは、社会制度を整え、それを教えれば容易にできるはずだからである。周知のように制度が整えられても、犯罪者の矯正は、それだけではできない。人間の心が元来の「善」、「正しさ」に目覚めるためには、社会の中でゆがんでしまった正義の心を排して、元来の善を知っている生まれたての心を取り戻すほかにないからである。

他方、謝ることを知る心とは、自分の罪に気づき、「悪い」と思う心であるから、やはりあらかじめ自分の心のうちに「悪」の基準をもっていて、それとの「一致」に気づくか、あるいは、自分の内にあらかじめ在る「善」との「矛盾対立」に気づくか、いずれかの仕方でその「悪」を「知る」と理解しなければならない。後者、すなわち善によって悪を知る場合は、感謝を知る心と、謝ることを知る心は、一見矛盾対立しているが、それを知る基準となる「善」は同じであると考えられる。

そうだとすれば、「感謝と謝罪」を知る二つの心のはたらきは、じつは「同じ」であると言うことができる。つまり、自ら本当に感謝することができる心は、自ら本当に謝ることができる心であり、反対に、心から感謝できない心は、心から謝ることができない心である。

このように、心のうちにもともと在る善悪の基準は、論理的に吟味すると、生まれつきのもの（先天的）であると言わなければならない。それはもともと在るものだから、教えられる必要のないものである。しかも個別に心のうちに在って、他の同じもの（他者の心のうちに在る善悪の基準）

と比較することができないものである。それゆえ、それは個々人の心のうちに在って、「絶対的」(他者から離れて独立した状態の)善悪の基準である。またそうだとすると、だれかが作ったものでも、だれかが教えたものでもない。

したがって、それは生まれてくる人間の心に分け隔てなく、もともとすべての者の心に在ると言わなければならない。それは、近代のデカルトが『方法序説』冒頭で言及している「良識」(コンシャス)である。中世では「良知」ないし「共知」(シンデレシス)と言った。ギリシア語が由来であるところから見て、古代のストア哲学から中世、近代に伝わった概念だと予想される。デカルトは、それはだれにでもあり、みなが十分に備えている理性と同一視している。しかし実際には、大人の場合は、だれにでもあるとは言い難い。悪人には良心と呼べるような理性はないからである。したがってデカルトの主張は分析が甘いと、わたしは考えている。

「良知がない人」は世の中に「邪悪な人」となって実際にいる。それは、自分を襲った社会関係の何かのために、生まれた後になって良知をその心から「奪われた人」である。そしてそういう人は、生まれつきの「良心」が奪われているために、自分が学習した社会評価の規準を使って自分の行動と他人の行動その他を評価するほかに、評価、判断の方法をもたない。そしてその規準は、心のうちにもともと在る絶対的基準とは違い、相対的なので、移り変わる社会の影響を受けて、ころころと変わる不安定なものである。真の悪人が世の中を渡り歩くのに長けているのはそのためである。

すなわち、心のうちにかつて在った絶対的な善悪の尺度を失い、善悪を社会的評価でしか理解できなくなった人は、社会的評価が地域により、時代によってさまざまであるために、そのときどきで違うその評価規準によって、あきれるほど器用に立ち回るか、逆に、心を振り回されて痴呆となるほかない。日本で戦前と戦後で「転向した」人、あるいは、自分より力のある者にはひたすらその身を低くしてその意向に沿い、下の者には上の威光を背にして尊大に振る舞って怪しまない「事大主義」の人は、この種の人である。まして年を取り、自分が習い覚えた古い規準を変えていくことができなくなってしまうと、そういう人は、どうしても若い人たちから疎まれるだけの発言しかできなくなる。けして本当の幸福にはたどりつけない。なぜなら、その人は絶対的な善を知ることができないからである。

21／石打の刑の場の人々

以上のことを理解したうえで、「ヨハネ福音書」に伝えられた上述の事件を、哲学的に分析していくことにしよう。

問題を解決するためには、イエスが律法学者たちに追い詰められて、暫しの後、ふと思いついて語った「罪のないもの」を哲学的に吟味しなければならない。なぜならそこには、宗教的真理が含まれているに違いないからである。しかも、イエスがそのことばをどのようなつもりで語ったかではなく、そこにいた人々がそのことばをどのように受け取ったかが問題である。なぜなら、そこにいたふつうの男たちが受け取った意味によって、女を実質的にゆるす彼らの行動が生じたと、説明されなければならないからである。

ところで、常識的に考えれば、石打の刑が行われる場にいた大勢の人たちは、イエスの教えを聞くために集まっていたのではない。むしろ、石打の刑を行うことを知らされて集まった人たちである。つまり律法学者たちが刑の執行があるからと呼び集めて、それに応じて集まった一般市民たちであるだろう。イエスのほうが、むしろ何らかの仕方でそこに呼び出されたと考えられる。

当時、裁判は町の出入り口である門のそばでなされたと言われている。ついさきほどその裁判があり、有罪となった女が刑場に連れてこられ、裁判官役になった市民たちがそのまま刑の執行のためにそこに来ていたと考えられる。そしてイエスのほうは、たまたまそこに通りかかって呼び止められたのかもしれない。

わたしは、このときイエスの味方となるものがその場にいない状況が本当だったと理解する。そのほうがありえると思えるからである。イエスの教えは、現在でも「分かりやすいもの」ではない。だれもが知るようにキリスト教は二千年の間、教えが世界中に広められてきた。そしてその間に、理解を求めて多くの人々（その専門家が神学者と呼ばれる）が、さまざまな解釈を述べて来た。それにもかかわらず、わたしたちが課題にしている事件は、現代でも、「すっきりと分かる」ことにはなっていない。専門家の見解とて、さまざまである。

したがって当時の人たちがイエスの教えの素晴らしさをすぐに理解して、電光石火のごとく噂が広がり、その噂を聞きつけて多くの人がイエスの教えを聞きに集まったと考えるのは、イエス（＝キリスト）信仰における誇大妄想の類いである。したがってまた、イエスの味方（弟子、等）は、この事件が起きた頃は、ことにエルサレムの町の中にはほとんどいなかったと考えるほうが、歴史的事実だろう。じっさいイエスは、ヨルダン川の川岸で活動していたヨハネがつかまったあと、エルサレムからは百キロ以上離れて、自分の出身地のガリラヤ湖周辺で活動をはじめた。そしておそらく、数年かけて弟子を数人見出し、そこでの活動に結果が出た後、強い決意をもってエルサレムの町に向かったと思われる。そして街中は、彼を敵対視する神殿祭司たちやファリサイ派の根城だった。

22／ヨハネとイエス

すでに述べたように、イエスはエルサレムの住民とその周辺の人々から「洗礼者ヨハネ」の弟子と見なされていたと推測される。ところで、そのヨハネは、イエスがガリラヤ地方の村からエルサレムの近郊にやって来る以前に、すでに民衆に広く噂されるほどになっていた。大勢の人がイスラエル全土からヨハネのところに来ていた（マタイ福音書３-５）。そのために、ユダヤ教会の体制側の人たちまで、その噂を確かめるために町の外まで出かけて、ヨハネの所へ来たという（同上３-７）。

他方、福音書には、ヨハネは「メシア」ではないかという噂が立ったと記述されている（ルカ福音書３-15）。「メシア」とは、元来「油を注がれた者」を意味する。キリスト教では「キリスト」と訳されるが、本来は王として祝福されるとき、「油をそそぐ」という儀式があったことから、「王」を意味する。ローマの支配からの解放を望む人々の間に、自分たちを解放してくれる「王」（メシア）の到来を期待する思いが沸き起こっていたと言われる。

つまり「メシア」とは、当時のローマ支配に対して、ユダヤ人の「王」となって反抗するリーダーを意味する名だった。後にイエスは、「ユダヤ人の王」という看板をつけて十字架刑に処せられた（マタイ福音書27-37）。つまりヨハネもイエスも、ともに理解の浅い民衆から「メシア」、つまりユダヤをローマから解放する「王」ではないかと一方で噂されていたのである。そして、イエスはその廉で処刑された。すなわち、ありもしない罪を擦り付けられて殺されたのである。背景にあるのは、おそらく、ユダヤ教会側の煽動と、それに洗脳された庶民の誤解である。

地方に居たイエスがエルサレムの町に入るまでのいきさつは、つぎのようだった。ヘロデ・アンティパスは自分の結婚をヨハネが批判しているのを耳にする。ヨハネは民衆には預言者と見られ（ルカ福音書20-６）、民衆の尊敬を集めていた。それゆえヨハネの発言は、地方領主としての自分の権威を危うくすると、彼は恐れた。彼の命令でヨハネは兵士につかまり、拘留され、その後、たまたまなされたヘロデと舞姫との約束のために首をはねられた（マタイ福音書14－3〜12）。イエスはヨハネが殺されたことを知ったとき、自分が弟子であると知られていると思ったので、自分もつかまって殺されるのではないかと恐れたらしい。イエスはエルサレムからは遠い生まれ故郷の「ガリラヤ付近へ行った」（マタイ福音書4－12）。

そこは預言者イザヤが「異邦人のガリラヤ」と述べていたところである（マタイ福音書4－12、15）。つまりイスラエルの文化が色濃いところではなく、むしろ混血が進み異国趣味的なところだった。イエスは捕縛を恐れて異国的な地域に逃げて、しばらく隠れたと考えられる。事実、「イエスはこれを聞くと、ひとり人里離れた所にしりぞかれた」（マタイ福音書14－13）と聖書に記されている。

つまりイエスは、自身、ヨハネの有力な弟子であることを強く自覚していた。それゆえイエスは、ヨハネが拘留され、殺されたと聞くと、一時は逃げ隠れた。しかし、しばらくして自分の使命はヨハネが教えていたことを引き継いで人々に教えることだと考え直した。そのように推測できる。

ただしイエスは、一歩、ヨハネの教えを純粋化している。例えばヨハネは「下着を二枚もっているものは、一枚ももっていないものに分けてやれ」（ルカ福音書3－11）と言っているが、イエスは「上着を奪い取るものには下着も拒んではならない。求めるものには、だれにでも与えなさい」（ルカ福音書 6－29、30）と言っている。ヨハネは、徴税人に「規定以上のものを取り立てるな」と言っている（ルカ福音書 3－12）が、イエスは、デナリオン銀貨にローマ皇帝の肖像と銘があるのを確かめたあと、「皇帝のものは皇帝に返せ」と言った（ルカ福音書 20－25）。兵士には、ヨハネは「金をゆすり取ったり、だまし取ったりするな。自分の給料で満足せよ」と言った（ルカ福音書 3－12〜14）が、イエスは、金持ちの議員に言った。「持っているものをすべて売り払い、貧しい人々に分けてやりなさい」（ルカ福音書 18－22）。

つまりイエスはヨハネの精神を受け継いでいるが、さらに教えを徹底させていた。そのためにイエスはヨハネ以上に当時の体制側の律法学者たちに危険視された。

しかもイエスの師匠のヨハネは、エルサレムの町に入って教えていない。ガリラヤの湖から流れ出てエルサレムの近郊にあった死海に流れ込むヨルダン川の川べりで、各人に、自分の「罪」を思い起こして「悔い」を覚えるように、それをもって心をあらためるようにと教え、さらに、生まれてからこれまでの年月の間に身にまとわりついた数々の罪を洗い流すように、川に入って全身に水を浴びる沐浴の儀式を行っていた。この事実は、イエスのことではないので、キリスト教の「福音書」の記述は簡略に済ましている。しかも「福音書」によれば、ヨハネにこれをさせたのは「神の霊」だとされている。

23／ヨハネ登場の背景

しかし、その事実内容から見ると、当時インドの国境まで広がっていたヘレニズム諸国を経て、アレクサンダー大王が活動した数百年のち、インダス文明に由来する宗教儀式が中東のヨハネの生活領域まで伝わって、その宗教儀式をヨハネがユダヤ教へ取り入れたと推測することができる。というのも、仏教教団は、釈迦牟尼以前からあった「懺悔の儀式」（自分が戒律を破ったことを人前で告白する儀式）を、満月と新月のたびに行っていたと伝えているからである。そしてインダス川の流域で、当時から沐浴が行われていたことは、今日の様子から見ても十分に推察できる。

もともとユダヤ教は、古くメソポタミア文明のうちに生まれた知恵と、エジプト文明のうちに生まれた知恵、あるいは、そこに古く流れ込んだ知恵を自分たちの神の名のもとに集めて生まれた宗教である。これは旧約聖書の記述から十分に推測できる。たとえば、ユダヤ民族の由来を語るアブラハム以下の物語は、「創世記」の十一章の後半から始まっていて、それ以前のものは、ユダヤ民族の歴史ではない。したがって、天地の創造、アダムとエヴァの楽園追放、ノアの箱舟、バベルの塔の物語は、ユダヤ・イスラエルの歴史ではなく、他民族から聞いた歴史物語をあとから付け加えたものだと推測できる。とくにノアの箱舟物語の背景となる大洪水は、メソポタミア上流部での山地の雪解けにまつわる事実と推測されている。また「バベル」の地名は、新バビロニア帝国の都となった「バビロン」のことであることは確かなことだろう。

言うまでもなく、古い宗教の始まりは、歴史以前にある。つまり文字ができる以前のものであるから、その由来について明確な文書による証拠を見つけ出すことはもとよりできない。ただ、歴史的背景や文書化されたときの内容の矛盾など、文書のうちに異なる由来を推測することができるだけである。じっさい宗教はその精神的性質から見て、古い謂れをそのまま保存する傾向が強い。そのために、ほかの箇所と矛盾すると思われる内容でも残されることが多い。

その点で興味深いのは、教祖ザラスシュトラ（英語名 ゾロアスター）の教義である。今のところもっとも古い創唱宗教と見られ、起源の年代も、紀元前の十七世紀から十世紀まで考えられ、まったく定かではない。青木健『ゾロアスター教史』（刀水書房、二〇〇八年）によれば、古代にアーリア人が中央アジアのアラル海周辺から東西に移動した時代のことで、西に移動した部族がヨーロッパ人となり、東に移動した部族がインドに達したのであるが、ほかの部族よりも遅れて進んでいた部族があって、その部族が現在のタジキスタンのあたりにいた頃に、部族内の神官の家に生まれた人物ザラスシュトラ・スピターマが、まったく新たな宗教を作り出した。

彼の宗教は、その後、さまざまな変化を加えられながら伝えられ、紀元後の六世紀に至ってようやく教えが一部、文字に移された。九世紀にその他大部分の文書化がされた。その文書には後代において伝わった先の宗教との妥協その他の跡を示すたくさんの矛盾が見つかる。現在、その祖型を求めて研究が行われている。

祖型と見られるものの内にはつぎのような要素がある。アフラ（主）・マズダー（知恵）の神を、教祖は選び取った（唯一神の信仰）こと、その教えは神からの一方的な預言の文面をもつ教えではなく、人間の側から神に呼びかけ、神が答える文面（対話）で教えが語られていること、神にささげて動物を屠ることを禁止したらしいことなどである。ユダヤ教がイエスの時代以前に唯一神の信仰となり、少なくともキリスト教では動物の犠牲をやめていることは確かなことだと思われる。

とくにザラスシュトラが唱えた聖呪「天則はよきもの」（アシェム・ウォフー）の中に、「その思いのままにおわします」（伊藤義教訳「アヴェスター」『ヴェーダ・アヴェスター』筑摩書房、一九六七年）ということばがある。ただし、この「呪い」は、呪詛を意味するのではない。日本語でも「呪い」は「祝詞」と同じ語源だと言われる。つまり「聖呪」は、たんに神を礼拝することばである。

わたしがその聖呪のことばが気になったのは、ユダヤ教との関連である。「申命記」のうちに、「呪いの掟」と小題がつく奇妙な一文（申命記27‐14～26）がある。そこでは、「～は呪われる。それに答えて、民はみな、アーメンと言わねばならない」という文が、十二箇条連ねられている。内容はほぼ十戒の焼き直しである。つまり十戒を民衆の前で唱え、再度、「アーメン」という呪いのことばで民が唱え直すことが求められている。明らかに「アーメン」は、神に向けた聖呪

（祈願）のことばとして使われている。よく知られているように、イエスも「アーメン」を頻繁に用いている。しかし「アーメン」がザラスシュトラの教えからもたらされたとしたら、それを唱えたときの神は、ゼウスでもヤハウェでもなく、「アフラ・マズダー」だということになるだろう。

ところで「アーメン」は、ヘブル語では「あるがままに」の意味をもつ。じつはソクラテスの「弁明」にも、同じ「あるがままに」という意味をもつギリシア語「エイエン」が数か所、出てくる（拙著『ソクラテスとイエス』春秋社、二〇二〇年、八五ページ）。ソクラテスは友人を通じて古代ペルシア帝国の文化に触れていたから、当時ペルシア帝国に伝わっていたザラスシュトラの教えを聞き知った可能性がある。じっさい、当時のアケメネス朝ペルシアでは、祭祀階級がゾロアスター教に宗旨替えをした動きがあったという。そしてソクラテスが裁判の弁明において市民裁判員たちを前にして、「あるがままに」というペルシアから来たと思われる「ことば」を口にしたことは、彼が異教の神を導入しようとしていると疑われた理由の一つになったのではないかと思われる。

これらのことを考慮すると、旧約のおもな時代のあとに、アレクサンダー大王がアケメネス朝ペルシアを滅ぼしインドにまで達する広大なギリシア語文化（ヘレニズム）の世界をつくると、そこに交易が起こるのは必然だったはずである。そしてそれを通じて（ユダヤ人はギリシア人に負けず劣らず商業に従事していた）、はじめて接したインダス文明の知恵から「懺悔と洗礼の知恵と儀式」をヨハネが聞き知り、新たにユダヤ教に取り入れようとしたとしても、当時のユダヤ人ヨハネにとってはなんら不自然なことではない。じっさい、ユダヤ人はペルシアが滅びる前に同じ地域から「アーメン」を取り入れたのだから。

さらに、「父」なる神に祈ったイエスの言動に関しては、ヘレニズム（ギリシア文化）の影響があるのは確かだろう。そもそもイエスが生まれ育ったガリラヤ地方は、ギリシア文化が色濃かった。言うまでもなく、ギリシアでは主神ゼウスが「父なる神」と呼ばれていた。一方、「主なる神」ヤハウェを「父」と呼ぶ習慣は、旧約聖書のうちには見られない。ところがイエスは、「主なる神」ヤハウェを「父」（天の父）と呼んだことが伝えられている（マタイ福音書5-45、その他）。それゆえ、イエスにとっての神は本当にヤハウェだったのか、あるいはゼウスだったのか、定かではない。

じっさいイエスの死後、キリスト教では、神は初期のころから「ゼウス」と呼ばれた。中世ラテン語（中世の神学書）では「デウス」である。日本に伝わった当初のキリスト教でも、神は「ゼウス」であって、「エホバ」でも「ヤハウェ」でもなかった。今は、キリスト教の神は、「三位一体の神」である。すでに述べたように、自己革新を求める宗教にとっては、「主」として崇める神の名は、ほんとうは何でもいい。なぜなら、自己革新の肝心なところは、本人の自発的な「罪」ないし「恩」の受け止めにあって、その際、神の側に必要なものは、名前からくるイメージではなく、信者自身の力を無限に超えていると信じられるイメージだけだからである。

さらに、イエスに関しては、その出身地であるガリラヤ地域にはすでにソクラテスの弟子アンティステネスが創設者と見られるキュニコス（犬儒）派の哲学者がいたと言われている。そのアンティステネスは、クセノフォン『饗宴』のなかで（拙著『裸足のソクラテス』春秋社、二〇一七年、一四七〜八ページ）、自分は資産のない貧乏人であるが、むしろ幸福であるということを詳しく述べている。「なかでもわたしがもっとも評価しているのは、日々を、ソクラテスと余裕をもって過ごしていることです。そして彼は、お金集めに奔走している人間をあがめたりせず、彼を好む人間との付き合いを大事にしています」。当時、同じ家族でも長子でない人間は、家の資産は受け継げなかった。資産のない人間は、仕事もなく、日中、広場などでなされていたソクラテスの対話をそばで聴いていることができた。そしてその幸せを強調することも、キュニコス派の特徴なのである。したがって、イエスの弟子たちも、同じ説明をイエスから受けていた可能性がある。

「貧しい人々は幸せである」（ルカ福音書6-20）の解釈は、いろいろであるが、わたしは、ソクラテスの弟子であったアンティステネスからイエスが学んだものだと考える。じっさい、ソクラテスの教えは、宗教裁判に掛けられたことから見ても、プラトンのアカデメイアの学院以外のところでは、宗教の一種として人々に伝えられていた可能性がある。さらに、すでに「隣人愛」について哲学的説明が可能であることについてわたしは述べた。これについても、イエスはソクラテスから学んでいる可能性がある（拙著『ソクラテスとイエス』春秋社、二〇二〇年、序章）。じっさい、先に挙げたクセノフォン『饗宴』の後半（日本語訳は、拙著『裸足のソクラテス』同上、一七

○ページ）では、ソクラテスは俗な愛とは区別した「天上の愛」について、めずらしく長広舌の演説をしている。しかもアリストテレスによれば、アテナイのポリスの人目に付くところには、カリス（好意・感謝）の女神の神殿が建てられていたという（『ニコマコス倫理学』1133a-3）。「カリス」は、そのラテン語型「カリタス」から分かるように、キリスト教における「神の愛」である。

周知のように、ヨハネとイエスが起こした混乱の後は、新たに起こったキリスト教やイスラム教との対抗もあって、「旧」を守る伝統がユダヤ教会を「古代的な純血主義」の民族宗教に留めている。じっさいユダヤ教はヨハネやイエスを預言者として認めなかった。しかし、ユダヤ教も、すでに述べたようにさまざまな歴史的局面で変化してきている。もとは決して頑迷固陋ではなかった。とくにヨハネの頃は、進取の精神をもって世界から貪欲に知恵の実を集めるユダヤ教の精神的伝統が残っていた。

宗教はどれも古いままで頑迷なものと現代では思われがちである。しかし、じっさいには現代でも、たとえば日本の神道は古代の伝統のままに意外におおらかなところがあって、まったくの外国人でも、学ぶことを学べば神道の祭式を執り行う役に就くことはふつうにできるらしい。神道は、日本人の血統にこだわっていないのである。

キリスト教自体も、はじめはユダヤ教のなかの新派にすぎなかった。じっさいイエスの直弟子がつくったエルサレム教会は、ユダヤ教徒がしていた割礼（男性器の皮むき施術）を守ろうとしていた。しかし、優秀なキリスト教伝道師（使徒）のパウロが伝道を行うおもな対象を当時のユダヤ教の勢力圏外に求めたために、またエルサレムが直後に起きたローマ帝国の軍隊との戦争（ユダヤ戦争）で滅びたこともあり、その過程のなかで自然とキリスト教はギリシア化して、ユダヤ教とは一線を画すようになった。というのが、じつはキリスト教誕生の客観的な歴史なのである。

24／ヨハネによる改革

さて、まずこれまでのことを確認しておきたい。当時の民衆の噂になっていた（おそらく尊敬を集めていた）洗礼者ヨハネが教えていたのが「罪」であったこと、それを「悔いる」ことが「心を入れ替える」（回心する）ことになると、ヨハネが教えていたことは、おそらく確かである。したがって、この教えは、イエスの弟子ばかりではなく、預言者と噂されたヨハネを畏れる町の人たちが、日常、ふつうに耳にしていたと考えていいだろう。

さらにヨハネが自分の前で告白するように語っていた「罪」が、罰金、拘留、死刑という刑罰によって解消される身体行動をともなう罪ではないことも、ヨハネの事跡から明らかである。ヨハネのところにやって来て、洗礼の儀式を受けていたのは、いわゆる「犯罪者」ではないからである。むしろ「善男善女」であった。善男善女がもつ「罪」が、刑罰を受ける罪ではなく、心のうちに在って見えない罪であったこと、謝罪に関わる罪であったことは疑いようがない。なぜなら、すでに論理的に探った結果として、罪にはその二種類しかないからである。

さらに、ヨハネは、その罪のことで「神の怒り」があると教えていた。つまり神は、盗みや暴力によって実行された目に見える犯罪に対してだけ怒るのではなく、あるいは、複数の女を妻にするなど、神のことを忘れてしまって戒律に違反した生活を実際にしている者を怒っているだけでなく、「心のなかに在る罪」に対しても、「神の怒り」があると言っていたのである。「斧は既に木の根元に置かれている。良い実を結ばない木はみな、切り倒されて火に投げ込まれる」（マタイ福音書 3－10）。

このヨハネの教えを旧約聖書、ヨハネ自身がもっていたであろうユダヤ教の視点での理解に置き直すと、つぎのように考えられる。まず、楽園にいたアダムとエヴァが神の命令を忘れて、園の中央にあった知恵の木の実を食べてしまった。神は、身を隠した二人を見てそれに気づく。二人は楽園を追われ、罰として女は子を産むときに苦しむことになり、男は食べるものを得るために額に汗して土を耕さなければならなくなった。

つまり人間は、犯した罪に対して、たしかに正当な「罰」を、神からその身体に受けたのである。その後、モーセを通じて法（十戒）を与えられて、地上の生活における神の命令が明確にされ、その犯罪に対する刑罰も明確にされた。しかし、ヨハネのときまで、罪に対する「謝罪」は、神に対して行われていなかった。逆にいえば、「謝罪に関わる罪」が意識されていなかった。

アダムとエヴァが犯した罪は、大本の罪だから「原罪」と言われる。この原罪について、すでにアダムとエヴァ、そしてその子孫は、先に述べたように、それぞれ「相応の罰」を受けている。しかし、二人とその子孫は、だれも「謝罪」はしていない。したがってヨハネの理解によれば、この点で「神の怒り」は解けていない。つまり原罪について身体上の刑罰は受けていても（その後も子孫は産みの苦しみと食べ物を得るための苦労は、引き続き経験している）、心からの謝罪は為されていない。そのために、原罪は「心のうち」に「心のうちの原罪」として残り、それが火種となって「心のうちの罪」が増殖していると考えることができた。それに応じて「神の怒り」も大きくなっていると考えられた。そして大きくなりすぎた「心の罪」は、その人の心を動かして「実際の犯罪」を引き起こす。事実、現代に至っても、人間社会には犯罪がつきものである。それゆえ、神の怒り、神の罰は解消されず、これからも続く。ヨハネによって、おそらくこのように考えられたのである。

したがって人は、己の心の中に在る罪を拾い上げて、それを「悔いる」、つまり「悪いと思う」ことで神に対して「謝らなければならない」。そうしなければ神の怒りは解けず、人は神の罰を受け続けることになる。だから、人は神の前に出て「悔い」なければならない。そして、神に罪を悔いるために、神の前に自ら一歩踏み出す必要がある。それを表すために、沐浴して身をきれいにする（偉い人の前に出るときは身ぎれいにするのが礼儀であるように）、あるいは、自らの罪を悔いて、罪の穢れを払拭したことを自覚するために、沐浴でそれを心にとどめる必要がある。こういうことが、おそらく「水による洗礼」についてのヨハネの考えであったと考えられる。

イエスも、「情欲を懐いて女を見るものは、その女に対して心の中ですでに姦通の罪を犯したことになる」（マタイ福音書 5-28）と述べたと言う。さて、イエスがモーセの十戒との関係でこれを言っていると解説しているのは、現代の聖書学者たちである。したがって、その理解に従えば、モーセの十戒に数えられている別の罪についても同様のことが言える。「殺意をもって人を見る者は、心の中でその人をすでに殺したことになる」。また「窃盗の望みをもって他人のものを見る者は、心の中でそれを、すでに盗んだことになる」。じっさいイエスは、おそらくヨハネにならって、そのように人々に教えていただろう。そしてこの教えは、まさに当時の人々の間では、「預言者ヨハネ」（洗礼者ヨハネ）の教えであったに違いない。

このように、目に見える天罰を恐れてばかりでいた段階から「心の中で犯される罪」に注目することで、「心からの神への謝罪」という「新たな信仰の段階」が、ユダヤ教の歴史の中でヨハネによって始まったと言える。ところが、中途でヨハネが殺されてしまったので、イエスは、自分もつかまって殺されるのではないかと恐れつつも、教えを広めることを引き継いだ。女の無罪放免事件が起きたのは、そういう中でのことであった。

25／女はゆるされたのか

女が刑場の真ん中に立たされて、男たちは合図（許可）があるのを今か今かと待っているところで、ふいにイエスは「罪のないものから石を投げろ」と言った。イエスが言うのを聞いた人々が、罪についてのヨハネの教えを各自の心のうちで思い起こした可能性は十分にある。ヨハネは、心の中で為された罪をつねに指摘していた。したがって、弟子のイエスに「罪のないものから」と言われて、人々は、ヨハネに言われたときのように、己の心の中を覗いて己の心の中に罪がないかどうか、見るほかなかったに違いない。

女を取り囲んでいたのは、全員が男である。刑の執行に参加することが許されていたのは、当時の常識として或る年齢以上の男性市民に限られていたからである。そしてそういう求めに応じる人間は、律法の遵守に熱意がある人間であり、一般に「秩序」にうるさい人間である。しかしそれでも、彼らもまた男である。「姦通をしていた」と言われた女を見て、「そういう尻軽な女なら、自分も」という欲望を持ちがちなのは、或る年齢以上の男として、ごく自然であったはずである。しかも、心の中での姦通の罪は通常、かならずしも既婚者相手ではない男の欲望と、欲望の中身は同じである。

しかも、おそらくイエスを困らせるために、律法学者とファリサイ派の人たちはまだ若くて魅力的な女をわざわざ選んで連れて来ていたと考えられる。つまり男たちの前で「尻軽の女だ」と紹介された女は、十二分に男たちの情欲をそそる若い女だったのである。そしてそれがむしろ、イエスのひと言によって思わぬ方向へ男たちの心を動かした。

なぜなら、男たちは、自分の心の中に「姦通ないし姦淫の罪をこれまで繰り返し犯してきた自分」を見つけてしまったからである。そして男たちは、過去に、ヨハネの教えを聞くたびに、「これまで自分が心の中で、姦通ないし姦淫の罪を犯したことがあった」ことを、何度も思い起こさせられていたに違いない。そのたびに、男たちは神の怒りを恐れていたはずである。そして過去のそのこともあわせて、女を見て、今も自分のなかにある姦通ないし姦淫の罪を、男たちは思い起こしたに違いない。こうなると、ヨハネの洗礼を受けるほかないが、この事件があったとき、すでにヨハネはこの世にいなかった。

ということは、神に謝罪するためには、男たちは心の中で、自分の心の中だけで神に対して告白し、謝るほかない。「そうしなければ、ヨハネによれば、女ではなく、自分が律法に違反した罪で神に罰せられる…。おそろしいことだ。しかも、ここで石を投げて女を殺せば、さらに殺人の罪で、二重に神から罰せられるかもしれない…」。

こういう考えが男たちの心の中を駆け巡ったに違いない。

理屈から言っても、姦通の罪を犯している人間が、姦通の罪を犯した他者を罰する資格をもつことはありえない。わたしたちの常識から言っても、殺人犯が殺人犯を裁くことは、不合理この上ない。したがって、イエスがかがみこんで辺りを見ていなかった間に、そのことに納得せざるを得ないと理解した年長の者から順に、持っていた石を置いて、男たちは黙って立ち去ったと考えられる。

しかし、イエスも律法学者も、犯罪者が処罰されない事態が起こることなど、当初はまったく予想できなかったに違いない。そういう意味では、この事態は、たしかに「奇跡」である。じっさいイエスは、「石を投げて女を殺してはいけない」と、男たちに命じたのではない。むしろ「投げろ」と言っていた。ただそこに条件をつけただけである。条件が無視できるものなら、石が投げられて、女は処罰されていただろう。また、イエスは「女をゆるしなさい」とも言っていない。神なら「ゆるせ」と命じていたかもしれない。しかし人間イエスは、それもしていない。つまりイエスは「律法」の一点一画も除いていない（マタイ福音書 5－18）。

ところが、実態としては、律法を犯した女は処罰されずに放免された。

当時の文明社会の理屈から言うと、犯罪は現実に行われた。その現行犯でつかまった女は、当然、犯罪者であることが明らかである。それなら、ゆるされるべきではなかった。それにもかかわらず、実態としては、神の法は絶対であると信じられていたユダヤ社会において、女は「ゆるされた」のである。しかし、女自身は明らかに、神にゆるされたのではない。ただ、男たちが自らの心の罪を見つめたことによって、男たちは女を処罰する意欲をすっかり失ってしまった。その結果、女が放免されただけである。

イエスは、ほかのみなが女を放免した後になって、「自分も処罰しない」と言っている。しかし、イエスは神を代弁しているのではない。なぜなら、そのときすでに、実態としてユダヤ教会が女を放免しているからである。女にとってみれば、イエスははじめて見るただの男であったに違いない。そして神を代弁する資格は、自分を連行して来たユダヤ教会（律法学者たち）のほうにあると信じていたに違いない。

またこのとき、女が心のうちで神に救いを求めて祈っていたとも思えない。「ヨハネ福音書」にその記述はない。したがって、神が女の願いを聞き届けてくれた、ということではない。少なくとも、それを知らせる記述はない。じっさい、もしも祈りがあったのなら、「女はそのとき祈っていた」という一言が、その記述のうちにあるはずである。なぜなら、この話を伝えたのは明らかに、当の女だからである（話の内容の全体を知ることができたのは、その場で女しかいない）。自分の祈りが神に通じたのなら、自慢気に人にそう伝えるだろう。そしてそれは聖書に載ったはずである。

では、神自身が女をゆるしたのではないなら、女は、なぜユダヤ教会にゆるされたのか。

26／事件のなかで生じた神への謝罪と神のゆるし

哲学の論理からすると、男たちが神にゆるされたので、その結果として（派生して）女が処罰されずに、放免される結果が生じたのである。

哲学の論理でこの前後を追うと、つぎのようになる。

（1）あるとき、姦通の罪を犯した女がつかまった。
（2）姦通の罪は十戒に示された罪なので、死罪である。石を投げて殺すことになっている。
（3）「罪のないものが、石を投げればよい」というイエスの声を男たちは聞いた。
（4）男たちは自分に罪がないか、自分を省みた。
（5）男たちはみな、自分の心に姦通の罪があることを見出した。
（6）同じ罪を犯した者が同じ罪を犯した者を裁くことはできない。これは法を遵守する者の常識である。
（7）男たちは、自分には姦通の罪を犯した女を裁くことができないことを理解した。そのため、女を放免する（ゆるす）ほかなくなった。

（8）この場合、男たちは、自分の心のなかの反省のうちで、この状態に至ったのであって、自分から「女をゆるそう」と思ってゆるしたのではない。ほかに自分ではどうしようもなくなって（ある種の必然によって）、女を放免したのである。

（9）この「必然」を引き起こしたものは何か。

合理的な原因を見つけることは不可能である。なぜなら、男たちは、自分の意志として女をゆるしたのではないからである。さらに、男たちは、自分が罪を犯したことを知っている。男たちの自由意志は、このことを知ることに関しては、たしかに原因になっている。しかしその意志はすでに述べたように、女をゆるす直接の原因になっていない。したがって、女に石を投げなかったのは、男たちの意志ではない。したがって男たちは、自分の意志によらずに、石を投げることができなくなった。では、この「必然」を引き起こした原因となる意志は、だれの意志か。

（10）男たちの意志にその原因があるのでないとすると、イエスの意志にそれがあったのかと言えば、すでに述べたように、イエスは「女をゆるせ」とも「石を投げるな」とも言っていない。むしろ条件付きではあっても、イエスは「石を投げろ」と言っている。それゆえ、イエスの意志、命令が、女が放免された原因ではない。

（11）残るのは、目に見えない「神の意志」である。言うまでもなくこの結論は、人格（意志）をもつ神がいるとすれば（信仰がある）、という前提のもとである。しかし、この前提

（信仰）が認められるなら、必然を引き起こしたのは神の意志だという結論を支持する事実が四つある。

まず第一に、男たちは複数であったにもかかわらず、お互いに話し合うこともなく、同じ結論に達した。全知全能の神であれば、すべての男たちの心に、同時に同じ結論を導くことができる。しかし神以外に、そんなことができる存在は考えられない。

第二に、男たちは、心のうちに「ほかにどうすることもできない」という「必然」を覚えた。男たちの心を、物理的にではなく、姿も見せずに、そのように「抑え込んでしまう力」は、神の力以外に考えられない。

⑿

さらに、もしもヨハネが教えたユダヤ教の信仰が前提されるなら、つまり「原罪」説が認められるなら、つぎの結論が得られる。

第三に、男たちがその心において女をゆるすことになったのは、まさに神が「男たちの罪をゆるした」からである。なぜなら、男たちが女に対して心のうちで、姦通、あるいは姦淫の罪を犯したのは、男たちに「原罪」が残っていたからである。そして心に原罪が残っていた理由は、その心が神に対して、その罪に関してこれまで十分に「謝罪」していなかったからである。神は、心から謝らなければその心をゆるさない（人は「神の怒り」を受ける）。反対に、心から謝れば、文句なく神は人の罪を「ゆるす」。

言うまでもなく、神は心の中を見ている。神に対する謝罪は、他者に聞こえるように口にする必要はない。むしろ「心から」のものであれば、それだけ神は聞き届けることができる。

そして神が罪をゆるせば、それは罪（原罪を含めて）が「完全にゆるされる」ことを意味する。なぜなら、神の力はつねに完全であり、無限だからである。罪が神によって完全にゆるされたのなら、その心はもはやまったく罪を犯すことができなくなる。なぜなら、その心には、すでに「原罪」という「罪を生ずる種」がまったく残っていないからであり、同時にすでに絶対的な正義である「神の愛、神の意志」が心に及んでいて、神がその心を支配しているからである。神が心を支配しているなら、悪魔はその心に手を出せない。あるいは、悪魔はその心から出ていくしかない。したがって、罪に至る悪い考えは、もはやその心には生まれない。つまり「悪から完全に解放されている」。これが本当の意味での完全な「原罪の払拭」である。

そして、それはとりもなおさず、その心が「楽園」に居ることを意味する。なぜなら、神が支配しているところは、「楽園」にほかならないからである。

第四に、通常、人間は人をゆるせないとき、心がいら立って落ち着かなくなり、そのために日常の判断に誤りが生ずる。反対に、人は、人をゆるすことができるとき、心は晴れやかになる。あるいは、穏やかになる。したがって、その状態なら、その人の心の能力は十全にはたらいて判断の誤りもなくなる、あるいは少なくなる。つまり日常のトラブルが消えていく。それによって心は、日常生活において何の心配もなく、不安もない状態に近づく。

この状態は、ヨハネ・イエスの教えによれば「心の平安」に向かう状態である。したがって、その状態の心は「楽園に居る」と表現していい。じっさい「ルカ福音書」によれば、イエスは自分が十字架にかけられたとき、同じく十字架にかけられていたほかの罪人が自分の罪を認めたことを知って、彼が自分と同様に十字架にかけられた苦悶のうちに在るにもかかわらず、「きょう、あなたはわたしとともに楽園に居るだろう」と言ったといわれている（ルカ福音書 23‐43）。

じっさい楽園に居る人の心は、神に世話されて何の心配もなく日々を過ごす。それと「同じ心の状態」があるのなら、あるいは、心がそこへと向かっているのなら、「心が平安になる」心は、すでに「楽園に居る」と言える。すなわち、「心が平安である」ことと「楽園に居る」ことは、実態として同じである。この二つは表現は異なるが、それが指している状態は同じことであり、したがって、同じ表現をとることは、論理を正確にたどる哲学においては正しいことである。

そして「楽園に居る」は、「神の救い」が実現したことを意味する。また、「神が救う」ことは、「完全な罪のゆるし」を意味する。それゆえ、それは「神による原罪のゆるし」を同時に意味する。

（13）女は、自分の罪に向き合って「謝罪」していない。したがって、女の罪は、神によってゆるされていない。女の心は、楽園に居ない。したがって、その心に平安はなく、女は、今にも殺される恐怖と不安を懐いたまま、重い石が投げつけられるのを待っていたに違いない。神の救いにあずかったのは、そこにいた女ではなく、律法学者たちを含めて、そこにいた男たちである。女は、男たちが原罪をゆるされた結果として、罰を与えられずに放免された。すなわち、男たちは神に支配された楽園に居る状態にその心がなったために、女をゆるすほかなくなった。女に対して「神の愛」を与えるほかなくなったのである。神に支配された心は、当然、神の愛に支配されているからである。

それゆえ女は、結果的に律法に定められた刑罰を受けずに放免された。神にゆるされたのではない。それゆえにイエスは、「これからは罪を犯すな」と、罪を懐いたままの女に言い置いて、女の近くから去ったのである。

（14）殺されるはずだった女は、神の愛の支配を受けた場合、人の心がどうなるか知らなかったに違いない。女は、何が起きたのか分からず、イエスが立ち去ったあとも、しばらく呆然としてその場に立ちすくんでいたに違いない。そして女は、ふと、律法学者たちが、イエスがいなくなったあとを見計らって自分を連行するために今にも戻って来るのではないかと思い、怖くなって、あわててそこから離れただろう。そうだとすれば、この女の心の不安な状態は、やはり「神に罪をゆるされた心」ではない。

とはいえ、年を経て、女は、このときのことを忘れることができずに、だれかに話したに違いない。そしてそれが、キリスト教会で福音書を記述していた者の耳に達したのだろう。イエスが一人の女を救った実話として、福音書の記述者ヨハネか、あるいは、別の人間がその話をあとになって福音書に書き込んだと思われる。

27／回心する主体(わたし)の存在

ヨハネが示した新たな「救いの道」が、イエスのもとで一つの事件となって現実に起きた。その道は、行動に現れた罪と、それに応じた刑罰によって神のゆるしを得る道ではなく、「各自の心のうちに隠された罪」と、それに対する「心からの謝罪」によって神のゆるしを得る道であった。

しかし、この新たな救いの道は、ユダヤ教会には理解されず、拒絶されてしまった。イエスが教えを引き継いで教えを広めたが、ごく数人か(聖書は「十二使徒」と規定して十二名としているが、これは「十二」が、一年が十二か月になっていることと同様に、天文観察に長けたメソポタミア文明からの影響があってのことと思われる)、あるいは、十名を超えるくらいの人が熱心な弟子であったと、弟子の間で相互に認識されていたかもしれない。

ユダヤ教会に異端視されたヨハネ・イエスの教えを継ぐ人は、イエスが重罪人として処罰されたあと、とりあえず兵士による捕縛を恐れて、弟子たちの間でしばらくは鳴りを潜めていたに違いない。なぜなら、イエスの弟子たちは、もともと心の弱い人たちだったからである。じっさいイエスが折々、弟子を叱咤激励していたことが福音書には書かれている。したがって教えの内容は弟子たちにはほとんど理解されないままに、イエスへの敬愛、あるいは愚鈍な自分たちに声を掛けてくれたにもかかわらずイエスを守れなかった罪意識によって、ひとまず弟子たちはイエスが述べた教えの端々を思い出すだけの状態から出発したと思われる。その弟子たちの集団が新興のキリスト教会となる。

繰り返すが、新興のキリスト教会は、ヨハネが示した「救いの道」をはっきりと理解していたのではない。むしろ「わからない」からこそ、直接にイエスに接していた人々がいなくなって、あわててイエスを通じて聞いた「神のことば」をできるかぎり方々から集めたのである。何人かがそれをしたが、どれも完全なものにはならなかった。それゆえ、複数（四つ、あるいは、それ以上）の福音書が生まれたのである。

すなわち、複数の福音書が生まれて、それが一つにならなかった根本的な原因は、ヨハネ・イエスの「救いの道」が結局は理解されなかったからである。それゆえキリスト教会においても、その後、実際にはさまざまな解釈が混じることになった。その根本的理由は、言うまでもなく、「心のうちのこと」は体の目には見えないからである。すなわち、自分の心のうちで展開される罪の在り様に人が気づかなければ、ヨハネ・イエスの教えは理解されようがない。なぜなら、気づかなければ、心からの謝罪はありえないからである。

それゆえ問題は、人はだれもが己の心の罪に気づくことができるかどうか、それをしかと見ることができるのかどうかである。残念ながら、それはつねに怪しい。言い換えると、それを見分ける心の目は、本当にだれにでもあるのかどうか。その能力は、だれかが教えることができるのか…。

すでに述べたことだが、謝罪が「心から」のものとなるためには、「自分で気づく」ことが必要である。ところが、教えられることは、他人の言うことに「従う」ことである。なぜなら、「教える」ことは、教えられる側の「自分から」という「主体性」を否定することだからである。それゆえ「自分で気づく」ことは、他人によって「教える」ことはできない。教えることができないとすれば、とにかく本人が何かに促されてか、自分で気づくほかない。

ところで、その気づきを実現するのは、はたして本人の心なのか、つまり自己そのもの（主体そのもの）なのか、それとも、その心を作った神なのか。つまり、神がその人の人生に用意した何かの偶然に出合って、はじめて人は気づくことができるのか。しかし神が作る偶然は、神の自由意志による。そして神にしかできないのなら、その偶然に出合うことは人間にはできない。つまりそれに気づくか気づかないかは、人間の責任ではない。

このことは、じつは「自己の存在」（英語で言う'I am'、ラテン語'sum'）についての理解の問題と表裏である。なぜなら、「自己」という「究極の主体」は、「端的な意味でのわたし」であり、「一般的な〈わたし〉」ではないからである。「一般的な〈わたし〉」とは、「皆に知られている〈わたし〉」であり、「皆の間で共通化して理解された〈わたし〉」である。一般にわたしたちは、その種の「わたし」を意識して他者と交流している。

たとえば「太っているわたし」や「スポーツなら自信があるわたし」や、「平社員のわたし」や「部長のわたし」である。なぜなら、他者と交流する「わたし」は、他者に対して行為の責任を引き受ける「わたし」でなければならないからである。つまり社会の一員としての「わたし」である。

じっさい他者と交流するためには、複数の他者に共通に認識される「わたし」でなければならない。わたしが「何であるか」相手に認識されるのでなければ、相手と「わたし」は交流できないからである。そして、それは他者から独立している「端的に別の主体である〈わたし〉」ではない。つまり究極の意味での「自己」ではない。

ところで、究極の「自己の存在」とは、身体性を含めた自己なのか。それとも、「自己の存在」とは、「この心」であり、心は身体には通じているだけで、身体の一部は失っても変わらずにある「心」が、その存在なのか。これらの問いは、現実のキリスト教信者の間では、一般に「問われる」ことなく、各人の受け取り方にまかせている。じっさいキリスト教を含めて一般に世界宗教は、たしかに「自己の存在」を問わない。聖典にそれを明示することばを掲げていない。

しかしそうだとしても、世界宗教の核心は、「己の生き方」において「救いの道」を示すことにある。ところで、ヨーロッパ言語において「存在」は、その主語が「生きているもの」であるなら、「生きて在る」ことを意味している。それゆえ、ヨーロッパ言語における「自己存在」は、「己の生き方」を含む「自己存在」である。じっさい世界宗教の一つ、仏教の核心にある「悟る」は、「自己自身の革新」であって、周囲の世界のほうを変えることではない。

キリスト教神学が神の核心に触れる三位一体論において「ペルソナ」と名付ける三つを縷々論じたことは、ペルソナが、この「自己」の問題に直接関連することがらだからだと考えられる。すでに述べたように、ヨーロッパ言語においては、「1人称を主語とする文」が、心が懐いた意味を他者に伝える「ことばの原理」である。そして1人称の主語の文は、なにはともあれ「わたしの思い・思考」である。そして「その思い」、「思考」のはたらきが、「わたし」自身であって、その思いの外に「わたしが在る」のではない。それゆえ、「今、この思考のはたらき」という「現前する思考の運動状態」を「指して」、「わたしが在る」と言うのが、デカルトが「我在り」(『方法序説』第四部、『省察』二)と言っている意味である。「わたしが思う」ことのうちに、「わたしの存在」が見いだされるのである。

それゆえ哲学においても、「わたしが在る」が第一の「ことば・述語」である。じっさい、中世の神学が神学の一方の典拠としたアリストテレスの「範疇論」において、第一の範疇は「実体範疇である」。「実体」とは「主体」であり、「主語」である。そして第一の主語は、「1人称」の

「わたし」である。それゆえ、アリストテレスの哲学において言われる「実体範疇が第一の範疇である」という文（命題）が意味しているのは、「わたし（主語）が在る」が「第一のことばである」ということである。言い換えれば、「わたし」は、「第一実体」である。

そして「わたし」が「第一実体」であるのは、世界は、つねにある種の「運動状態」にあって、その運動をそれぞれの位置で引き起こしている「原理」、「原因」が、「主体性」をもつ「わたしの存在」だからである。そして多数の「わたし」の中で究極の「わたし」が、世界の全体に最初の運動を引き起こしている「第一動者」である。そして、それは「第一天球の魂」だというのがアリストテレスの科学世界である。それゆえ「わたし」は、どの「わたし」であれ、その第一義は「動かないもの」ではなく、あるいは「動かされるもの」でもなく、「自ら動かすもの」である。それは、自分と他者を動かす原点である。アリストテレスの哲学用語で「実体」とか、「自存するもの」とか、「基体」と言っているものは、そのような「わたし」である。

それは人間個人の「わたし」＝主体であるだけでなく、自ら動く、あらゆる「生き物」の主体＝魂である。アリストテレスはそれを「霊魂」（アニマ）と呼ぶ。じっさい人間を含めて生き物の体は、一方で対象化してそれをとらえ、利用することができる。相手が人間なら、相手に必要なことを教えてこちらの思い通りに動いてもらうことができる。しかし、霊魂（生命）そのものは、対象化することができない。じっさい「生命」の本質は、科学ですら理解する（説明する）ことができない。科学（技術）は、対象化できる命の形態を研究し、作ることはできても、主体のままの命を研究し、作ることはできない。なぜなら、命は、根源的な主体としての「わたし」であって、対象化され客観化されて他者に利用される「わたし」ではないからである。あるいは他者に指導され、教化される「わたし」ではないからである。

対象化されないということは、みなに共通に用いられる「ことば」によって表示できないことを意味する。なぜなら、対象化できないものは、「何であるか」言うことができないからである。それはただ「このわたし」と指示することができるだけである。

人間の「ペルソナ」とは、まずは生きて在る「このわたし」を指している。それは対象化されず、表記されず、利用されず、教化されない。それは「主体」であり、端的な「命のはたらき」である。

ところで、「わたしの理性」は、「ことば」において、はじめて生ずる。しかし誕生した「わたしの理性」は、他者の「ことば」によって教化され、利用される。理性は、学ぶことができるからである。理性は手に入れた知識によってその力を変えていく。ところが、「わたし」はその理性ではなく、その理性をはたらかせている根源の「主体」である。それゆえ、「わたし」自身は、「わたしの理性」によっても対象化できず、表示できない。

すでに触れたように、おのれ自身のうちに「善美」の基準がある。ソクラテスがそれについて「無知を自覚」したのは、まさにこのこと、自分の「主体を認識できない」ことを意味している。

したがって、「わたし」そのものは、当人を含めて、だれにも理解できない存在であり、はたらきである。仏教では、それを「仏性」と言う。そして、あらゆるところに「命のはたらき」を見る日本仏教では、「山川草木」のすべてに「仏性がある」と宣言する。しかし、それは「ことば」で表示できず、「不立文字」である。

言うまでもなく、「命のはたらき」には、だれもが日常的に触れている。だから、その意味では、それを体験しない人はいない。それゆえ「わたしという主体の存在」は、あまねくみなが体験している。しかし、それが「何か」は、当人にもわからない。「生きて在る」だけである。それが「何であるか」知ろうとすることは、ある種の「畏れ」をもってしかできない。

たとえば、つぎのようなゲームがある。中をのぞくことが禁じられている箱があり、手を入れることができる穴が一つだけ開いている。その中には何かが入っている。しかし、ゲームの参加者は、それを知らされていない。手を入れてそれを探り、それが何か当ててみるというゲームである。

幼い子供は、恐れることなく手を突っ込み、何があるか、手で探る。たしかに、ただの物であったなら、触っても危険はないと推測できる。しかし、何か生き物であった場合、何が起こるかわからない。得体の知れない生き物との出会いは、明るい日中のことであっても緊張感に包まれる。ましてや箱の中にあって、あるいは暗闇で、見ることができない何かであったとき、最大限の注意が必要になる。大人であれば、さまざまな妄想が起きて、箱（闇）の中に手を入れる勇気が出ない。勇気を出して手を入れたとしても、一瞬触れるだけで、あわてて手を引っ込めるだろう。手の先で触れたわずかの感触だけが認識可能である。何であるかがわからない「主体」そのものに触れる、その存在に気づくとは、実際には、このような瞬間に似ている。

つまり、ほんとうの「わたし」、端的な「わたし」とは、理性的に、冷静になって「把握する」ことが不可能な相手の認識である。しかし、理性がこの経験、主体の存在に触れる直接経験（直観）をもつことがあれば、主体が、主体であることの限定しがたい、すなわち主体がもつ、何であるかと規定できない意味、価値を、主体の（命の）認識として理性は直観的にもつことができる。それがふだん、わたしたちが野生の動物に出合うときの認識である。接近してカラスと出合うとき、大きな蛇と出合うとき、相手が「生きて在る」ことは一瞬でわかるが、どう対処すべきか、なんらかの緊張感が心に走る。

あるいは経験が積まれれば、はるか何億年も前の古代の岩石の表面の傷が、「命がはたらいた」跡であることを、わたしたちは見分けることができる。あるいは顕微鏡の下にある微小物体が、生物なのか非生物なのかを見分けることができる。それは、わたしたち自身が生き物だからである。わたしたち自身が「生きて在る」ことをつねに経験しており、その経験に照らして、相手が「主体」として振る舞う「いのち」をもつことが直観的に判断できるのである。

反対に理性は、対象が何であるか、理性自身である「ことば」に捉えることができたとき、はじめてそれを利用することができる。なぜなら、そのときはじめて理性は相手を理解してコントロールできるからである。それが科学の道である。他方、それができないと知ることが主体に気づくことであり、その真実を知ることである。この知が十分なものとなったとき、悟りが開かれ、「生きる知恵」が理性に備わる。あるいは、「命を大切にする」知恵、「人権尊重」の知恵をもつことができる。それは、医学のように、生き物の体を対象化して分析し、体を長生きさせることしかできない技術とは別のものである。

自己革新を目指す宗教は、「回心」によって、各人の主体の「わたし」を、「苦悩するわたし」から、「正しく安心して生きるわたし」へと変革することを目指す。つまり世界宗教は、第一義的には、主体の変革を目指している。しかし、主体の変革のためには、その人自身が己の主体存在にまずは気づかなければならない。そのために、さまざまな「ことば」、さまざまな身体訓練(修行)が宗祖、あるいは、その弟子たちによって提示されている。そして人は、それを信じて、主体的に、つまり「今のこのわたし」を捨てる勇気をもつ「わたし」となって、その道に入らなければならない。なぜなら、自己の革新とは、かつての自己を救われた自己に「替える」ことだからである。

言うまでもなく、そのむずかしさが、宗教を信じて救われることのむずかしさである。「救われる」と聞くと、多くの人は、「楽になる」ことだから、自分が勇気を出さなければならないことがあるとは思わない。しかしそれは、人が自分自身について、それが「命」であり、「主体である」ことについて、その特別さに気づいていないからである。

哲学が、自分から考え始めることなしには始まらないように、信仰も、自分から救われるための歩みを始めなければ、じつは始まらない。自分が「主体である」ことを正しく自覚するためには、まずは自分が正しく主体的にはたらかなければばならない。他者の教えを学ぶだけでは、哲学は始まらない。同様に、他者の救いを待っていては、宗教の救いは実現しない。したがって、「神の救いを待つ」という「ことば」、「心の態度」は、神の救いの来訪を正しく理解している表現ではない。「神の救い」という「他者の手」は、むしろ救いが実現したあとになって、はじめてそれと気づかれ、感謝（救われた喜び）が生まれる。それは、救いが実現する前に、あらかじめ知られるものではない。

それゆえ、救いの道を歩む前に、救い主（仏教で言う「ほとけ」）は、その道の向こうに見えるものではない。宗教は、ただ、自分が正しく自分という主体に関わるための道を教えるだけである。自分の罪を通してか、あるいは別のものを通してか、いずれにしろ社会性の衣を脱いだ自己そのものが見出されたとき、はじめて人はその道をじっさいに歩み始めることができる。そして、それができたものにだけ、神、あるいは救い主は、その心に現れる。神は、正しく自己に向かうものにだけ、救いの手を伸ばすからである。その道を歩み出すかどうかは、踏み出すものの自由にまかされている。

28／教会が教える常識と哲学

わたしたちは先ほど、宗教が典拠とする記述の一節、「ヨハネ福音書」の一節を引いて、その解釈（理解）を「論理的に」（哲学が答えを見つける道筋をたどって）試みた。キリスト教会は、同じ個所について、それと同じ理解をもっていない。教会として同じ解釈を取ることには無理があるからである。

なぜなら先の記述には、「年長のものから去っていった」という一文がある。これはなぜかと言えば、年長者のほうが、性道徳に関して自分がかかえている罪（記憶している罪）が「多い」ために、女を処罰できないことに「それだけ早く気がつく」からである。言い換えれば、年長者のほうが年少者よりも罪深い。

しかし、年長者のほうが年少者よりも罪深いとなれば、年長者が教会において人の上に立つことは矛盾だろう。他方、教会も人間の組織であり、人生経験をより多く積んだ人間のほうが、組織としての判断は「より優秀」なものであることが一般的である。この理屈のもとに、教会の幹部は年長者で固められることになる。しかし、司牧者としての優劣を年齢で判断することは、すでに述べたように不合理で哲学的には説明できない。そして説明できないということは、教会として正当性を公言できない、ということである。

さらにまた、福音書の記述が示した姦通の罪を犯した女に関する「神のゆるし」は、神の正義であるから、地上の正義を無限に超えると判断しなければならない。ところが、そうなると、地上の正義による犯罪の抑止（罰則を示して犯罪を抑える法律）は無意味になる。なぜなら、犯罪が心の謝罪によって神によって完全に「ゆるされる」なら、神を唯一の主人と見なす教会は、警察、司法は要らないと、主張するほかないからである。もしも教会がそのように主張するなら、教会は地上の権力（国家）とは一致できない。そうなれば教会は国家に許容される地上の組織になることはできない。

キリスト教会は巨大なローマ帝国のもとでの生き残りをかけて、ギリシアに生まれた哲学を援用して地上の国家に許容される教義をつくり、その正当性を説明している。つまりヨハネ・イエスの教えは、福音書にそのことばを伝えていても、ときに人間にはその通りにはできない教えとして、読んでも考えずに通り過ぎることを当然と見なし、他方でキリスト教会はある部分は強調して特別の解釈を施している。そうすることによって、ちょうど旧約聖書がメソポタミアとエジプトと、一部はインダス文明の知恵を集めて複層的になっているように、キリスト教の教えも、ヨハネ・イエスの教えを加えて、さらに重層的になっているのである。したがって、歴史を経るなかで、そこから数々の異端が生まれ、プロテスタント諸派が生まれ、さまざまな教えが「キリスト教」の名のもとに主張されている。

章をあらためて、中世神学において、「悔悛」を取り上げ、それがどのように解説されたのか。その現実を、関連しているさまざまなものを交えて説明しようと思う。なぜなら、「悔悛」、あるいは「罪の告解」は、仏教でいう「懺悔」のことであり、ヨハネが求めた「己の罪を認め、悪かったと悔いること」であり、すでに論じて来た「謝罪」と同じものだからである。

しかし、ここであらかじめ、宗教の教義が哲学の説明と異なることになる要因について、哲学の側から再度説明しておきたい。もちろん、哲学の側からというのは、「正しさ」を説明することに関しては宗教よりも哲学のほうに理がある、という立場で言うことである。

29／哲学の立場の確認

すでに説明した通り、哲学の基盤世界は「主体的な個人的世界」である。なぜならそれが「わたし」にとって第一に自明な事実世界だからである。そして自明な事実が「真理」と第一義的に言われる。他の真理は、すべて二義的なものである。したがって第一義的真理は、「わたし」を主語とする「基本文」でなければならない。たとえば、小説の基本は、風景描写であっても、それは「登場人物のわたしの目に見えた」描写であって、科学的客観的描写ではない。つまり俳句や小説の文自体に「わたし」という言葉、あるいは主観的描写であることは明示的に現れなくとも、そこにはつねに「わたしから見えたようす」が基本的に語られる。

哲学も、それは文学と同じである。「わたし」という主体性をもった生き方をする個人が日常に接することができる範囲の出来事を確実な基本的世界と見なして、「正しい」ことが吟味されるのが哲学である。それは、外に対しては身体感覚が直接に及ぶ範囲であり、他方、内に対しては、自分の心の内側で自分の心の目が直接にとらえることができる範囲の経験である。「わたし」が現実に経験するものはそれしかない。それが真実であって、「客観的真理世界」を外的世界として直接に経験していると人が思うのは、たんなる思い込みである。むしろ「客観的世界」は、主観の世界を材料にして「わたし」が論理的に、一定の条件のもとで「構成している世界」にすぎない。むしろその意味で、客観的世界のほうが二義的な世界であり、空想の世界である。「わたし」が生きて在るなかで、直接に経験している確実な世界は、まさに「わたし」が自身の主観において自分の周囲に「見ている世界」である。

それを「ことば」(1人称の文)に置き直して、論理的に正しく吟味を進めていくことで、主体的な自分の生き方を「正しいもの」にするのが哲学である。「わたし」が「ことば」から学んだその論理が十分に「普遍的であれば」(他者に通じるものであれば)、それは正しく哲学であり、その論理は、それだけ広く、主体的な他者にも通じる。そして他者に通じるだけ、その考察は多数の人々の間で共通的である。そして「共通的」であれば、「普遍的」であり、「学問」ないし「科学」の資格をもつと、一般社会で言われる。

ところが哲学は、すでに述べたように、作り手が作るときに労苦する能力と同等の能力がないと、受け手として十分なことにならない。これは数学の理解能力が数学の基礎概念の理解能力なしには成り立たないことと同じである。すでに述べたように、受け手（学習者）が作り手（専門家）と同等の能力をもつ範囲で、受け手はその内容を正確に理解することができる。このことは、どの科学にも言える。つまり哲学は他の諸科学と同様に、作り手と同等の理解能力を受け手（学習者）に要求する。しかし、他の科学については一般に人々がその困難さを容易に受け入れることができるのに、哲学に関してはなかなか人々がそれを受け入れようとしないのは、哲学が人生の正しさ、良さを主題として関わっているので、人間はみな、哲学を「知らなければならない」と言われるからである。

つまりやっかいなことに、哲学は「みなが学ばなければならない」という要求を宗教などと同じく与えられながら、他方で学問であるために、受け手に同等の論理能力を要求する。それゆえ、たとえばこの本で哲学を学ぶ読者には、筆者の哲学能力と同等の能力を、この本を読み取るために一方的に要求される。筆者のほうは、これまで数々の哲学作品を読み解いて来て、自分の能力に一定の自信がある。

筆者の「わたし」もまた、能力が同等なだけ、あくまでもその範囲で他者の哲学作品を「読み取る」（作品に展開されている論理に納得する）ことができる。すでに述べたように、これは学問における一般則である。

筆者は、ソクラテスやプラトンや、中世の神学者の記述を、これまで何度も読み解いてみることによって（自然科学の分野で言えば、これが理論の真理性を確かめる実験になる）、何度も自分の哲学的論理能力を確かめて来た。その納得があるから、図々しいと思われようと、哲学的分析を行う自分の能力に自信をもっている。

言うまでもなく、客観的真理性の根拠は「ことば」で考えるすべての人に開かれている。もしも読者が筆者の論理に納得できない（分からない）ところがあれば、読者にその能力がないか、それとも筆者の論理がそもそも根本的に間違っているか、いずれかであることを認めるほかない。どちらの結論が正しいかは、第三者的に「検証する」必要がある。しかしその第三者にもまた、同等以上の能力が要求される（もちろんこうなれば、人類には限界があるので、結論はうやむやになる）。

30／罪の種類と文化的基盤

哲学は文学と同じく「わたし」を主語とする基本文で表示される世界を吟味して、わたしたちが生きている世界の「正しさ」を見出そうとする学問である。そして、「学問」であるために、「ことば」のもつ共通性によって、その吟味と結論は、他者に納得されるだけの客観性がなければならない。そして他者に納得してもらう客観性は、それがさまざまな「わたし」によって納得できるだけの広い視野からの吟味であることによって、はじめて得られる。そのため、哲学は、対象を可能な限り総合的視点から、あるいは、広い視点から取り上げることによって、その推論がより確実なものになる。

ところで、罪についても何が罪になるかは、じっさいには文化によって異なる。したがって、一応、ここでもキリスト教文化の外にある価値観とも比較して、「罪」、とくに「姦通」ないし「姦淫」の罪についての視野を、ヨーロッパ以外の地域における「罪」の理解まで、この考察を客観的なものとするために広げて置く必要がある。

さて、「ヨハネ福音書」八章の問題は「姦通の罪」であった。しかし、この罪は、長子相続、それも父系の相続など、財産の相続が男子によってもっぱらなされる文化を背景にする人間にとって重要となる罪であって、どんな文化においても重大だということではない。つまり、生まれる子どもの父親が誰かということが、子どもの地位を何らかの仕方で決定する社会であるとき、たしかに姦通は大罪になる。姦通によって生まれた子どもの地位がその社会では確実なものにならないからである。しかし、全くの母系制の社会であるとき、あるいは女の地位が一般的に社会のなかで男よりも高い文化では、この罪は大罪ではない。

数十年前のことであるが、南洋の島国を訪れたことがある。そこには、日本から大量の中古車が送り込まれて、バッテリーなどのゴミの処理ができない状態であった。陽光に輝く観光の島が、裏でゴミの島に変えられようとしていた。地球環境保護の観点から行われた小グループの視察があって、わたしはそれに付き合った。

　或る晩、地元の人の家で歓迎のパーティーがあった。明らかに体格の良さそうな中年の女性が、そこに暮らす一群の人々のボスのようだった。小高い丘の緑に覆われて、平屋の家があり、スコールになって降る雨をよけられれば、とりあえず家具を置いて棲める、という感覚で大勢のさまざまな年齢の男女が集まって暮らしていた。

　ボスの女性がわたしたちを歓迎して料理を提供し、ポータブルのカセット付きのラジオで音楽をかけて、二人の女の子のフラダンスを見せてくれた。女の子は、十か十一くらいの年齢だった。この地域では、その年齢の女子だけがフラダンスをするという。観光客向けの大人の女性のフラダンスと異なり、彼女たちのダンスは、まったくの清廉な身体の躍動そのものだった。

　わたしは、こういうフラがほんとうのフラなのだろうなと、それを見て思った。その清廉な躍動は、わたしたちが持ち込んだ都会の穢れを小さな腰で振り払ってくれるように見えた。また、ここの人たちは、ときに山に入ると、よく「小人」に出会うという。そういう日常が生きている世界であった。

　後日、或る話を聞いた。この島の女性と結婚したある日本人男性が一年余り日本に帰って一生懸命はたらいて、たっぷりと生活費を稼いで戻ったとき、空港に迎えに来た妻の胸に乳児がいた。男性が驚いていると、妻はそれに気づいて、ニコニコしながら言ったという。「大丈夫、この子はあなたの子ではないから」。

日本人の男性が彼女のことばに打ちのめされたのは、たしかだろう。しかし、これは夫の浮気に苦しめられる妻の立場と、立場がちょうど逆になっているだけである。苦しむ立場からすれば、たしかにそれは罪である。だが、人間という生き物の一種にとっては、生まれた子がだれの子かということより、生まれた子に誰が乳をやり、だれが面倒を見るかのほうが大事である。それがだれであれ育てられれば、次の世代が安泰になる。

このような理解のもとでなら、姦通は罪になるのか。少なくとも、大罪ではないだろう。じっさい姦通が罪となるのは、そこに父親から相続する所有物が何かあるからである。所有物の正当な相続者を同じ血を分けた者にしたくなるのは、自分と同じ血を分けた人たちのグループに生まれた子を属させ、自分の所有物をそこから受け取ってほしいという一種の所有欲に裏打ちされた考えによっている。

ところで、一定の人々による持続的所有を可能にしているのは社会の秩序である。なぜなら、社会という大きなものの監視がなければ、個人の所有権は守られないからである。文明社会がない頃には、だれかが使っていないものであれば、それをだれが使おうと、使う人の自由であった。つまり自分が手に入れたものでも、自分の手を離れたならば、それはもはや自分の所有物ではないと見なされた。なぜなら、じっさいそのときの自分は、それを「持っていない」状態だからである。その社会は永続的所有権など、何についてであろうと認めない。

それゆえまた、そのような文明以前の社会では窃盗の罪は成り立たない。自分の目を盗んで盗まれるようなものが何もないからである。

このことから言って窃盗や姦通を罪と考える宗教は、文明が始まって以後の宗教であると言える。それ以前の宗教、日本で言えば古来の神道や、古代ギリシアの多神教には、じっさい神自身に対する冒涜以外に、あるいは殺生やその結果としての血に対する禁忌以外に、「罪と罰」に類する観念はない。

じっさい、「殺すなかれ」という罪は、どの文化、文明にもあり、より普遍的である。文明以前であっても、一人一人の主体を生じる「いのち」を否定することは罪だからである。日本でも人間を含めて、動物を「殺す」ことには、古くから「嫌忌」の観念がある。

他方、同性間の結婚が公的になかなかゆるされない理由は、それが私的所有権の伝統的（家父長的）移転を混乱させかねないと思われているからである。私的所有が少ないものには分からない意識である。そして今でも日本では、社会によって（支配者層によって）作られ流布されたさまざまな「ことば」のイメージで、外国人に対する偏見も簡単に作られている。また文学者は、日本語が作り出すイメージに対して特にナイーヴなので、戦前の文学者の多くが日本社会の権力者が作り出したイメージに簡単に染まって自国の戦争を礼賛した事実が残る。そしてこれは日本語が、ヨーロッパの言語がもつ強い論理性をもたないために、十分な吟味が行われないことが原因の一端と言える。

ただ、日本の文章がイメージのみに依存しがちな理由は、何よりも「ことば」による説得の戦い（論争）を日本の社会が十分にもたずに済ませて来たからだと、わたしは思っている。つまり日本人が「争い」よりも「一致協力」を求め過ぎてきたからである。そのために民衆が、抵抗するよりも支配者層に一致協力することに長らく偏して来た。その結果、一人一人が考えて正しい道を見つける努力が十分になされなくなり、その点で未熟な文化状態に甘んじている状態なのではないか。

日本語は、名詞中心的性格をもっている。ものごとの「静止的イメージ」をもって、聞く者の心を動かす言語である。美しい日本語の描写は、お花畑を一枚の絵に描き出すように、一つ一つの単語が美しく連なる。生きて動く自己を主張して動き出すような描写は、日本語では荒々しく粗雑に見え、美しい描写として見られない。しかし、そうであったとしても、言語を用いるのはヨーロッパ人と同じ「人間」である。言語の特性いかんにかかわらず、人は「ことば」を論争的に交わすことができる。そしてその経験を積めば、日本語でも、「ことば」の論理でものごとを切り分けることに、人は習熟することができるだろう。つまり哲学の経験を積むことができる。このことは日本語を変える力になる。そしてそれにもとづく日本の文化を変える力になる。わたしはそう考える。

それを実際にするかどうかは、日本人の覚醒にかかっている。

いずれにしろ、以上述べたように罪と罰の観念には、文化の違いが関わっている。そのため、キリスト教にある「罪と罰」の観念は、かならずしも人類共通のものではない。ただ父系的社会秩序はユーラシア大陸の四大文明世界に共通なものである。そして現代日本は、それに連なる国であろうとしている。なおかつ哲学は、日本語であろうと英語であろうと、対象が宗教であろうと科学であろうと、すべてにわたって「正しい道筋」を見つけて答えに至ろうとする活動である。だから、それを正しく身に付ければ日本語で考えるわたしたちも、彼らの主張を理解し、なおかつ彼らを説得できる。

31／キリスト教神学の立場

わたしがなぜあらためて文化の違いについて語るかと言えば、このことが哲学によって理解すべき「宗教」の特性を明確にするからである。まず、宗教は哲学と同じように、すべての人に必要なものだとされている。その理由は、文明以後の宗教は「分け隔てなく、人を救う」ことを目指しているからである。そのうえ「救い」とは、不幸な人を幸福な人へと「変える」ことを意味している。ただし哲学において「幸福な人」とは、「楽しく生きる」ことができる人ではなく、「正しく生きる」ことができる人にほかならない。

ところが、宗教は哲学のように「ことば」がもつ「論理性」のみでその道を見出すものではない。哲学が一定の能力を哲学するものに要求するのは、その論理性の能力に関して人には程度の差があるからである。一方、宗教は万人のものでなければならない。それゆえ、その差を乗り越えるために、宗教は「ことば」の「論理性」のみに頼らない。むしろその能力のない人に、「別の道」を用意し、それが同じ救い（正しい生き方ができる道）に至ることを、社会組織の権威をもって「保証する」。

じつは、この道の用意と保証のためにあるのが、教会や寺という社会組織である。キリスト教会は自分の罪を心のうちに認めて心から謝る（悔いる）ことができない人のために、「あなたの罪を償うために、代わりにキリストは十字架に掛かって死んだ」と教える。自分の罪を神に謝れない人の代わりに「キリスト」と言われる神が、全人類の代理となって自分の命を懸けて、すでに十字架刑で父なる神に謝ってくれているから、あなたが謝らなくてもキリストを信じてその十字架上の死に心から感謝するなら、あなたは救われますよ、という理屈である。

教会はこのように人々が容易に歩める「救いの道」を用意して、それを保証している。仏教も、三途の川を渡るために、さまざまな宗派がそれぞれの「助け舟」を用意し、その確実さを保証している。たとえば、三宝（仏、法、僧）を敬うこと、念仏、読経その他が、仏教の一般向けの「助け舟」である。

とはいえ、さすがにキリスト教神学（キリスト教教義の哲学的説明）においては、先に述べたような「別の道」をそのまま哲学的に正しいと、説明することはできない。なぜなら個人の罪を別の人が償うのは、明らかに不合理だからである。「神（キリスト）自身が人の代わりに償う」という特別さを強調しても、この不合理は論理的に（哲学的に）解消できない。なぜなら神が、人間が犯した罪を代わりに謝罪して償うとしたら、それは人間の罪を、神という他者になすりつけることが正義であると主張することと同じであり、それは明らかに理性的に見て正義ではない。キリスト教は、イエスは神であると同時に人間であると主張してこの問題を切り抜けようとするが、人間であっても、イエスが自分個人とは別人であることは変わらない。自分の罪（不正、悪）を他者になすりつけることは、言うまでもなく正しいことではない。論理的には不正が明らかである。

この論理がわからず哲学に近づくことのできない人には、宗教の説明（「イエスの十字架」による説明）で「あえて良い」としても、その説明に哲学的に不合理を感じてしまう人には、別の説明が必要だった。すなわち、哲学に近づくことができる少数の人に対しては、やはり各人の謝罪の意味を哲学的に説明する必要があった。

そのために生まれたのが中世のキリスト教神学である。

章をあらためることにしよう。

第２章

処罰と悔悛

1／ヨハネの教えとイエスの教え

四つの福音書に記録されたイエスの教え、言い換えると、ユダヤ教会から警戒されたイエスの教えは、その原理となるものは「ヨハネの教え」であったと、わたしは述べた。その原理となる教えとは、実際の犯罪の種（原因）となる「罪」は、「心のうちに生ずる」こと、そしてそのことに自ら「気づく」ことが神の前に出て、神にゆるしを請うことであること、加えて、それによってはじめて各自の心の中でアダム以来の原罪について「神のゆるし」が得られる、という教えであった。これがヨハネの教えであり、イエスはそれを一歩進めた。「進める」ということは単純化して、極限化することである。

イエスの極限化によってヨハネの教えは、一貫した論理に貫かれたものになった。そして論理的に一貫すればするほど、教えは単純化される。そして一貫した論理であればあるほど、教えはより普遍的なものになる。なぜなら、論理的（理性的）に納得できることは、感覚的ないし情緒的に納得できることより、ユダヤ人の民族文化の属性から離れて、より普遍的な納得が得られるからである。すなわち、文化的背景を異にする人々にもより通じやすいものになる。イエスによってヨハネの教えは論理的により単純化され、そのことによって、ヨハネの教えは旧来のユダヤ教（民族宗教）から「世界宗教」（自己革新を目指す宗教）へと確実に変貌した。

とはいえ、この変貌の最初の一歩は、あくまでもヨハネの教えにある。他方、ヨハネの教えが含んでいる「心の中のおのれの罪について気づくこと」が心の中を強調してイエスの教えに至るか、それとも、既存のユダヤ教がもっていた「特定の神仏頼み」の信仰のまま信仰が変わらないかの分かれ道である。その「気づき」は、他者の目には分からない。ヨハネが求めた「罪の告白」は、自らの罪を自らに向かって「自ら告発する」ことであった。そしてそれはまた、つねに人の心の中を見ている真実の神に対して、直接に「ゆるしを請う」ことであった。

おそらく、その印として「水による洗礼」があった。ヨハネの「罪の告白」は、ヨルダン川の川辺での、外に見える「水による洗礼」という儀式をともなったものであった。多数の人がその儀式を受けに来た。しかし、「儀式」をともなうことは、「神仏頼み」の余地を残す。外見頼みは「自発的な心からの罪の自覚」を弱める。なぜなら、人間は外見頼みになることに慣れているからである。服装や履物を整えることで「安心を得る」文化は、文明社会で広まっている。たしかにヨハネの教えの実践が本当に心からのものであれば、神はそれを知って罪をゆるす。しかし、水による洗礼という外見頼みでなされるなら、罪を悔いても、神には通じない。イエスは、「悔い改め」を教えても、水による洗礼を求めていなかったように見える。前期のガリラヤ湖周辺での活動においては、イエスもしたかもしれない。しかし、エルサレムに乗り込んだイエスは、川辺での活動はしていないらしいからである。「マタイ福音書」では、ヨハネだけが水による洗礼を行っている。「わたしは、悔い改めに導くために、あなたたちに水で洗礼を授けているが、わたしの後から来る方は、わたしよりも優れておられる。わたしは、その履物をお脱がせする値打ちもない。その方は、聖霊と火であなたたちに洗礼をお授けになる」（同3－11）。「聖霊と火」は、「神の心」と、「浄化の火（燭台の火）」を表している。そしてこのことは、イエスが儀式頼みの信仰ではなく、個々人の自発的な「悔い改め」だけを純粋に求めたことを示している。

ただし、この「聖霊と火」の組み合わせは、ザラスシュトラ（ゾロアスター）の教えの影響が考えられる。「火たる御身はマズダー・アフラに助力するものです。最勝のスプンタ・マンユ（聖霊）として御身は彼（アフラ）に助力するものです。（御身の）もろもろの名のうちで御身に最も喜ばれるものをもって、マズダー・アフラの（子なる）火よ、われらは御身をとりまこう。善思をもって御身を、善き正信をもって御身を、慈眼に出ずる作法とことばをもって御身をとりまこう。われらは崇敬しよう、われらは訴願しよう、御身に、マズダー・アフラよ。一切の善思をもって御身を、一切の善語をもって御身を、一切の善行をもって御身をわれらはとりまこう」（伊藤義教訳『原典訳 アヴェスター』、ちくま学芸文庫、二〇一二年、八七～八八ページ）。

他方、神は、それが純粋に心からのものでなければ、いつまでもその罪を「ゆるさない」。すなわち、それをしない人、それに気づかない人には、「神の怒り」が降る。その怒りは当人の心の中に結果を生じる。すなわち、当人の心の中に悪い欲望が、言い換えれば、心の罪が生じ続け、自分でもそれを止めることができない。たとえば、他人がうらやましくてならない。今の自分が

「嫌い」で、自分すら愛せない。一方で欲するものが増えていく。他人が、自分が理想としているように動かないとその相手に対して敵意を懐く。あるいは、他人が自分とは意見を異にするとき、相手に嫌悪感を懐く、等々である。

あるいはまた、他者に見られていないのをいいことにして、自分の罪に気づくことが、あるいは、自分の罪の告発が「心からのもの」（真に自発的なこと）になっていなければ、その気づきは、「その人自身の気づき」になっていない。言い換えれば、真に「自身の罪の告発」になっていない。そのことゆえに、人の心のうちを見ている霊である神（聖霊）は、いつまでもその人をゆるさない。心のうちで、つまり自身の霊において、罪の告発が行われないのは聖霊を無視していること、つまり霊的世界にいる神を無視していることである。そして神の軽視、神の無視は、神に対する冒涜である。それゆえイエスは、心からの謝罪をしないものについて、「聖霊を冒涜する者は赦されない」と言う（ルカ福音書12－10）。そして先に述べたように、「赦されない者」はおのれの罪に苦しむという罰を受け続ける。

旧約の神は、「祝福と呪い」によって信者を導いた。あるいは同じことであるが、「賞賛と処罰」によって信者を支配した。祭司たち、あるいは国家の役人は、神の代理となってそれを公共の目に明らかになるように人を祝福し、また裁きにかけて罰したのである。それに対してヨハネとイエスが教える神は、心のうちに隠れた「愛」によって信者を「自己革新」へと導く。

すでに「隣人愛」について前章で説明したが、それは、敵味方の区別なく、相手に「正しい態度」で臨むことである。相手が間違っていれば「正しく諫める」。他方、相手が間違いを認め、正しくなれば「ゆるし、助ける」。それが神の愛であり、真実の「隣人愛」である。つまり罪人の状態のままなら、聖霊なる神はその心を「諫める」。つまり「神の怒り」がその心に降る。悔い改めがないかぎり、神の諫めは「限りなく」（永遠に）続く。その事実が、心に罪が生じ続けるという現象である。正しく在りたいと願う人にとっては、つらい現象である。イエスは「永遠に赦されない、永遠に罪の責めを負う」と言う（マルコ福音書3－29）。言い換えれば、その人には「隣人愛」が聖霊なる神から注がれることはない。

そして反対に、それがもしも心からのものであれば、それを神は知って、神はその罪を必ずゆるす。すなわち、悔い改めて、おのれの心の中の罪を認めれば、神（聖霊なる神）はその心をゆるし、聖霊が全霊をもって「助ける」。すなわち、その人の心には真実の「神の愛」が満ちる。「言うべきことは、聖霊が教えてくれる」（ルカ福音書12－11）。そして口にされる「ことば」は、その人の心に浮かぶ「考え」である。その「考え」が心に浮かぶということは、神の心が自分の「考え」となって自分の心に現れることである。そのとき神の心とおのれの心が一致し、交流する。

それはまた、心が罪から「解放される」ことを意味している。「罪」からの解放は「悪」からの解放であり、「不正」からの解放である。そして「解放される」ことは、「自由になる」ことであるから、聖霊なる神のゆるしを受け取ることは、「正義」が心のうちで「自由になる」ことを意味する。そしてそれは、心が自由に正しく生きることができることを意味する。悪を恐れ、悪に陥らないように、悪を恐れながら生きることではない。正しく生きることができる心の自由は、地獄の空に宙吊りとなったまま地獄しか見えない自由ではなく、広々と正義ばかりが見える天上の自由である。

ところで、「神が罪をゆるす」とは、神が「その心を愛でる」ことである。そしてそれは神の愛（神霊）が心に及ぶことである。それによって神は、その人の心を占める。そして神が心を占めるとは、心が「神の支配を受ける」ことである。いわば神の奴隷となって、神を真実、自分の主人とすることである。神の支配を受けるとき、心は完全に神のものになる。それは自国が他国に占領されたなら、自国が他国のものになることと同じである。したがって、その心が神のものになるとは、心が神と完全に一致することを意味する。

したがって、そのとき心は、人を何度でもゆるす神と一体となる。もはやその人の心は、以前のその人ではなくなる。なぜなら、「正しい心」は、「神の心」と瓜二つだからである。「人間」（人の子）イエスの心は神と一体であったと、キリスト教徒によって信じられている。しかし同じく、神の愛を得た人間は神の心をもつ。それゆえ、心が神にゆるされたなら、人は、他者の罪を「限りなくゆるす」ほかなくなる。イエスは、「七の七十倍ゆるせ」と言う（マタイ福音書18‐22）。なぜなら、繰り返しになるが、それは神による「完全なゆるし」なので、神（完全な正義）が、その人の心をそのときには「完全に支配する」からである。すなわち、過去に罪があったこと自体はそのままに、今現在において、心の内から罪の元が消えてなくなる。

そしてそうなったとき、心は、真に「平安」を味わう。なぜなら、その人が「隣人愛」のもとに正しく生きるうちに見出されるものが、「神の正義」だからである。つまり、敵味方の区別なく相手に対して正しく振舞い、正しく考える心である。そのときには後悔することが生じない。

そしてそういう「平安」な心に接した人は、やはり「平安」を覚える。じっさい神から平安にされたものは、必然的に他の者を平安にする。イエスは、「平和を実現する人々は、幸いである」(マタイ福音書 5-9)と言う。たとえば、親は幼子の仕草やことばに慰められる。つねに不安を懐きながら町に暮らす人は、ペットの犬や猫に慰められる。幼子の心にはまだ罪がなく、ペットの犬や猫には罪が生ずるだけの心のはたらきがないからである。あるいは、わたしたちは庭や山野の植物に慰められ、日本人の多くは桜の花を見て幸福になる。山野の植物にも桜の花にも罪はなく、不安な生はないからである。

じっさい生まれたばかりの幼児には罪がない。将来への不安は大人がそれを幼児に重ねて見るから、見る側の心に生じるだけである。それゆえ、幼児の姿もまた、平安のうちに生きることをわたしたちに教えてくれる。平安のうちに生きるとは、心において神の国のうちに生きることである。それゆえイエスは、「子供のように神の国を受け入れる人でなければ、決してそこに入ることはできない」(ルカ福音書 18-17)と言う。それに対して、大人の姿はいつも何らかの不安を心にもつ。そのために接する人の心に不安を引き起こす。その原因は、すでに述べたように、町では心のうちに罪（欲）を懐いて生活するほかないからである。

すでに述べたように、ヨハネの教えはこのようなことを論理的に含んでいた。ヨハネの教えを守って、己の罪に向き合えば、前章における「ヨハネ福音書」八章の吟味で明らかになったように、自ずから他者の罪をゆるす。そして、他者の罪を心からゆるせることは、それだけ多く心が神の霊の恵みを受けていることを証明している。なぜなら、平安な心で人を「ゆるす」力は、神の霊の力だからである。それを自分が受けるためには、ただひたすら己の罪に向き合わなければならない。したがって、イエスが「七の七十倍ゆるせ」（マタイ福音書18－22）というのは、「七の七十倍、己の罪に気づけ」ということである。イエスは、「もし人の過ちを赦すなら、あなたがたの天の父もあなたがたの過ちをお赦しになる」（マタイ福音書６－14）と言う。

そして自分の心の中の罪に気づくことは、自分でできることである。むしろ自分にしかできないことである。その気になりさえすれば、容易なことである。それゆえイエスは、「求めなさい。そうすれば、与えられる。探しなさい。そうすれば、見つかる。門をたたきなさい。そうすれば、開かれる。だれでも、求めるものは受け、探すものは見つけ、門をたたくものには開かれる」（マタイ福音書７－７～８）と言う。「求めなさい」というのは、自分の心の中にある罪であり、「与えられる」というのは、神の愛である。「探しなさい」というのは、再び、心の中にある自分の罪であり、「見つかる」ものは、その罪である。決して他者の罪ではない。「たたきなさい」と言われる門は「天国の門」であり、そうすれば「開かれる」という門も、天国の門である。したがって、自分の罪を自分の心のうちに見出すことはだれでも容易に「できる」ことだと、イエスは言うのである。

おのれの心の中に罪を見出すこと自体は、辛いことであり、悲しいことである。つまり「悔いる」ことである。しかし、その悲しみが、心の最も深いところで、それでも自分を生かしてくれている神に感謝したくなる喜びと「共存している」ことに、人は気づく。その共存する喜びは、心の最も深いところの喜びであるから、時を経て薄まってしまう喜びではなく、いつまでも変わらずに「生きる」ことを励まし続ける喜びとなる。ただし、悲しみと共存する喜びなので、躍り上がる喜びではない（『歎異抄』9 親鸞の信仰も同じである）。またその悲しみも、心を休ませ静めてくれる（平安にしてくれる）悲しみである。神を信ずる人は、それが「神の恵み」であり、「恩寵」であることを知る。そしてこのわたしたちが受け取ることができる神の恵みは、己の罪に向き合うことの多さに比例している。

しかし、自分にとっての憎い「敵」とは、自分に対して罪を犯す他者である。自分を不安に陥れる張本人である。ところが、その人間に対して、神から「七の七十倍ゆるす」ことが求められている。繰り返すが、相手は、自分や周囲の人に対して罪を犯した者であり、自分たちの「敵」である。本来、憎まずにはいられない相手である。しかしイエスは、その敵をゆるすことができただけ、言い換えれば、愛しただけ、人は神の霊に恵まれていることを知ることができるという。ここで「知る」というのは自分自身に向けて「明らかにする」こと、言い換えれば、「明らめる」

ことである。したがってイエスは、敵であろうとも「愛する」（罪をゆるす）ように語る（ルカ福音書６－27）。また、つい繰り返してしまう自分の重い罪に日々気づくことを促すために、強盗殺人などの重罪人を裁く処刑を意味する「十字架刑」を指して、「十字架を背負って自分についてくるように」とイエスは弟子に教えた（ルカ福音書９－23）と伝えられている。つまり己の罪をそれだけ重く、受け止めることをイエスは弟子たちに求めた。

２／現代の若者の苦悩と生きる喜び

現代の若者のなかに、生きることに喜びを覚えることができずに自殺を願望する事例が多発している。彼らに対してヨハネ・イエスの知恵をもたない現代社会が伸ばすことができる救いの手は、その若者にひたすら「共感する」ことだけである。すなわち、「分かるよ」と言って当人の「他者からの承認願望」を一時的に満たしてあげることができるだけである。ちょうど若者が心理学を学んで、自分のいる精神的状況が客観的にどのようであるかを知ることで、自分の状態が「自分だけ」ではないことを知って安心するのと同じ方法である。しかし、その方法は、いずれも根本的な解決ではない。じっさい、その後になって、ふたたび隣人から共感してもらえなければ、あるいは苦悩をいつまでも忘れられなければ、自殺願望は再発する。現代社会が誇る「技術」は、人に生きること自体の喜びを与えることはできない。

　生きること自体の喜びがない心をもっていると、アミューズメント施設の楽しみも、音楽会の楽しみも、友人との語らいも、ペットとのふれあいも、一時的な気晴らしにしかならない。どんなにさまざまな「楽し気なイベント」を用意しても、生きること自体の喜びには結びつかない。つまり何をしていようと、「生きていること」があるだけで、それを喜びとして受け取ることができる心は、娯楽からも、人との交流からも生まれてこない。生まれてこない理由は、それらの娯楽を心が楽しんでも、その幸福は、心の芯、つまり端的な「わたし」という「主体そのもの」がもつ幸福、自分自身が生きていること自体から直接に生じる幸福ではないからである。

　生きていることだけで味わう幸福は、「幸福でない主体」が「幸福な主体」に変革されなければ実現しない。つまり主体自身の変革が必要である。何かを対象にすることで楽しむことは、主体の変革にはならない。たとえば、ボールを相手にテニスをする、別のときにサッカーをする。そうしたことで楽しむことは、主体が変革しなくても、対象が変わることだけで実現される。それは、どんなに人があこがれる楽しみであったとしても、対象が変わるだけで主体を変革することから生まれる楽しみにはならない。

　それに対して、主体変革を目指す教えが、真実の「世界宗教」である。なぜなら、それは文化の異なりを超えて、外からは見えない心の内に在る人の主体を正しいものに変革するからである。そして「幸福である」ことが「正しく生きる」ことであり、「よく生きる」ことであれば、哲学もまた、その道を明らかにすることを目指している活動である。なぜなら哲学は、「ことば」において生きて在る「わたし」が、自分がもつ「ことば」を吟味して「ことば」（理性）の「正しいはたらき」を見極め、それに従って自分が「正しく生きる」ことができる道を見つける活動だからである。

ヨハネ・イエスの教えでは、それはつぎのように説明される。「己の罪の告発と謝罪」が「心からのもの」であるとき、それは神に通じ、神による完全なゆるしとなり、そのゆるしを受けて、心は神への感謝に包まれる。なぜなら、何らの罰もなしに、自分の醜い罪をかぎりなく神にゆるしてもらったからである。ところで、「神への感謝の念」は「神の愛」である。神に心が通じるとき、神の霊の力は限りなく圧倒的であるゆえにその心を支配する。それゆえ、その心は「聖霊」に満たされる。心が聖霊に満たされることが意味しているのは、心が神の愛に満たされた楽園に居るということであり、その人の心には、心からの生きる喜びが永続する。

このことの実現がむずかしいのは、人は、自分の心の罪に向き合うことをどうしても嫌うからである。それは「辛い」ことであり、つい罪があるのは「自分だけではない」という言い訳に逃げ込みたくなるからである。しかし、それは神から「逃げる」ことである。あるいは、悪い道に逃げ込むことである。イエスは、その反対にある道が「救いの道」であり、それは「狭い道」（「狭き門」）であるが、ほかに道はないと教えている。

おのれの罪を認める道が救いの道、すなわち、生きること自体の喜びに出合える道である。その理由は、人が日頃、目をつぶって見ていない己の心の中の罪にあえて目を向けることが、端的な主体としての「わたしの存在」に目を向けることだからである。謝罪が「心から」のものになるのは、まさに純粋な主体としての「わたし」に心の目が至り、それによって心が、はじめて自分の根底である「その場所から」はたらくことができるからである。まさにこのとき、はじめて「本当のわたし」の心の目が、「主体」として、もっとも深いところで「目覚める」のである。

3／生きるための殺生と宗教

もしも以上のように「神」のイメージを持ち出すと、読者の理解がそれによってかえって邪魔され理解を妨げるのなら、哲学の立場で自然な事情の下に、同じことを考えることができる。まず、わたしたちは、何によって現にこの身体において「生きる」ことができるかと言えば、「水と食べ物」があるからである。水は、体の中で栄養分その他を運び、老廃物を運ぶために、身体が生きるうえで絶対に必要としているものである。また食べ物は、やはりそこからタンパク質その他の必要な養分を得るために絶対に必要なものである。ところで、その食べ物は、他種の生物である。わたしたちの身体は、すでに一度は他の生物に取り込まれた栄養のみ取りこむことができる。鉄のくぎを齧っても栄養にならない。食べ物は、腸内細菌によって分解され、はじめて身体の細胞がそこから必要なタンパク質を作ることができる。

したがってわたしたちが口にするものは、すべて生きていたものである。それ以外には、わたしたちの体は自身の栄養にすることができない。したがってわたしたちは、多かれ少なかれ他種の生物を殺して、それから栄養を得て、はじめて生きている。何らかの殺生抜きに、わたしたちは生きていくことができない。逆に言えば、だれしもがその罪を犯して生きている。

この事実は、宗教的な説明から生じている事実ではない。医学的に、また生物学的に、疑いようもない事実である。ただ、通常、わたしたちはこの事実に目をつむっている。おいしい、おいしいと食べることの喜びだけを、食事に際して受け取っている。食事の前の「礼」を習慣の惰性で行って、「心から」のものでない儀礼にしている。しかしながら、事実に即して考えるなら、わたしたちは食べられるために殺された命に謝罪するとともに感謝しなければ、わたしたちの食べる行為は「正しいもの」ではない。ことに食事はそれによって、もっとも強い意味でわたしたちが「生きる」根拠となる行為である。したがって、その罪の自覚と謝罪、そして感謝は、最大限度に「心から」のものでなければならないはずである。したがって、それをすることが正しい生き方である。

そして、もしも食事の前に「心からの礼」が、つまり「己が積み重ねる殺生の罪を知り、謝罪すること」があるならば、なおかつ、それでも目の前の食べ物は、無抵抗に「おいしく食べられる」ことが明らかであると知るならば、自分がそうして生きていくことに関しては、「限りない感謝」が心に湧き上がって来るのが、合理的であり、自然である。

前章で、表面的にではなく、心から感謝のできる心は、じつは心から謝罪ができる心である、また心から謝罪ができる心は、心から感謝できる心であると、述べた。しかも、その心は、他者が教えることができないものであり、自分のなかにあるその心に、自分が気づくほかない心であることを明らかにした。それゆえ、それ自体は、だれかに教え込まれてなった心ではなく、生まれつきの心であり、天与のものである。わたしたちは何らかのきっかけで、それが在ることに気づくことが、辛い謝罪と感謝の喜びに目覚めることにおいて実現できるだけである。世界宗教は、何らかの物語を通じてそれに「気づく」ことを教えるのである。

哲学の論理をたどって、すでにこの結論が出ている。したがって生きること自体に喜びをもつことができなくなった若者は、この社会で出合う何かによって、それを忘れ去ってしまっているのである。そして大人になるまで差し迫ったさまざまな事態に煩わされながらその状態で過ごせば、その人は、ほんとうにこれを忘れてしまって、「本来のわたし」を思い起こすことができなくなる。そういう大人が大勢いる。町の生活とは、そういうものである。自分が生まれたときにはもっていた野生の「生」を見ることがなく、それゆえ、自分自身の奥底にある「生」の原点に気づく機会を失っている人々が町に暮らしている。

そのために、文明人の社会組織は、その欠落をどこかに塗り込めて、人々の心を別の物で満たそうとする。それは、社会が提供するさまざまな「楽しみ」である。さまざまな人々との自由な懇談、交流、さまざまな芸術鑑賞、旅行、愛する人との生活、ペットのいる生活、等々。教会が提供する「神」の知識、信者どうしの交流、等々も同じである。また、どの楽しみも安心して楽しめることを文明社会は保証する。

したがって、逆に言えば、キリスト教会も、イエスの教えを最重要視しているように見せながら、じつはその教えを見えなくするもの、一般社会がもつ互いに承認し合う「楽しみ」や、一般信者には手の届かない教会の「秩序＝階級」を、さまざまな儀式を通じて信者に熱心に示している。そうして、じつはイエスの教えを軽視して、何食わぬ顔でその前を通り過ぎ、別の教えでイエスの教えの本質を隠している。そのために、若者を、その苦悩、自殺願望からキリスト教会は効果的に救うことができない。むしろ言葉巧みに若者を誘う教団に、苦悩する若者を入れてしまうのである。

イエスの教え自体は、一人一人が自分の内に「生きること」自体の喜びを見出すことができる道を示すものである。その道は、一見、辛いものである。なぜなら、己の罪深さを見ることだからである。その教えは、表面的な楽しみを提供しない。声高な宣伝もない。なぜなら、一人一人の心のうちに語り掛けるだけのものだからである。教える者が身に着けるものも教えの内容とは無関係である。教える者の着ているものや、装身具で相手を圧倒する者からは、真の教えは生じない。それゆえ、イエスの教えは、対面する際の誠実さ以外に、相手の信頼を得る手段をもたない。

この教えは、また一般的な社会秩序の常識、「善人はすぐれていて賛美されるべきであり、悪人は、排除すべき人間である」こと、「年長者が、より偉く、年少者が、より劣っている」という考えを否定する。すなわち、イエスは言う。「先のものが後になり、後のものが先になる」（マタイ福音書19－30）。「みなの中でもっとも小さい者こそ、最も偉い者である」（ルカ福音書9－48）。じっさい、もしもイエスの言うとおりだとすれば、人が王や権力者に従うこと、戦場で上官の命令に従うこと、子どもが親に従うこと、あるいは学校で先生に叱られること、教会で司祭に従うことには、正当な根拠がない。

なおかつ、すでに述べたように、罪が神によってゆるされるとすれば、犯罪者が国家権力による刑罰を免れることを神が認める真実だと主張される。そうだとすれば、国家のうちにある司法・警察はいらない。しかし現実に非道な暴力がゆるされたら、社会秩序は守ることができなくなる。また「敵を愛する」なら、仕掛けられた戦争に対抗することができなくなる。つまりイエスの教えは、一般的常識とも、国家やその他の社会組織とも決して両立しない。ユダヤ教会がイエスを恐れ、国家反乱分子としてローマに訴え、自分たちの社会から排除したのは、その意味では当然であった。

４／「殺せ」という宗教

イエスの教えは、その純粋なかたちとしては、反国家的である。国家の首長から見れば、国家の体制を転覆しようとする不穏分子と見られても無理がない。そして子を育てる親の目から見て、子どもを叱ることも、悪い子が罰を受けることも、しないとなれば、子どもはわがままに育つだけで、とんでもないことになる。良識をもった親は、みなそう考えるだろう。

一九九五年、オウム真理教地下鉄サリン事件があった。「人殺し」を「ポアする」と言って、教団が組織的に人殺しを勧めていたことが発覚して、日本で大問題になった。オウム真理教は解散命令を受けたが、名前を変えて信仰団体が存続している。良識のある人々は「どうにかならないのか」と考えている。さらに最近では、ほかに、社会での個性的な活躍を奪う洗脳、脅迫的な寄付集めや、選挙協力を通じた政治利用が問題になる教団も現れた。民主主義をうたう政府は、解決できない。解決できない理由は、個人の信仰の自由と、それがもつ文明社会の破壊性との関係が見えないためである。そのために日本の政治は答えを出せないでいる。

言うまでもなく、宗教が「殺せ」と教えるのはおかしいということは、その通りである。モーセの十戒でも、あるいは古い仏教の戒律でも、「殺さない」ことを教えている。しかし、仏教は中国に至って禅宗が起こり、そこでは、「仏に逢うては仏を殺し、祖に逢うては祖を殺し、羅漢に逢うては羅漢を殺し、父母に逢うては父母を殺し…」（『臨済録』示衆）と教えている。

この文句はまるでオウム真理教と同じに聞こえるが、これは、禅が、悟りの道をイエスと同様に、「心の世界」に極限化した結果である。すなわち、自分の心のうちに想像して勝手に立てている「仏」の姿は真実の仏ではなく、ただの「妄想」として「捨て去る」、あるいは修行が苦しくて親のいる家に帰りたくなる「惑い」を「捨て去る」ことを、心に浮かんで見えた家族や親を心から「払拭する」意味で、「殺せ」と、強い言葉で言っているだけである。

また日本では、道元の『正法眼蔵随聞記』に、「猫殺し」の話がある。ふつうの読み方をすれば衝撃である。しかし、これは中国の南泉という僧が、ほかの僧たちが無聊の慰めに猫を相手にしていたのに怒り、目前であえて猫を切り殺した故事に由来する。道元は、その故事を思い起こさせて、猫殺しに言及している。

長円寺本巻2の四（小学館「日本古典文学全集」27）より、番号をつけて引用する。

（1）また云はく、「この斬猫《ざんめう》、即ち、これ仏行《ぶつぎやう》なり」

（2）奘云はく、「喚《よ》んで、何とか道《い》ふべき」（註「奘」は、道元の弟子「懐奘《えじょう》」）

（3）「喚んで、斬猫とすべし」

（4）奘云はく、「これ、罪相《ざいさう》なりや」

（５）云はく、「罪相なり」
（６）丼云はく、「何としてか脱落《だつらく》せん」（註　「脱落」とは、「身心脱落」という、道元特有の「悟り」、すなわち、「心から真理を理解すること」）
（７）云はく、「別、並びに具《ぐ》す」
（８）丼云はく、「別解脱戒《べつげだつかい》とは、かくの如きを道《い》ふか」
（９）云はく「しかなり」
（10）また云はく、「但し、かくの如くの料簡、たとひ好事なりとも、無からんには如かじ」

道元は、南泉の故事について、引用において、まず（１）「猫殺しは、仏の行いだ」と言う。つまり仏心にかなった行為だと言う。そして（３）それを熟語で「斬猫」と呼んでいい、と言う。
（４）これに対して、弟子の懐丼が「それは仏教の戒律からすれば、罪ではないのか」と、尋ねる。
（５）道元は、その通り「それは罪である」と言う。
（６）弟子の懐丼は、「一体どうやってわたしはそれを理解したらよいのでしょうか」と尋ねる。道元の言っていることが、矛盾しているように見えるからである。
（７）道元は「それらは異なるが、等しく並べて理解する」と言う。
（８）弟子の懐丼は、「仏教で言う「別解脱戒」というのは、そのことでしょうか」と尋ねる。

(9) 道元は「その通り」だと言う。
(10) そして加えて道元は、「ただし、斬猫を仏行と考えることは、たとえ仏の悟りの上では正しい、良いことだと言えるとしても、実際に猫を切り殺すことは避けられるなら避けるに越したことはない」と言う。

ここには、道元が理解する禅における「精神主義」と「精神の自己変革」を仏教が本質としていることが、ともに示されている。まず、「精神主義」は、最後(10)で「実際にはやらないほうがいい」という発言で明らかである。殺生は、仏教でも重い罪である。あえてそれを心にイメージすることが、仏教が持つ精神的な切迫感(命にかかわること)を表す。同時に「猫」は、一日の大半は寝ているので、修行生活はそのような怠惰な生き方ではだめだということを、道元が言っている側面もあるだろう。禅宗は、このように日々の態度として切迫した精神を修行のために求めるので、日本では武士に、特に支持された。

それゆえ、道元の話を実際に猫を殺すことを言っていると受け取るのは、宗教が基盤的存在を「精神」の内にもっていることを忘れている。イエスも「杯の内側をきれいにするなら、外側もきれいになる」(マタイ福音書 23-26)と言う。親鸞が一人の弟子に「わたしのように悟りを得たかったら、人を千人殺して来い」と言ったというのも(『歎異抄』13)、同じことである。実際に千人殺すとなれば、よほどの大量殺人計画を練って、大量の毒が必要になるだろう。実際には無理である。イエスも「目覚めていなさい」と、眠気に耐えられずにいる弟子に教えている（マタイ福音書26－41）。しかし、これをまともに受け取って、まったく寝なければ、人間は発狂して死んでしまう。

ところが、極端に言えば、仏教の教えにあるように、一般人が心のうちに持ちがちなイメージとしての「仏」も「親」も何かを教えてくれる「先生」である。それらを「殺せ」と言ってその思いを否定することは、他者に従属して楽に生きようとする精神を否定することを言わんとしている。イエスが、「先生と呼ばれてはならない」（マタイ福音書23－8）というのも、自分が社会の中で尊敬されることの否定と同時に、相手には、他者を尊敬し頼る相手として見ないことを求めている。人間は互いに依存しあう関係をもつものであるが、それが行き過ぎるようになるとき、間違いが起こる。世界宗教における信仰は、何よりも自ら「主体的に生きる」ことを学ぶものである。それゆえ、何かに頼って生きようとする心を徹底的に遮断しなければならない。宗教の教えを正確に受け取るためには、主体性に目覚めることが必要不可欠である。国民を支配する権力者は、国民は国家社会のおかげで（頼って）はじめて生きていけるのだと、自分たちに都合のよい認識を教え、そのように考える国民を、日々、育てている。宗教の信仰は、それを壊すものである。

すでにヨハネ・イエスの教えについて述べたように、神の救いを受けるためには、自分の「心からの」、つまり厳密な意味での「自発性」が必要とされる。一方で、人々の集まる町に暮らす人がこれまでずっと持っていた常識は、「互いにうまく頼り合う」ことが何より大切だということであり、「この世間の常識に従うことで、これまで無事に社会の中で自分は生活してきたのだから、正しい考えに違いない」という考えである。このイメージが一般人の心の底に懐かれている。そのイメージを壊すのが宗教である。だとすればそれは、自分の生活を根本から壊すことになる。

宗教に対して、「偉い人にわたしをしっかり守ってもらいながら、間違った常識を捨てる方法を、やさしく教えてもらえれば」という甘えた考えを、人は懐きがちである。また「厳しい修行の道であっても、手を引いて直々に指導していただければ」という他者依存の思いが起こりがちである。しかしこうした思いは、宗教の自己変革としての「救い」の本質を奪う。宗教の救いを得るためには、そのような他者依存の精神を「殺す」ことがまず必要である。

5／回心の際の善悪共在

そして世界宗教の自己変革は、自己の悪をつまみ出し、それによって本来の自己の善をあらわにする自己の変貌である。しかし、同一の自己が悪から善へと変化するとき、悪と善が同時に存在する。論理的には矛盾であるが、自己という「主体」の根本的変化は、対象事物の変化のように、移り変わる時間に沿って継続的に起きることとして説明できない。キリスト教において、「罪に気づく」ことと「神の愛に気づく」ことは、前者が先であることは事実であるが、それでも、前者がある間だけ、後者がある。その点では、罪という悪と神の愛という善は、同時に「共存する」と言わなければならない。

先の『正法眼蔵随聞記』の引用の（7）の「異なるものを並べて理解する」というのは、そのことである。すなわち仏行は、神の愛にもとづく行為と同じであり、罪は悪い行為である。それが同時に、自分の心のうちに成り立つ瞬間に、仏教で言えば「悟り」があり、キリスト教で言えば「回心」がある。（8）の「別解脱戒」ということばも、「別々のものを同時に理解することは、戒律を意識して身をこわばらせていただけの自分から脱して、仏の悟りを得ること」を意味している。

人間は、目に見える身体で生まれ、生き始めることは事実である。しかし、「ことば」を通じて、今度は「社会のうちに」生き始めることになる。このことをよく理解しなければならない。この成長過程で人の心（理性）が周囲の社会によって育まれる。その間に、社会のうちで出合ったさまざまな人、情報から「正しい」ことと「正しくない」ことを無分別に受け取って、教えられたことをすべて正しいと信じつつ、人は成長する。周囲からそれで「よい」と教えられて、自分であらためて考える機会を奪われる。

ところが大人になると、自分で判断していかなければならない場面に出合うようになる。そのときになって、人は自分の心が「迷っている」ことに気づき、苦しむことになる。「正しいこと」と「正しくないこと」が、社会のさまざまな宣伝を通じて、いつのまにか心のうちにないままになっている。自分のうちで「社会から聞いて学んだ」内容は、一般社会という「教えるもの」が正しいと、自分が信じていた前提で学んだものである。しかし、自分がたまたま出合った社会が正しいと認めていることが、確実に正しいという保証はない。じっさい社会から学ぶものはどれも「他者が判断したもの」であって、自分が主体的に考えて納得して受け取ったものではない。

それゆえ、いったん心を「始め」（神がつくったそもそもの原点としての心）に戻さなければならない。正しくないこと、正しいことを「自分の心の芯で」見極めて、一歩一歩、正しいことのみの道へ、心を戻していかなければならない。

そのためには、それを知っていれば非難されたり罵倒されたり侮辱されたりしないと思い込んでいる「常識」と呼ばれていることをいったん「捨てる」ことが必要である。「殺す」という仏教界に見られることばは、常識という自分の心が他者のことばに頼っていた概念を心のうちから「消し去る」ことを言っている。ヨハネ・イエスは己の罪に自ら気づいてそれを「悔いる」ことを求めている。そして「悔いる」ことは、自分の心の中で、罪人である自分に出合ったとき、心の内で「その自分を殺せ」、「消し去れ」と言っていることと実質同じである。なぜなら、罪を犯した自分とは、正しくないことを正しいと思い込んでいた自分であり、ヨハネ・イエスは、それを「悔いる」ように言っているからである。

ヨハネ・イエスの教えは、そうすることが「己を目覚め」させてくれると考えての教えである。あるいは、社会の中で歪んで成長してしまった自己を、罪を悔いることで捨てた先に、神がつくった生、魂に、人は戻ることができる。その生は、社会の束縛を逃れた「自由」がある生である。「赤子の魂のように」なることが神の僕《しもべ》となることと考えてのことである。「天地の主である父よ、あなたをほめたたえます。これらのことを知恵ある者や賢い者には隠して、幼子のようなものにお示しになりました」（マタイ福音書 11 - 25）と言う。イエスは、自身が天地の主の教えを受け取ることができたのは、自分が幼子のようであって、賢い者ではなかったからだと理解している。言うまでもなく、この自己理解にもとづく自由は、幼子のように社会から受ける束縛を逃れる自由である。したがってその自由は、社会の権力者から見れば反社会的自由である。

宗教がさまざまな活動において見せる「反社会性」は、それが根拠としている自己革新の精神性にもとづいている。社会のほうは、経済にしても政治にしても、目に見える利益を求める。それは、本来的に物体的、身体的である。しかし、そうだからと言って宗教と社会の二つを、宗教は心を正しく保つためにあり、社会は身体を保つためにあればいいと、二つがきれいに棲み分けることができるかと言えば、それには無理がある。なぜなら現実に、人間は心で考えて、考えた通りに実際に行動するのでなければ、「自由に生きる」ことはできないからである。思索にもとづく行動は、かならず身体的、物体的結果を生み出す。したがって心と身体を切り離すことはできない。

それゆえ宗教の精神性、すなわち心のはたらきを根本から正しく直すことと、その精神性を曲げて、すなわち正しいことと正しくないことをないまぜにして、むしろ利益を行為の基準として置いたまま、存続する社会との間にうまく生きることはできるとしても、矛盾を抱えずにいることはありえない。この二つの対立を何とか調整しようとすることは、哲学から見れば、何らかの不正（誤り）なしにはありえない。

6／教会という社会組織

ところで、宗教を広く社会の中へと伝道する礎となるのが、「教会」という社会組織である。したがって教会は、伝道のためには社会と一致しなければならない。そのため、国家が戦争を始めたときでも現実に教会がそれに反対することはむずかしい。日本では平和を取り戻したときに仏教界もキリスト教団も、そろって過去の戦争協力を反省したが、それは平和を取り戻した国家が自分たちの始めた戦争を反省することと同じである。もともと国家という社会組織は、本来の意味での「反省」や「悔やみ」は、もつことができない。

なぜなら、社会組織が取り組むのは、「未来」に向かってのことだからである。未来に向かう視点で為される政治が過去の過ちをあらためるためには、過去（歴史）を分析して、その原因を客観的に（科学的に）明らかにし、戦争が始まった原因をつくらない方策を、つまり組織が未来に向かって戦争を開始するように動かない法律を、あらためて考案することしかない。それは、正確には「反省」ではない。あくまでも過去の政治の「点検」であり、見つかった「不具合の改善」である。社会の動きは、「法律という材でつくられた機械の動き」と同様であって、社会をどのように動かすかは、機械の材とその組み立てを考えるように、法律を新たに考えるしかない。社会の平和のために必要になるのは反省ではなく、法律の検討と創案なのである。この二つが区別されないと、宗教と政治の区別ができない。あるいは、その二つの理解が正しく進まないことになる。

国家が戦争を始めたことについての反省は、個人においてだけ本当の意味で、することができる。「反省する」ことは、つねに一人で生きている「個人」がすることだからである。「国家の反省」と言われるものも、現実には、国家を運営する立場の個人が行う反省でしかありえない。

それゆえ、哲学が教えてくれるのは、真の反戦行動は、社会によってなされるものではなく、一人一人の個人によってしかありえない、ということである。したがって個人が、社会が反戦行動をしてくれればいいと期待するのは間違いである。社会自身が既成の道を動いている時点で社会自身の動きを規制する、あるいは反対する動きは、当の社会にはできない。自動的に一定のプログラムで動いている機械は、人間のコントロールなしにその動きを止めることができない。それと同じである。宗教が「殺す」こと、「殺さない」ことを教えることができるのも、孤独な

「個人」の内面に対してであって、心の外に広がる「社会」に対してではない。

しかし一般には、個人は社会人として、社会に生きている。言い換えると、社会においてこそ自分の生きがいを見出して生きている。そのために、個人として生きていることと、社会人（社会という機構の歯車）として生きていることの区別が多くのひとには分からない。そのゆえに、宗教をめぐって無理解が横行し、さまざまな問題が起こる。宗教は、独りの個人において「生きる」ことを知っているその人にだけ分かる「救い」の話をする。そしてこのことは、哲学についても同じである。ソクラテスが一対一の対話を行ったように、哲学は、対面でそれぞれ独自の（心をもつ）個人を相手にする以外に、ほんとうはありえない。プラトンの哲学作品が「一対一の対話」篇であること、古典的宗教作品の文面がつねに個人の語りの匂いをただよわせているのは、それゆえ理由のないことではない。

イエスの教えを承けて、後にキリスト教会が出来たとき、キリスト教会は矛盾する問題を抱え込んだ。なぜなら教会、教団は、社会組織であって、個人ではないからである。イエスを「人と成った神」と認めて、個人に向けた彼の教えを忠実に承け継ぐことが教会の義務であっても、社会に向けた公的教義においては、多数の信者を一つに結び、さらに教会と国家との間で矛盾が明らかにならないようにしなければならない。良い教会は、良い国家と両立することが当然視されたからである。しかし、このことは、教会が矛盾を抱え込むことである。すなわち、教会が目指す個人の救いと社会との一致がもつ矛盾である。

教会が国家と一致する「社会性」を備えるためには――、

第一に、教会の外にも内にも、先後の秩序、優劣、上下の「秩序」（オルド）がなければならない。ところが、イエスは「先にいる多くのものが後になり、後にいる多くのものが先になる」（マタイ福音書 19 - 30）と言って、それを否定している。

第二に、罪に対しては、神にゆるしを請うための「罰」を、教会はもたなければならない。ところが、イエスは「人の過ちを赦すなら、あなたがたの天の父もあなたがたの過ちをお赦しになる」（マタイ福音書 6 - 14）と言って、それを否定している。

第三に、教会は味方を「隣人」として愛し、敵を「悪魔」と呼んで憎まなければならない。ところが、イエスは「敵を愛せ」（マタイ福音書 5 - 44）と言って、それを否定している。

第四に、教会は会員（信者）を囲い込むために、あるいは「信仰を同じくするものの共同体」を固めるために、「信仰を誓わせ」なければならない。ところが、イエスは「一切誓ってはならない」（マタイ福音書 5 - 34）と言って、それを否定している。

教会の教義は、イエスの教えに反して、このような条件をもたなければならなかった。キリスト教会はイエスの言行を記録し、証拠となる文書（新約聖書）を記しつつ、他方で、生き残りをかけて現実に寄り添いつつ、教会の教義をつくらなければならなかった。

わたしたちはその結果を、キリスト教の「七つの秘跡」と「三つのペルソナ」の教義のうちに見ることができる。すなわち、わたしたちは、これまでヨハネ・イエスの教えを核としてキリスト教を説明してきたが、以下、神学を通じて教会の教義となったものを、それとは別の教えの相として説明してゆく必要がある。

7／七つの秘跡

カトリックの教会で、秘跡は七つ数えられている。洗礼、堅信、聖体、悔悛（新名＝ゆるし）、終油（同＝病者の塗油）、品級（同＝叙階）、婚姻（同＝結婚）である。

秘跡が七つであるのは、七という数が「聖数」と見られているからである。これはおそらく天文観察が進んでいたメソポタミア文明から受け継いだ思想と思われる。日月を含んで人間の視野に入る星の数は七つである。ここから一週間を七曜日としている暦がつくられた。ヨーロッパの音楽が七音階であることも、おそらくこれに由来する。また星占いの起源はメソポタミアにある。イエスの誕生のとき東方から博士たちが星を観察して来訪したという伝説（マタイ福音書 2－1）も、古い起源をもつ思想が基になっている。

他方、仏教においては、四と八が聖数である（特殊的に、三と五も加わる）。その数を用いた「四苦」、「八正道」と呼ばれる教義がある。とはいえ、四と八が聖数であることは、かなり古く、インド・アーリア系の文化に共通である。たとえば、古代ギリシアの民主制の土台となったアゴラ

(広場）は、四角形である。メソポタミア地域に造られたピラミッドも四角形だった。仏教の古い寺（大和朝廷）に造られた池も、四角形である。さらに、四という数字の聖数としての扱いは「創世記」二章の「四つの川」、七章のノアの箱舟の「洪水の四十日」にも現れている。

ヨハネのもとにあってまだ若いイエスが荒れ野で「四十夜日」（夜も併せての四十日）の断食をしたという話（マタイ福音書４－２）は有名である。まねをしようとして体を壊す人がいると聞く。しかしこの話は、古くからインダス文明にあった厳しい断食の修行（釈迦牟尼も体中の骨が見えるほどになったと伝えられる）と、インド・ヨーロッパ語族に共通する聖なる数が関係していると推測できる。なぜならセム語族の文化（旧約聖書）には、このような身体を痛める修行が必要であるという考えは、少なくともイエスやヨハネの時代までには、まったく見られないからである。それゆえ、イエスの断食の話は、セム語族に属するユダヤ民族とインダス文明の精神文化との間に当時交流があったことを暗示している。

しかし、哲学（正しさの吟味）の立場では、「七つ」という数は、キリスト教の「秘跡」の理解のためにはあまり意味がないことを確認しておきたい。哲学にとって重要なことは、あくまでもその「ことば」の意味・中身である。とはいえ、その中身を今後検討するために、ひとまず数え上げられている秘跡を一つ一つ見ておく必要がある。

8／秘跡の意味

「洗礼」は、信仰を誓い、水を身体に受ける儀式のことで、おそらく身を慎んで神の前に出ることを意味する。言い換えれば、教会の会員になることであり、入会の儀礼である。

「堅信」は、信仰を固めることを意味する。現在ではさまざまな形をとる。基本的に司牧者が信者の頭に手を置き、聖霊のたまものを受け取ることばを唱え、塗油を額に行う。また「堅振」とも訳される。十字軍出兵など、戦士が社会の重要な位置にいた時代には、神の剣を戦士の前に振るうことによって悪魔の誘惑に負けずに戦う意識を鼓舞する儀礼でもあったと思われる。

「聖体」は、キリストが行なったと言われる最後の晩餐（過ぎ越しの食事）の意味を込めたパンと葡萄酒である（マタイ福音書26‐26〜27）。食べ、飲む行為によって内側に神の霊を受け取る意味を込めた儀式である。キリスト教にかぎらず、一般に「食べる」という行為は「命を受け継ぐ」行為として受け取られる。言うまでもなく、現実にわたしたちは動物であり、その身体は他の生き物を食べることなしには維持できない。すなわち、食べることを通じて現実に命が受け継がれている。共食することが互いの関係を固めることになるのは、今の日本でも常識である。また強い力をもつ動物を食べれば、その血肉から特別の力を受け取ることができるという考えも、世界では特異な思想ではない。したがって、神の力をもつキリストの血肉をパンと葡萄酒のうちに特別に見立て、それらを聖体として拝受するというのは、古い伝統をもつ宗教儀式の性格をよく表している。

「悔悛」は、罪の「告解」とも言われる。他方、教会に入ることは「信仰の告解」である。「信仰をもつ」ことは、教会の教義にもとづく生活を送ることを「誓う」ことなので、その誓いが破られたとき（教えに反する不正があったとき）、司祭を通じて、神にゆるしを求めて自ら教会に「自分の罪を告発」しなければならない。

一方、すでに明らかにしたように、罪を告解することは神のゆるしを得ることである。それゆえ、現代ではこの秘跡を「ゆるし」の秘跡と呼ぶ。しかし、それは現代のことで、ここで考察する中世の段階では実質「悔いる」意味のほうを秘跡の名前として取っている。

「終油」は、現代では「病者の塗油」という。死期の迫った床で聖油を塗る儀式である。ソクラテスの時代に、汗を流し垢をこすり取ったあとに、オリーヴ油を体に塗る習慣があった。後の時代の香水の役割と、こすった体の表面を守る意味があったと考えられる。あるいは、キリスト教会の終油は、エジプト文明における死者のミイラ化と関係があるのかもしれない。つまり、死ぬ前に復活を信じて体を神にゆだねる儀式とも考えられる。

「品級」（オルド）は、教会組織内の秩序である。現代では「叙階」と呼ばれて、助祭、司祭、司教の三つである。中世では教会や修道院の「門衛」（鍵を預かる人）から始まって、七つ数えられた。守門、読師、祓魔師、侍祭、副助祭、助祭、司祭である。一番上は司祭で、司祭はすべての儀式を執り行う資格を教会から与えられた。

「婚姻」は、離婚や婚姻外の子を生じないための「結婚の誓い」である。ユダヤ教の純血主義を引き継いだ教義と思われる。

以上、七つのうち、三つが重視される。洗礼と堅信と品級（叙階）である。言い換えると、「入会」と「信仰の堅守」と「教会の秩序」の三つである。会員を増やすための入会は、キリスト教会の会員を他の組織から区別し、教会を繁栄させるための秘跡である。信仰の堅守は他の宗教から自身の信仰を守る秘跡である。教会内の秩序をつくる叙階は、教会組織を安定的に維持する秘跡である。これらの秘跡は生涯に一度だけのものであり、消えないものとされる。すなわち、とくにこの三つは、神がしるした「跡」を目に見えない形で身に残すと言われる。

目に見えないその跡を、「印号」ないし「霊印」（character）と言う。心に押された焼きごての跡のようなものである。焼き印は放牧される牛の帰属を明らかにする方法として古くからある。他方、キリスト教では、羊と羊飼いの関係で信者と司牧者との関係がたとえられる。焼き鏝の跡が消えないように、一度キリスト教徒になった者は見えない霊印が心に押され、決して非信徒になることはできないと見なされる。これはちょうどユダヤ教徒が生まれながらにユダヤ教徒であり、その徴に男子が割礼を受けることと類似のことである。

「悔悛」がこの三つの内に数えられないのは、教会の誓いを破って心のうちで罪を犯すことは生涯に一度に限られず、そのたびに司祭を通じて神に自分の罪を告発（告解）しなければならないからである。しかし、前章で説明したことから分かるように、真実には、イエスの教え（自己革新の教え）の根幹に関わるのは、ほかの何よりも「悔悛」（悔い改め）である。したがって、この秘跡がどのように神学で説明されるかが重要である。それを見ることは、悔悛にまつわる諸問題を通じてキリスト教会が内にかかえた諸問題の全体を見渡すことになる。キリスト教のさまざまな思想の絡みは、心のうちに在るものだけに、キリスト教会の外にいる人間には見えにくい。しかし、それをテーマにした神学の論述を論理的に解きほぐすことによって、その絡みを明らかにすることができる。

9／三つのペルソナ

キリスト教会の柱になっているのは、七つの秘跡と、三位一体論である。よく知られているように、キリスト教の神は「唯一」絶対でありながら「三つ」のペルソナである、という不可思議な神である。「ペルソナ」という語の由来は、古代ローマの学者ボエティウスによれば、古代ギリシア演劇に使用される「仮面」を意味するギリシア語「プロ・ソーパ」にある。「ペル・ソナ」は、ラテン語訳である。

「ペルソナ」は、父なる神と子なる神（キリスト）の区別のために、イエスの死後、かなりたってから、テリトリアヌスというラテン神学者によって取り入れられた名詞である。「ゼウス」と言えばギリシアの神々のうちの主神の名前であるが、ユダヤ教に伝わる旧約の神（四文字の神）はその正式の名が伝わっていなかったので、キリスト教会では神（父なる神）を呼ぶうえで、ギリシアの主神の名前を拝借した。ラテン語では「デウス」になる。

「メシア」とは、すでに触れたように「油を注がれた者」、すなわち「王」を意味した。そのギリシア語訳が「キリスト」である。イエスは「ユダヤ人の王」の名で磔にされた。のちイエスはキリスト教会によって「救世主」、あるいは「王の中の王」を意味して、「メシア」ないし「キリスト」と呼ばれた。そしてイエスは神格化して、人間の体を持ちながら地上に現れた「神の子」とみなされた。「受肉」と呼ばれる。神のペルソナの一つが人間の身体を受け取ったと解されたからである。

一方、ゼウス（旧約の神）のペルソナが「父」と呼ばれるのは、新約聖書の記述によれば「子」である「キリスト＝人間イエス」が天上の神を「父」と呼んだからである。一方が他方を別人格と認めて、はじめて相手を「呼ぶ」という行為がありうる。そのため二つは、同じく神でありながら別のペルソナと受け止められた。こうして、その後は、唯一の神を「ゼウスないしデウス」と呼び、「父」と「子」は、唯一の神の二つのペルソナの名となった。

三つ目のペルソナは、「聖霊」である。イエスが地上に人間の姿で生きていたときには、父なる神が出して地上に送る「霊的はたらき」の源を指した。霊のはたらきを受け取った者は、幸福なものとなり、キリスト教会が賛美する正しい人となる。聖霊のはたらきは「神の恩寵」、あるいは「神の愛」、あるいは「神の恵み」とも言われる。洗礼によって教会の会員になれば、その霊のはたらきを受け取ることができると言われる。

神の霊は、イエスが地上で活動していたときにはもっぱら父なる神が地上のイエスに送っていたとされている。そして、子なる神が十字架上で死んで、その魂が父なる神のところへ戻ってからは、子なる神も、地上の信者たちに送られる霊の発出に協働していると、カトリック教会では言われる。あるいは、そうではないと、ギリシア正教会では言われる。どちらにせよ、出てくる霊のはたらきは神の霊であることに変わりはない。ただ、発出の起源に関しての見解の相違があり、父と子の両方が、というのがカトリック教会の主張であり、父のみが、というのがギリシア正教会の主張である。

したがって聖霊は信者が感謝して神の外側から祈る相手ではありえても、「父」と「子」のペルソナと比べると、神の内で一個の別の「ペルソナ」と呼ぶには物足りない側面がある。「ペルソナ」は神の内で独特の主体性ないし実体性をもつものとして理解されているからである。つまり、わたしたちの経験によれば、わたしたちの間で二人の人間が顔を突き合わせたとき、目の前の相手から受け取る独特の個性の印象（「わたし」とは全く異なるもう一人の「わたし」という主体存在の印象）が、ペルソナの主体性ないし実体性と呼ばれる。それが聖書の記述のうちで「父」と

「子」のペルソナの間に、たしかにある。イエスも、父なる神に「なぜわたしを見捨てるのか」と、十字架による死の直前に訴えていたと伝えられている（マタイ福音書27－46）。このような訴えは、相手が別の主体であるという認識がイエスの側になければ成り立たない。

しかし聖霊については、このような場面が聖書には出てこない。せいぜいイエスが「言うべきことは、聖霊がそのときに教えてくださる」（ルカ福音書12－12）と言った中で、聖霊が主語、主体となるものとして言及されているだけである。しかしこれだけでは、一個の独立した「ペルソナ」として一般人がイメージすることはむずかしい。それゆえ、信者にとっての聖霊のペルソナ性は、むしろ事実上、聖母マリア信仰の場面で生じている。聖母自身は、たしかに一個の人間である。神ではないから神のペルソナのうちの一つではない。しかし、神の子を宿し、愛した母ではあると見なされるから、信者が聖霊のはたらきの具体的姿として聖母を思い描くことは否定できない。

また、教会への入信は、聖霊を受け取ることを意味する。霊のはたらきを受けて幸福になった信者は、その霊を送ってくれた相手に感謝して「祈る」ことになる。祈る相手には、つねにペルソナが認められる。つまり、「父」のペルソナは、キリストの祈った相手として認められ、「聖霊」のペルソナは、信者が救い、ないし助けを求めて祈る相手として認められる。基本的に、信者が信ずる相手は、そこに何らかの主体が認められ、信ずる側はその主体を尊崇する。「ペルソナ」という用語は、そのことを明らかにする。とはいえ、一般には「聖霊」に祈るという人は少ない。それは「聖霊」が一個の独立したペルソナとしてのイメージをもちにくいからである。しかし、聖霊は神と地上の信者をつなぐものである。したがって信仰において外し難い側面をもっている。

さらに聖霊のペルソナには、ゾロアスター（ザラスシュトラ）の教えの影響が否定できない。その教えにおいては、主神は「アフラ（主）・マズダー（全知）」であるが、この神との交信において聖霊「スプンタ・マンユ」が語られる。「御身（アフラ・マズダー）は、この（スプンタ）マンユの聖なる父にておわします」（伊藤義教訳『原典訳 アヴェスター』ガーサー12〔ヤスナ第四十七章3〕、ちくま学芸文庫、二〇一二年、六三ページ）。ユダヤの捕囚を解放したペルシア帝国では、当時、ゾロアスターが広まっていたか、勢いをもっていたと推定される。たしかにペルシア帝国はアレキサンダーの遠征によって滅び、ゾロアスターの聖典もほとんど焼き尽くされてしまったと言われる。しかし、教えは口伝えでイエスの時代にもヘレニズム世界に影響を与え続けたと見られている。

他方、相手にペルソナの主体性を認めず、相手をこちらの言うことを聞いてくれるたんなる対象として信ずるときには、すなわち神に信者側の「祈願」を伝えるばかりのとき、対象となった神には、神自身の主体性は理解されず、信者の祈りに対して「従属するもの」という理解が生じる。この理解からは、神仏頼みの古い信仰しか生まれない。つまり、祈りが実現しなければ役立たずとして捨てられ、新たな神仏が持ち込まれる。かつて国家間の戦争が国家神どうしの闘いでもあったときには、負けた国家の神は消えていった。キリスト教の神は、国家神ではない。このことは、国家間の戦争の勝敗にはかかわらずにキリスト教が存続していることから明らかである。

ただし、ペルソナの理解において、日本人には精神習慣上弱いところがある。日本的精神は、個人の対立を表立たせず、自分を殺して他者との一致を求める道徳習慣があり、そのことを良いことだと見なす。そのために、多くの日本人は父と子の二つのペルソナの対立を内に宿したポジティヴな価値として理解する経験が少ない。それに対してヨーロッパのように、早くから競争原理が社会の隅々に及んだ世界に生きた人々は、個性が他の個性をつぶしてしまう熾烈な競争が生じることを日々経験していた。人はそれに対抗して自己を守る必要がある。そういうところでは、対立の可能性をもちながら、他方で自己の個性を守ろうとする「独特の主体性」の理解は、今でも、まことに必要なものとして存続する。

ソクラテスが始めた「一対一の対話」（自分と相手が同等に、直接に向き合って行う話し合い）というヨーロッパの哲学も、このことが背景にある。プラトンも、「一対一で対話する」ことは、「わたしとあなた自身が吟味されることだ」と言っている（『プロタゴラス』331D）。つまり、哲学は、異なる精神主体の間で行われる「ことば」を用いた切磋琢磨であった。じっさいイエスも、たびたび父なる神に祈る。イエスが「父の前で」と言うとき（マタイ福音書10-32）、イエスは心のうちで別人格神の前に進み出ている。

10／「三位一体」の神

それゆえ、イエスを神格化するキリスト教会の立場では、父なる神と父なる神に対面するイエスとの間には、「父と子」の間の対立した関係がある。そのように見なければ、すなわち、この父と子が同じ神でありながら、それぞれ「別人格」（別のペルソナ）と理解しなければ、聖書のことばが通じない。ところが、すでにユダヤ教においては唯一神の信仰が出来上がっていた。したがって、この父と子を異なる神々として考えることもできなかった。

すなわち通常なら、イエスを「キリスト」神としてキリスト教が始まるところだった。それは「ヤハウェ」の神のみを主なる神とするユダヤ教とは完全に別の宗教である。ところが、イエスは「父」に祈り、「父」を信ずることを、ヤハウェを信仰するユダヤ教の教会堂、あるいは神殿において教えていた。イエスの弟子たちも、その事実を無視することはできなかった。それゆえに、イエスを神格化したキリスト教会は、ユダヤ教と同じ神のうちに「父」と「子」という複数のペルソナを主張することになった。

もしもイエスを神格化せずに、イエスはユダヤ教に革命を引き起こした一人の預言者と受け取るなら、そのときはまた、イエスの教えは新たな自己革新の宗教として、民族宗教ユダヤ教から完全に独立した別の宗教となっていただろう。そして、イエスの名を冠して「イエス教」なるものがまったく別に成立していただろう。ちょうどザラスシュトラ（ゾロアスター）が教えた宗教が「ゾロアスター教」と呼ばれるように。

あるいは、イエスが神を呼ぶとき使った「父」（ギリシア語＝パテル）ということばを使って「パテル教」なるものが成立していただろう。あるいは、イエスの信仰の原点となったと思われる「悔悛」（ギリシア語＝メタノイア）という名から「メタノイア教」という呼び名が成立していただろう。ちょうど預言者ムハンマドがもった信仰「神への絶対服従」（アラビア語＝イスラーム）から「イスラム教」という呼び名が生じたように。あるいは釈尊が、ブッダ（悟りを開いた人）になる道を教えた宗教が「仏教」となったように。

イエスの死後、イエスに従っていた人たちが「キリスト者」と呼ばれるようになったのが、「キリスト教」という名の由来である。しかし、イエスの弟子たちも、イエスの教えを理解しなかったことが福音書に伝えられている。「あなたがたも、そんなに物分かりが悪いのか」（マルコ福音書7－18）。福音書が四つ、次々に書き記された理由は、イエスの教えの内容が弟子たちに理解されなったことが主な原因であったように思える。すでに述べたように、「キリスト」は「メシア」のギリシア語訳であり、メシアは「国王」、すなわち「国の支配者・国民の指導者」を意味する。したがって、イエスをキリストと呼ぶことは、イエスを「王」と呼ぶことに等しい。そしてこの呼び名は、イエスを十字架に掛けた側の呼び名であって（マルコ福音書15－26）、イエスが自分の教えの内容を語る名ではなかった。

11／「悔悛」の問題

前章でわたしは、「ヨハネ福音書」八章の伝えに記された特異な事件を哲学的分析にかけて、ヨハネ（洗礼者）とイエスの教えがもともとどういうものであったかを明らかにした。そしてその教えが、ローマが任官した地方総督とユダヤ教会という旧体制への反逆の疑惑を産み、二人の殉教につながった。

イエスは、短期間しか教えを広める時間をもたなかった。そのために教えを十分に理解して受け取る弟子をもつには至らなかった。弟子たちはそれぞれに聞いた教えを胸にイエスの復活を願ったのだろう。しかし、事実かどうかは別として、イエスは復活して弟子たちの前に現れたが、すぐに「父のもとに」帰ってしまった。あとは「聖霊」が助けてくれるという約束だけを残して、イエスの代わりに教えを広める能力をもつ人間がいなくなってしまった。そこに現れたのがパウロだった。しかし、彼はイエスに直接に逢っていない。「また聞き」でしかイエスの教えを知ることはできなかった。つまり、彼の理解も十分なものではなかった。この不十分な理解は、旧のユダヤ教がもっていた教え（知恵）で補わなければ、人々の信仰にならなかった。それゆえ、二人が教えようとした知恵を、二人がいなくなったあと、救いを必要としている民衆一般が近づきやすいものとしたのは、イエスの弟子たちがもっていた旧の「民衆的（世俗的）宗教性」（宗教感覚）だった。それは一人では背負いきれない教え（イエスの言行）を組織で受け継ぎ、それを守るために、とりあえず国家という大きな暴力にも対抗できる集団的精神性をつくる力だった。その世俗的知恵が四つの福音書を含む「新約聖書の記述」を生み出し、「キリスト教」を成立させ、「キリスト教会」をつくり、その教義をつくったと考えられる。

民衆の宗教性は、イエスの神格化を生み出した。なぜなら民衆は、神には素朴に苦しい生活からの「救い」を求めるからである。それはイエスを「キリスト」と呼んだことに現れている。すでに述べたように、それは「油を注がれた者」を意味し、当時は「王」を意味した。ローマの支配、その支配に従属して傀儡になりはてた当時のユダヤ教会の圧政から「民衆を救ってくれる王」の出現を人々は夢見ていた。そしてそれは、決して心の平安で満足するものではなく、現実の生活における利益を求めるものであった。

一般に「神頼みの救い」は、よい生活を求めて、「何らかの利益を神に求める」精神を背景としている。それゆえ、イエスは一般民衆の間で「頼れる神」となり、民衆は神と成ったイエスを崇拝した。一方で、イエスの教え（ことば）を素朴に伝えようとする純粋さを、その陰にともなっていた。しかし、民衆が支配を受ける現実の社会のなかで民衆が生きて行くために「頼れる神」と「悔い改めを教える神」を伝えるためには、教会は国家と一致することが必要だった。そしてそのために、教えのうちに多くの雑音が混入することは避けられなかった。

後続の人々は、その雑音も含めて、全体を正統な教義として承け継いだ。教義を作り上げてく際にはギリシア哲学の論理力が援用された。すでに触れたように、主な雑音の音源は、組織もつ「秩序」の承認と、敵味方を見極めるための「敵＝悪の存在」の承認である。そして悪が有るなら、それを排除するための「罰」の必要が承認される。すなわち、「心からの謝罪による罪のゆるし」という教えの理解は隅に追いやられ、賞罰による社会の安定、発展がはかられた。

前章で説明したように、ヨハネ・イエスの教え（知恵）は、人間どうしの秩序（上下）をなくし、罪悪の根源（罪悪の種）となる心の動きを「心からの謝罪」（悔い改め）によって元から完全になくすものであった。そして、それによって「神のゆるし」を得て、個人が幸福な生活を送る教えだった。しかし、民衆が生きている現実は、二人の知恵を受け入れられない条件をもつ社会であった。日本でも「清流に魚棲まず」と言われるように、現実の文明社会は、罪を許容する必要がある。少なくとも、心の中の罪までは人間社会は問題にできない。

民衆は自分たちの「教会」を、そういう現実の社会の中につくるために、以前からユダヤ教がもっていた知恵とローマ帝国のもつ知恵並びにギリシア哲学の知恵を使うほかなかった。そしてさらに教会は専門的な施策を積み重ねてヨハネ・イエスの教えを内に抱え込み（秘匿して）、現実社会に馴染むかたちの「秩序」と「法」を生み出した。この困難な問題を民衆に代わって専門的に取り扱い、議論したのが、古代から中世までのキリスト教神学であったと言える。

12／スコトゥスの神学

わたしはここで中世の終わり（十四世紀初め）にきわだって専門的に神学を研究したドゥンス・スコトゥス（一三〇八年十一月ケルンにて没）の著作を取り上げる。それを読者に紹介して、社会性と宗教性の絡まりを説明しようと思う。とはいえ、彼は年老いて死んだのではなく、神学者としてはまだ未来をもっていた年齢（四十歳台前半）で自身の著作に改作、補充の跡を残したまま亡くなった。そのため、文意が取りにくい部分が作品のあちこちに散見する。またラテン語で書かれた内容を日本語に移すときに、どういう日本語に翻訳するのが一般の日本人に正確に伝わるのか、考え込まざるを得ない単語もある。

とくに、罪の「ゆるし」というとき、「ゆるす」と、積極的な意味で訳せるラテン語には、動詞の不定形 remittere「レミッテレ」と、その名詞 remissio「レミッシオ」がある。しかしこのラテン語は、同時に「それについては考えることを止める」、「目に留まっても見過ごす」というり消極的意味をもつのである。後者の意味は、悪人を全知全能の神が罰せずに「見過ごしている」ことを語るときに、スコトゥスの記述のうちに出てくる。

この消極的意味で「レミッシオ」を受け取るなら、言うまでもなくヨハネ・イエスの教えがもつ積極的意義はどこかへ行ってしまう。二人の教えは、本来、積極的な意味で神が人の罪を「ゆるす」ことが実現すると教えている。罪が神に「見過ごされる」だけなら、その罪が神に積極的に「ゆるされる」とは言えない。「見過ごす」ことは、「見て見ぬふりをする」だけのことだからである。

わたしは前章で、ヨハネ・イエスの教えが積極的意味で神のゆるしを原罪に関してまで実現させることを、哲学によって分析して示した。しかし「見過ごす」という意味が同じ単語に重ね合わされると、そのことが哲学によっても結論されなくなる。このように単語の意味の多様化は、ことばのごまかしを実現してしまう。それは同時に、「ことば」の吟味を本質としている哲学の効力を減退させてしまう。

言うまでもなく、理解の困難さを可能な限り軽減してスコトゥス神学の本旨を読者に伝えることが著者の務めである。単語の受け取り方の微妙な違いとなる翻訳のむずかしさは解消しきれないとしても、できるかぎりのことは果たすつもりである。

さて、「悔悛」の問題は彼の時代に、どのように論じられていたか。

当時の大学神学部で哲学的に教会の教義が論じられるとき、前提としてあったのが十二世紀の後半にパリの司教だったロンバルドゥスが著した『命題集の註解』だった。その著作は、神学上のそれぞれの問題に関連するアウグスティヌスの命題と、併せて聖書の命題を集めたものに、パリ司教ロンバルドゥスが教会指導者の見地から簡単な見解を付けたものであった。そしてその著作にもとづいて、大学で議論がなされた。

その後、アリストテレスの命題が加わり、議論はさまざまな方向に進んだ。そして大学で人気の出た学者が自分が教室で起こした議論を適当に編集し、自分の意見を付け、それが書物として公刊された。簡単に言えば、そういうものが当時の神学書である。

13／スコトゥス神学における「悔悛」

スコトゥスの神学書はその一つである。彼は悔悛の問題を取り上げた箇所で、つぎのように言っている。

ロンバルドゥス教授は洗礼と堅信と聖体の秘跡について述べたあと、ここで第四の秘跡、すなわち、悔悛について述べている。それは共同（教会員全体）の秘跡である。しかし堕罪後の秘跡である。なぜなら、ヒエロニムスによれば、「難破のあとの第二の板」が悔悛だからである。この章で、わたしは第一に、洗礼の後に為された死に価する罪を払拭するために、悔悛は必然的に要求されるかと、問題にする。（スコトゥス『オルディナチオ』[1]第4巻第14区分第1問題第2段落）

ヒエロニムスは一般に、聖書のラテン語への訳者として知られる。訳の成立は四〇〇年の頃と見られている。ここに引用された彼のことばの意味は、つぎのようなことである。

この世の大海を乗り切るための船（教会）が「第一の板」であり、その船が難破したとき、海に投げ出された人が溺れてしまいそうになるところを助かるためには、何かにつかまらなければならない。そのときに教会という船から差し出されるのが「第二の板」である。第一の板である船に乗り込むことは、教会に入ることを意味する。つまり「洗礼」である。したがって、その後に罪を犯すときを、ヒエロニムスは「難破」と言っている。罪を犯した人は、難破して船から投げ出されているから、その板につかまらなければ元の船に戻れない。

「悔悛」は、ヒエロニムスの権威によれば、そういう位置づけになっている。

14／悔悛の教義に関する問題点

前節のヒエロニムスのことばから分かるように、「悔悛」の位置づけは、キリスト教の教え全

(1) この著作の題名は「神による世界の秩序づけ」を意味すると同時に、それは「神が創造したもうこと」でもある。

体の本質的な位置から補助的な位置へと換わっている。わたしの見方では、ヨハネ・イエスの教えにおいて「悔悛」が人間の原罪を払拭し、罪悪から人間を解放する救いの本道であった。それが教会の教義において二次的なものに換えられたのである。

本来、ヨハネ・イエスが教えた「悔悛」は、本当の自分自身と神との関係に戻り、真実の己を見出し、その己を「不幸」(悪＝不正)な世界から解放して幸福な真実の自己へと根源的に変換する唯一の道であった。この「神の道」は、仏教用語で言えば「悟りの道」である。イエスの神の道も仏の道も、事実上、生きて行くうえで出合うさまざまな苦悩、たとえば犯罪行為による被害、病気になること、死ぬことを「拒絶する道」ではなく、「受け入れ、ゆるす道」である。

なぜならすでに述べたように、罪を悔いることとは、欲望を捨て去ることである。ブッダの教えも、おのれの欲を捨て去ることを本旨としている。その教えは、自分は生き残ろうと、生き残って何かを得ようとあらがうことを「一切止める」道である。あらゆる意味で自己を捨ててしまう道である。イエスも「自己を捨てて、自分の十字架を背負い、わたしについて来なさい」と言っている(マタイ福音書16-24)。それは人間の道ではない。仏教では、「仏の道」である。ヨハネ・イエスの教えの道も同じ本旨をもつ。そして後者の立場から言えば、それは「神にゆるされ、楽園に暮らす人間となるために、神が用意した道」である。

ヨハネ・イエスが教えたこの道は、前章で検討した「姦通をした女」のことで明らかになった。彼らが教えた「神の道」は人間社会に現れる犯罪者をつかまえても、結果として、みなが納得して犯罪者を罰せずに「ゆるす」、言い換えれば「解放する」ことが起きる道であった。それはまことに驚くべき道である。イエスが生きた当時も、現代人のわたしたちが目にする世界、すなわち、その頃よりずっと進歩していると考えられている現代においても、地上の国家が運営する暮らしにあっては決して「あってはならない」はずの道である。

なぜなら、文明社会、たとえば古代都市アテネやローマにおいて、その中心に市場があったことから分かるように、文明社会は実体としては市場経済によって支えられている。ところが市場経済は、「売買」の経済であり、そこではときに人間までも売買される。そして「売買」は、売るものと買うものがもっている欲望なしには成立しない。ところでイエスの教えは、その「欲＝罪」を「悔いる」ことで、「神にゆるされる」という道であった。つまり人間が神に救われるために、市場経済の土台となる消費者の欲を、罪を悔いることで根本からなくす道であった。

一方、文明社会は市場に集う消費者の心の欲に期待しながら、他方で、それが適当に抑制されずに犯罪が実際に生み出されてしまうとき、「法にもとづいて罰しなければならない」。たとえば市場のものを強奪する、あるいは盗むことをとがめ、「ゆるさない」のでなければならない。それによって実際に社会の秩序が維持される。それゆえ文明社会としては、「神のゆるし」は、実際には心のうちのことがらにとどめておかなければならない。

問題は、犯罪者が実際に事を犯したのちに悔いて、神にゆるされたとするときである。文明社会としては、見せしめとしての罰がなければ、法を定めても法の実際的効用が失われる。しかし、神がゆるしたのである。それでも犯した罪に関して、犯罪者は国家が定めた法によって罰せられなければならないのか。

神の行うことは、「完全なもの」でなければならない。そう信じられる。しかし「完全な罪のゆるし」があったなら、「罰しなければならない」ことは、そこには残っていないに違いない。このとき、文明社会を安全に維持するために「ゆるすべきではない」、「罰を受けるべき」法の立場はどのように理解されるのか。

言うまでもなく、現実の行為として犯された罪（各種の犯罪）は、それがだれかに見られ、とがめられれば、じっさいには定められた法によって裁かれる。神にゆるしてもらうことが宗教上ほんとうに必要なのは、すでに説明してきたことから分かるように、「心の罪」のほうである。「心の罪」とは、「心のうちだけの犯罪」である。つまり、それ自体は実行されないのだから国家が定めた法律によって裁かれることはない。したがって以上の範囲では、両者はすみわけがなされている。

しかしながら心の中で犯された罪（欲望）が抑制されずに実行された場合でも、犯罪が気づかれていない、あるいは犯罪者が見つからないという場合がある。このときには国家の裁きはない。そしてこのような中にあって犯罪者が犯罪を悔いて、教会の司祭の前で「悔悛」があった場合、どうなるか。

言うまでもなく、じっさい問題としては、神のゆるしは犯罪者が実行する前にもった「心の罪」をゆるすものであって、現実に起きた「被害の補償や弁済」ではない。司祭としては神のゆるしを祈ったあとは、犯罪者に対して当局に「申し出る」ように促すことができるだけである。あとは、犯罪者自身にまかせるほかない。ただ、さまざまな問題が姦通問題では起きる。つまり不貞の子の誕生は跡取りの問題を引き起こし、それは一族の存続、安寧の問題になる。こうした場合、司祭も当局に「申し出ない」ことを不貞の罪を告解したものに促すことを考えなければならない。言うまでもなく社会の安全のためである。

15／心の罰としての「悔悛」

キリスト教徒は国家の弾圧を耐えて、現実世界を押し流す抗いがたい時を経て、ようやくローマ帝国に認められる教会を得た。イエスが生まれて四〇〇年後、聖書をラテン語に訳した権威をもってヒエロニムスは、洗礼、堅信、聖体拝受の儀礼を受ければ救いは成就する、と説明した。そのあと、罪があるとすれば、それは本人の信仰の不十分さから生じたものであり、その罪に対しては、憐れみ深い教会は「第二の板」（第二の救い）を信者のそれぞれに差し出す、と言う。それが「悔悛」だと見なされた。

つまり教会の司祭のもとに洗礼の儀式を済ませれば、原罪は払拭されたと「信じなさい」と言われ、従順にその通りに信じれば、「原罪は払拭されたのだ」と言う。言い換えれば、原罪の払拭その他は、「儀式を行う教会」に対する本人の「信仰だけが頼り」である。とはいえ、原罪（罪の原因となるもの）がないのなら、いかなる罪もそれ以後は生じないはずである。したがって、信者が信仰を約束しておきながら罪を犯したとするなら、それは信仰が足りないからであって、それを反省してもらわなければならない。「恥ずかしく、辛い」かも知れないが、罪の告解はその反省を意味する。司祭に対して口に出して、「悔やんで」もらわなければならない。

それが、罪をゆるしてもらう「悔悛」であり、それは辛いことを耐える「罰」と考えられた。隠しておきたいことがらを口に出すのは、たしかに本人にとっても嫌なこと、辛いことである。教会にとっても、それは国家社会、世間体との関係でいささか「面倒なサービス」である。これが入会の儀式（洗礼式）なら、収入の十分の一といわれる高率の教会税の取得に結びつくことである。しかし悔悛は、そういうものではない。司祭が悔悛として聞くのは、目に見えない神との取次であり、あくまでも仲介役である。聞いた内容は秘密にしなければならない。それにしても、たとえば殺人の秘密、不貞の子を宿した秘密、これらのことが何かのきっかけで人々に知られるところとなったとき、信者たちの間がどういうことになるかわからない。実際にはそれを勘案して司祭は信者の罪の告解を処理しなければならない。そういう面倒が、教会側からすれば「悔悛」とされたのである。

さまざまな人間社会の要因によって、教義の重要さにおいて「悔悛」は、第一のものから第二のものへと格下げされた。

悔悛についてのこのような理解を前提にしてパリ大学の神学者スコトゥスが十四世紀初頭に書いた神学書のうちに、どのような問題を挙げているか、見ていきたい。

16／神学上の二つの問題

二つの問題（教会とは異なる意見）が出される。（スコトゥス『オルディナチオ』第４巻第14区分第１問題第４・第５段落の意訳）

（一）外的でも内的でも、罪の行為があるときは、現に罪があるので、神のゆるしを得なければならない。そのためには「罪を悔いること」（悔悛）が必要である。しかし、罪の行為が終わったあとは、罪の行為は、もはや現には存在しない。それなら、もはや悔悛の必要はない。なぜなら、その行為がすでにないのなら、罪（不正義）はもはや存在しないのだから。

（二）過失（罪）を犯した人自身は、過失を悔やまなくても自分の過失をゆるすことができる。ところで、神は最高度の憐れみの心である。それゆえ、ましてや神は、当人が罪を悔やまなくても当人の過失をゆるすことができる。

第一の問題は、犯罪は、その犯罪が行われて現に在るときにのみ「在る」と言うことができる。現にそれが無いときには、犯罪は実体として「無い」。したがって犯罪がすでに過去のものであって実体的に存在しないのならば、その罪について悔いるのは意味がない、という主張である。

第二の問題は、加害者は、罪を悔いることをしなくても、自分が犯した罪をゆるすことができる。わざわざ反省して自分の不正を認める必要はない。ましてや神は「憐れみ深い」のであるから、何も言わなくても罪をゆるす。したがって加害者は罪を悔いる必要はない、という主張である。

いずれもわたしたちには、いささか驚くべき主張に思える。どちらも被害者の心情は頭の片隅にもない主張である。時代の異なる哲学を学ぶことがいかにわたしたちの考察の幅を広げてくれるかということは、こうしたテキストに出合うと、たしかに実感できる。良心的な読者は、こんな問いは「悪魔の問い」と思うかもしれない。しかし、じつにこのような問いこそ、わたしたちの理性を鍛えてくれる理性的な問いなのである。ただしわたしたちも、問題になっているのは「心の中の罪」だということは重々承知しておかなければならない。

スコトゥスは、二つの主張を承けて、三つのことを検討しなければならないと言う。

> ここで三つのことが検討されるべきである。第一に、罪人と呼ばれる理由となる行為が終わったあとに、何が罪人のうちに残るのか。なぜなら、もしもそのようなものが何も残らないのなら、何が払拭されるべきかという探究は不要だろう。「何もしていない者」と、内的外的いずれにおいても罪となる行為をすでに終えている「しでかした者」は、むしろまったく区別できないだろう。第二に、罪の行為が払拭されること、そしてそのために何らかの罰が要求されることが検討されるべきである。第三に、悔悛するという罰のみがあって、ほかにいかなる罰もないことが検討されなければならない。（同上テキスト　第16段落）

つまり第一に、過去に罪を犯していない者と、過去に罪を犯した者が区別できなければならない。両者とも今は、現に、罪となることを何もしていない者である。この二人は、はたして罪に関して区別できるかという問題である。

第二と第三の検討課題は、どちらも悔悛によって罪が解消されるか、ということである。前出の二つの挑戦的主張を承けて、スコトゥスは、テキストにあるように検討すべきは三つのことであると決める。ただし検討されることは、「心の中で犯された罪」である。「実行された罪」ではない。言うまでもなく、心の中で犯された罪は、その後に実行される可能性がある。しかし、すでに述べたように、実行された罪に対する罰は社会を維持している治安（警察）の問題であって、神の問題ではない。

17／キリスト教会が見る罪と神の愛

スコトゥスは、キリスト教神学者の立場に立って「罪」とは何かを説明する。キリスト教神学者の立場からは、心の内と外の、すべての領域を視野に入れて、なおかつ神の視点をもって罪を説明することである。したがってスコトゥスが説明するのは、いわゆる国の法律が定める「犯罪」のことではない。国の法律が定める犯罪は、社会や国家体制にトラブルを起こすから「悪い」もの、すなわち、それにとって都合が悪いものにすぎない。それに対して、キリスト教神学上の罪とは、聖書に記された通り、神が「悪い」とみなしたものである。すでに説明したとおり、宗教が基盤にしている世界は、個人が他の個人と直接に対面する「隣人の間の」世界である。

したがってその世界で各人に「悪い」、「不正」とみなされることがらが、ヨハネ・イエスが教える「罪」である。その行為が広く第三者（社会）にまで影響が及んで悪い結果が大きなものになるかどうかは、信仰上の罪の重さとは関係がない。たとえば現代では発達した機械（道具）の威力によって人を中傷する「つぶやき」が世界に広がる。それが引き起こす特定の人の心を傷つける悪は、社会に対しては、その社会的影響力に応じて犯罪の重さとして計量されるだろう。しかし神の視点からはそこでなされた罪は、社会的影響力がどうあろうと、加害者の心の関わりにおいてのみ罪の重さが受け取られる。つまり加害者の意志が罪を担う、と理解される。スコトゥスはそれを明らかにするために論ずる。まず不正の基準となるものは、不正とは対極にある正義である。それによってそれと反対の位置にある不正・罪の意味を明らかにする。

第一の検討すべきことがらについて、つぎのことが知られるべきである。二様の正義がある。一つは神から得るもの、すなわち、カリタス（神の慈愛）とグラティア（恩寵）である。もう一つは、実際的なもの、すなわち、引き起こされた行為に生まれながらに内在する「直さ」（ラテン語レクティトゥードー）である。そして第一のものが正義であることは明らかである。第二のものは、説明される。なぜなら、行為は自身のもつ尺度に合わせて生まれながらに引き起こされるからである。そして、その合うことが「直さ」である。――それと同じように、その反対の位置に在るものが等しく多様に言われるなら、また不正義も二様に言われるだろう。すなわち、神から得るものの不正義とは、すなわち、内在すべきもののうちにグラティアが欠如していることである。また、実際的不正義とは、内在すべき行為のうちにその直さが欠如していることである。（同上テキスト　第17段落）

「カリタス」（英語のチャリティー）とは、「慈愛」とか「神の愛」と訳される。わたしたちが特定の人から何らかの恩（おかげで自分が生きられると思うこと）を受け取るときに感ずる思い、「ありがたい」と思う、その思いが、また「大切に思ってくれている」、「愛されている」と感ずることと同じだから、「慈愛」ということばで訳される。

他方、「グラティア」とは、「恩寵」とか「神の恵み」と訳される。それは、上記の「カリタス」を受け取っているとき、わたしたちが心から「ありがとう」と、相手に言いたい気持ちになったときの思いが意味しているものである。

この二つは、人が何かに恩を感じて自然と感謝する思いをもつとき、同じ一つのことがらとしてヨーロッパの言語では理解される。わたしたちがよく耳にするヨーロッパの言語で言えば、イタリア語の「グラッチェ」、スペイン語の「グラシャス」である。どれも、日本語に訳されるときは、「ありがとう」、「ありがたい」と訳される。しかし、このことばの裏には「自分を大切に思ってくれてうれしい」と言う意味がある。

じっさい日本語では、「愛がある」と「恩がある」と「感謝する」は、それぞれ別のことがらとして一般に理解されているが、事実上、同じものである。じっさいギリシア語では、これらは本来、一つのことがらである。事実「カリタス」は、ギリシア語の「カリス」をラテン語に音写して生まれたことばであり、なおかつギリシア語「カリス」には、「恩」の意味もあり、「感謝」の意味もある。つまり「神の愛」を意味することばは、「神からの恩寵・恵み」ということばと同じものを指している。

さらにわたしたち日本人は、「おかげさま」、「ありがとう」と言うとき、そのとき自分がもっている気持ちを、まったく自分の心から出て来たものと理解している。しかし、ヨーロッパのキリスト教の説明では、これらは自分の心が「神から受け取っているもの」だと理解されている。そして神から心に直接に受け取っているもの自体は、それが自分のものか神のものか、人間は区別できない（認識できない）。とはいえ、それが「神から」のものであるなら、それがありたき「正義」（iustitia）であることは、スコトゥスが述べているように疑いようもなく明らかである。

ところで、上記引用のなかでスコトゥスが第二の正義として説明している「実際的なもの」（actualis）とは、心の外の行為ではない。第一の正義がわたしたちが神から「受け取っているもの」であるのに対して、こちらはわたしたちが第一の正義を受け取るときに、自分の心の内に持つ「自発的行為」のほうを言っている。そしてこの自発的行為とは、心の内に自然に生じるはたらきである。それは心が自分自身によって引き起こした行為である。スコトゥスは、それを「引き起こされた行為」（actus elicitus）と呼んでいる。なおかつ、この内的行為は、意識されての行為かどうかの区別ではない。無意識であれ意識してであれ、自分の心から自然に引き起こされる（湧いてくる）はたらき、すなわち「思惟」を意味している。そしてこの思惟に、正しい正しくないの区別がある。そしてその区別があるとすれば、その区別は心自身のうちに、それを決定する尺度、物差しがあって、それと「合っていれば」、すなわち「一致していれば」、「真」であり、「正しい」というものでなければならない。

無意識のときにも、尺度に合う、尺度に合わないが、わたしたちの間で起こるのであるから、心の内に起こる自発的な思惟が神から受け取っているものと「合う」のは、心のはたらきが「生まれつき」、自身からその尺度に対して「素直に合う」、「素直に沿う」からだと言える。したがって、この場合の「正義」（iustitia）とは、その心がもつ「直さ」（rectitudo）――「まっすぐであること」――を言う。スコトゥスが二世紀前に生きたカンタベリーのアンセルムス（一〇三三～一一〇九）の『真理論』から学んだ理解である。

つまり心が「まっすぐ」である状態を、その心に直さがあり、正義があると言う。神が人間に送って寄越す正義の第一の根拠「カリタス」（愛）ないし「グラティア」（恩寵・恵み）に対して、それを受け取る側の心に必要な要素としてこの「心の直さ」がある。

つまり、これが被造物側の正義である。神は、第一義的に正義である。そして被造物の心は、もともとまっすぐな状態で造られている。心が出来た（生まれた）状態は、「まっすぐ」である。それは人間の心が本来持つ正義である。

心の内の「正義の尺度」（心の直さ）のほうは、心自身が自分で作ったものだ、とは言えない。それはむしろ、心が作られたときに、神から与えられたものである。じっさい、心が思惟をもつとき、そのときすでに尺度がなければ、その思惟の正・不正をその尺度によって測ることはできない。

「人間社会」が教える正義（国の法律）は、それとは別の正義である。じっさい、それは学校で、たとえば『六法全書』を使って教えられる。しかしその正義は、その社会ができたときに、あるいは時代環境に応じて、その社会の存続にとって必要な事柄として構成員に要求することになったもろもろの条件にすぎない。

そして思惟における正義の反対が、不正義、悪、罪であると、スコトゥスは言う。すなわち、「カリタス」、「グラティア」が神から心に贈られて「無いこと」、すなわち、恩を感ずるとか、何かに「ありがとう」と言いたい気持ちになるとか、そういうことが生じてこないこと、その「欠如」が、神学が規定する第一の「不正義」であり、「罪」である。

そして、「カリタス」、「グラティア」を神から受け取る側の心に、正義の尺度となる「直さ」が思惟に「無いこと」が、言い換えると心が曲がっていることが、心が不正義な状態にあるという。つまり心が罪深いと呼ばれる状態、あるいは醜い状態にあることが第二に言われる不正義である。つまり神から「カリタス」、「グラティア」が贈られているにもかかわらず、それを素直に受け取って自身のはたらきに結びつけていない状態の心がもつ不正義である。

18／心における罪と、その重さ

ところで、これら二様の正義、および不正義に関して、それがあるかないかの区別だけでなく、それらがどれほどかという「程度の違い」というものが考えられなければならない。つまり「神から受け取られるもの」、および「心の直さ」の大小（強弱・純不純）が考えられるように、反対にそれを「欠く」ことについても、大小・純不純があると考えられる。たとえば聖者フランチェスコの禁欲的でなおかつ愛にあふれた行動からは、神が多くの愛（霊）を彼に贈っていたこと、および彼の心が、そのすべてにおいて直さをもって受け取めていたことを推測させる。そこにはとても大きな程度の正義が認められる。他方、非道で残虐な行動のごとき反対の行動には、その心に、それだけ大きな程度の「正義の欠如」、「不正義」（iniustitia）、「心の非直さ」（i rectitudo）が認められる。

この正義と不正義の心がもつ内的程度の違いを、スコトゥスは、「内的強度」（intensio）の違い、あるいは「度合い」（gradus）の違いと呼び、あるいは「内的に強く」（intensive）と言い、外的行為におけるその現れの酷さの程度、あるいは良さの程度を「外的に強く」（extensive）ひどい、あるいは、良いと言う。

わたしたちは戦争状態のなかで、非常に残虐な行為を見る。そこに追い込まれる人の姿、それを楽しむ人の姿を見る。あるいは、醜い競争に追い込まれた人が行う残酷な憂さ晴らしを見る。そこにある非情さは、穏やかな日々のなかで出くわす醜さとは、「程度」に「違い」があるのを覚える。スコトゥスはそれを見逃していない。そしてその程度の違いは、神の慈愛の強さ、高潔さ、美しさ、それらが人々のさまざまな行為のうちに見られる程度の違いと反比例していることを、彼は冷静に見ている。

つぎに彼は、ことがなされた後に、何が残るかを論じる。

さらに、内的、並びに、外的な行為をやり終えたのちに、神から受け取るものを欠いた不正義が残る。しかし、人が〝罪人〟だと言われるのは、それのみによるのではない。そうでなければ二千もの死に価する罪を犯した人間と、たった一つ死に価する罪を犯した人間が、内的、かつ外的に、等しい程度の罪人であることになってしまうだろう。なぜなら彼らの内で、内的強度に関する完全なグラティアと、外的強度に関するたった一つのそのグラティアとが、軽い罪を一つ犯した人の内と、二千のきわめて重い罪を犯した人の内で、同程度に欠いているのだとしたら。それと同じ理由で、行為をやり終えたのちに〝罪人〟と言われることが、一方が他方より少ないことが、ないことになってしまうだろう。前提が証明される。死に価する罪はどれにもグラティアがない。それゆえ、グラティアはその内にまったく残っていない。したがって、後に続く何によっても、神から受け取るグラティアの欠如について言えば、そのグラティアが内的強度についても外的強度についても、より増して生じることはない。なぜなら、神から受け取るもの以外には、神が奪うものはないからである。ちょうど唯一内在するもの以外に生まれながらのものはないように。

そしてこの論は、アンセルムスが『処女懐胎について』で書いている論と類似している。すなわち原罪は、一方の内に、他方の内によりも、より多く、生まれながらに内在しているなどということはない。なぜなら、正義がない人においては、その人から正義を奪うことはできないからである。(同上テキスト 第18・第19段落)

内的行為とは「思惟」のことであり、外的行為とは「身体的行動」のことである それぞれ各人の内的行為には、心が神から受け取っているグラティアが何らか一定程度にあり、外的行動には、一つ一つの行動のうちに受け取って現れている何らかの程度のグラティアがある。心のうちに在るグラティアは思惟にまつわるものであるから、一つ一つの思惟を数えて、そのたびごとのグラティアをそれぞれ違うものと考えることはできない。一人一人の心のうちで、それはいつも同じ一つのグラティアであり、その意味でいつも「全体的」で「完全」なものである。他方、行動は外的に在るものであり、物体的(身体的)な行動であるから、一つ一つの行動を分けて考えることができる。

そしてグラティアが在る思惟と行動には神の正義がある。他方、不正義(罪)の思惟と行動にはグラティアがない。むしろ全く「無い」ので、その思惟と行動は「罪あるもの」になる。それは、たった一回の罪を犯した人の心も、二千回も罪を犯した人の心も、同じである。すなわち、グラティアが奪われていることについては、どちらの人の心も同じである。どちらにも、グラティアは「無い」。神が与えることを止めているのであるから、在るはずがない。しかし、外的行動しか目に留まらないわたしたちには、罪を一度だけ犯した人よりも、二千回犯した人のほうが、それだけ罪が重いと思える。つまりその思惟においても、行動においても、一方の一度だけの犯罪よりも、他方の二千回にも及ぶ犯罪は、罪が重いと思える。

しかしながら、外的行動に現れた罪については、国家（警察）権力によってとらえられ、法律に基づいて罰が与えられる。したがって、それについては、つまり外的罪の軽重については、法律による処罰の軽重に任せられる。教会が関わるのは心に起きた罪のほうである。その罪の軽重は目に見えない。したがって重いかどうかは問題にできない。しかも、悔悛は、本人が自分の罪に気づかなければ行われないのであるから、教会側としては罪に関して「告解」を受けるだけである。そして、それに対して神のゆるしがあるかどうかは、神に任せるほかにない。教会側（神父・司祭）ができることは神のゆるしがあることを司祭が「祈る」だけである。

そして教会は、自らの中に秩序（品級）をもち、神にふつうの人よりも「より近く」仕える人として、「司祭」を定める。教会が与えたその資格は、神も認めている（キリストが教会となるペトロに対して「あなたが地上でつなぐものは、天においてもつながれる」（マタイ福音書16－19））と教えている。したがって司祭の祈りは、かならずや神の心を動かすと教えている。そして罪を告解した人は、司祭の補助を得て神のゆるしが得られれば、そのときには神からグラティアが贈られると教えられる。

しかし、このようにカリタスとグラティアが与えられるかどうかは、神の意志である。神に主権があって、人間の側は「頼む」、あるいは「祈る」、言い換えれば「願う」ことしかできない。

つまり人間は神に、まずは従属している。しかし、それに対して、人間が自分の意志で生ずる事態ではない。完全な自発性でもつ「思惟」（内的行為）と「行動」（外的行為）は、神の意志で生ずる事態ではない。つまり、神に祈り、神がグラティアを贈ってくれるのなら、それを受け取ることができるかどうかは、人間の思惟の側にある「直さ」の「ある、なし」の違いである。

すなわち、神の行為（カリタス、グラティアを人に与えるかどうか）は、人間の側の自発的行為があるかないかとは別のことがらであり、人間の側にあるのは、その受け取りに関すること、受容性の違いである。たしかに、神からのもの（正義）が「無い」ときには、その人の自発的思惟や行動に神の正義はありえ「無い」。その人の心には欲望が続出する。心の堤を越え不正義がその人の自発的行為において「発現する」（実際に起こる）のは、神から正義を受け取らず、不正義性をもつ心（欲望）のままに、その人の自発性（意志）が発揮されることによっている。つまり欲望をもつ心の抑制が効かないことが、外的行動における犯罪の直接の原因であって、神の意志によるのではない。

したがって、言うまでもなく、正義と見られるものが人間の行為のうちに「発現する」のは、直接には人間の意志による。ただ、発現した行為における「正義」、「不正義」の実体は神からもたらされるグラティアであり、それは神の意志によるのである。つまりその人の意志の「正しさ」、言い換えると「直さ」を認めた神によって、その人の心に神の愛（グラティア）が注がれる。したがって、「正義」は、人間の内的行為と外的行為が実際に「在る」ときに、神の意志によって「在る」。しかし、「不正義（罪）」は、同じくその行為が在るときでも無いときでも、神はそこに「直さ」を認めないために、グラティアは心に注がれ「無い」。そしてそのときには「正義は無い」。すなわち、心には「不正義」が在る。よって、増大する「欲望」が在る。それはキリスト教会が、神から見た「罪」として数えるものである。ただし、その心の不正義を種として国家が犯罪と認めるまでの外的行為へと展開するかどうかは、その心の抑止力に応じてである。
いささか繊細な説明になるが、「精妙博士」とあだ名がつけられたスコトゥスによれば、このように言わなければならない。

19／行為の後に、悔悛があるまで罪が残ること

それゆえ、スコトゥスはつぎのように言っている。

　ところで、実際的（思惟）行為（actualis）の不正義は、（思惟）活動（actus）が止まっていたら、それが残ることはありえない。なぜなら、それに隣接する基体（subiectum）は、思惟活動だからである。ちょうどまた、直さ（rectitudo）自身が対立するもの、それに隣接する基体は、（思惟）活動であるように。――証明しよう。なぜなら、魂（anima）は、その直

さに隣接する基体ではなく、魂のなかの（思惟）活動が、その直さの隣接する基体でありうるからである。しかしながら、（思惟）活動が残っていなければ、その直さも、そのひん曲がり（obliquitas）も、残っていない。（同上テキスト　第20段落）

「魂」というのは、各自の心である。各人の心の中に生ずる（発言する）思惟は、心が内にもつ個々の活動である。そして、「直さ」と、その反対の「ひん曲がり」が直接の基体としているのは、「魂」ではなく「思惟の活動」であると、スコトゥスは言う。なぜなら、ラテン語がもつ「ことばの姿」からすれば、「実際的」actualis と言われることがふさわしいのは、「魂」anima ではなく「活動」actus だからである。

ただし、ここで注意しなければならないことがある。日本語で考える場合には、日本語が名詞・形容詞を基盤とする言語であるから、「心」も、それがもつ「活動」も、実体的イメージで受け止められる。したがって心の思惟活動が曲がっていれば、その活動の基盤となる心の曲がっていることが原因で、それが曲がっていると判断される。それに対してラテン語に代表されるヨーロッパの諸言語は、名詞も動詞的に理解されるから、名詞「心」や「理性」も、「心の活動」、「理性の行為」と同じことと理解され、つねに「動いている」、「作用している」状態のみで受け止められる。そのため、「理性の存在」は「理性がはたらいている」間だけの「運動」として考察される。罪が残るかどうかという問題の局面で、この点の理解が異なってくる。

つまり、日本語で考えると、思惟でも行動でも、現に、心や身体の活動がない状態であってもある状態であっても、心の直さとひん曲がり、言い換えると、心が正しいか正しくないか、無垢であるか罪深くあるかの違いは、心にその違いが変化しない性質として、つまり実体の状態としてあり続けていると考えられる。したがって心の活動がなくても、心には相変わらずその違いが残っていると理解される。つまり罪深い考えをもったことは、心自体が罪深い状態の結果であるから、罪深い考えがそのときにたまたまなくても、心の罪深さ自体は変わらないで残る、判断される。ラテン語では、それが異なるのである。

日本語ではなく、ラテン語の姿にしたがって論じるのが中世のスコラ哲学である。したがってスコトゥスによれば、罪を懐いた思惟の活動が活動があるときだけの「罪」、「不正義」であれば、まさに活動がなくなった後になってその人に罰を与えても、あるいは、その人が悔悛しても、それは心の罪の払拭にはならない。

なぜなら、活動がなくなっていれば、活動を基体としてある罪や不正義は、基体（活動）がないことによって、罪や不正義が存在するために依拠しているものを失い、それによってすでに罪や不正義は、「無い」に違いないからである。したがって、罪を犯した事実が過去のものとなっているときに、悔悛によって罪をなくすことは、「無い」ものを「無くす」作業になる。

したがって、逆に悔悛に意味があるとすれば、悔悛によって払拭されるべき罪は、個々の場面で生じた「活動における罪」ではなく、何らかの仕方で「心（魂）に残る罪」でなければならない。しかも悔悛すべき罪は、個々人のものである。したがって当人の引き起こした罪（自発的罪）でなければならない。なぜなら、神の意志によって生まれた罪であったら、それは神に責任があって、当人に責任はないからである。神は気まぐれに人に罪をなすりつけるようなことはしない。神は正義であり、善でなければならない。

そうだとすれば、個々の自発的意志によって生ずる個々の活動に発現する罪は、その罪ある活動が何度も繰り返されることによって、心に刻まれていく記憶のように、罪が心に「習慣として(habitualis)残る」と考えるべきなのだろうか。そのように考える神学者もいたことは、スコトゥスの著作のうちに、「他の人の見解」として紹介されている。

しかし、すでに触れたように、あくまでも個々の活動が罪の基体であるという議論の末、スコトゥスは習慣として罪が残るという結論を捨てて、不正に活動した個人の罪は、「神との関係のうち」に、その人の罪として残るという立場をとる。そしてその関係とは、「理性の関係」(relatio rationis)だという。つまり神の理性と人間の理性、言い換えると「神のことば」と「人間のことば」の関係である。そして信仰をもつとは「ことば」(理性)における約束であり、誓いである。すなわち信者の理性は「信仰をもつ理性」である。その理性はキリスト教会の教義（ことば）を懐くことで新たにされた理性であり、自発的に、神の理性（ことば）に服従している状態が続いているのでなければならない。それにもかかわらず「罪が生じた」とは、神を信じながら神に背馳する「矛盾」があり続けていることを意味する。この「矛盾」の存在が続くことが、信者の心に「罪が残る」ことだと理解される。
スコトゥスは結論的につぎのように言っている。

…しかし行為の後に、彼がそれによって〝罪人〟と呼ばれるようになるものは、たとえ同様の行為が付け加えられなかった場合であろうと、どんなに時を経たとしても、在ることを止めない。なぜなら、無限に、つねに罪人はそれを元にして罪を犯すからである。それゆえ、そこには、行為を止めたときから悔悛に至るまで、それによって彼が罪人と言われる独立したもの、省みるもの、ポジティヴなもの、欠如的なものは、無いのであって、ただそれが神の知性と意志の対象であるかぎり、ある種の理性上の関係が、そこに在るのみである。なぜなら、彼が罪を犯した後に、神の意志は彼を、罪に応じた罰へと定め、そして神の知性は、負わされた罰が解かれるまで、すべての時間にわたって予知するからである。（同テキスト第30段落）

洗礼などのあと、原罪は払拭されていて、その後に起こる罪は、各人の「自罪」と呼ばれ、その罪の寄って来るところのものは、もろもろの行為のあとにも、悔悛がなされるまで残るものと見なければならない。そうでなければ、悔悛による罪のゆるしはありえないことになる。しかし、罪は物体的でも実体的（主体性をもつもの）でもない。なぜなら罪が実体的なものであったら、しかも、それが在る場が魂という実体的なものであるとすれば、罪と魂は二つの実体として分裂してしまうからである。他方、すでに結論されたように、罪が行為を基体とした付帯性であったら、行為のないところには罪は残らないだろう。それゆえ、心の中に残る自罪の根拠は何かということ、それが原罪（こちらは身体性を通じて伝わるものである）でないとしたら何なのか。この問題に対して、スコトゥスは各種の議論の末に、「神の理性」と「当人の理性」の間に新たに生じた関係、すなわち信仰の誓いが一時的に破られた関係が当人の自罪であり、その関係は悔悛によってはじめて消去される。つまり自罪のゆるしがそのときはじめて可能となると、結論するのである。

20／神との論理的関係と信仰

言うまでもなく、実体と実体との間の関係には実体性がない。また関係は他のことがらの基体となるかと言われると、なると言えるが、それにしても神の理性と人間理性の関係は、論理的なものである。スコトゥスは、この種の論理性には実在性を認める立場であるが、イメージとしてはひどく抽象的で、個々人の持つ自罪の「悪」の具体性、生々しさは、わたしたちには分かりづらい。

スコトゥスは、信者が犯す個々の自罪は「理性の関係」であるという。そしてそれは、言い換えれば、ことばの関係である。繰り返したように、「理性」と「ことば」は、同じ「ロゴス」だからである。したがって、この関係は「論理的」関係だと、たしかに言い換えることができる。しかし論理の関係性は、現代では観念だけの関係と見られ、現実性がないと思われがちである。しかし、それは近・現代の経済・科学の進歩から生じた誤ったイメージである。むしろ「論理」とは、「理性」でもある。そして神は、何よりも最高の「理性」なのである。したがって「神」が実体的に受け取られるなら、同程度に「論理」と「理性」は、実体と受け取られる。

現代において、経済学も科学も物体的なものを扱って、そこに見出すことができる「真理＝法則」を探究する。それらの学問は、物質的な技術の進歩を起こし、世界を変えて来た。しかし、その物体的進歩に目をくらまされて、真理は物体的な世界にしかないかのように思い込むのは、端的な間違いである。実際、物理学の真理も、数学的な「比」としてあらわされるように、科学の真理は、ものの間にある「比の関係」である。ただ物体を一方の根拠にしているゆえに、科学の真理には物体的現実性がイメージされる。

それとは異なり、哲学は、「ことば」を根拠として扱って「真理＝正しいこと」を探究する。したがって、その「真理」は、「ことば」の内に在る。しかし、「ことば」の内に在るからと言って現実的でないと考えることには、合理性はない。

なぜなら、わたしたちは心のうちに「ことば」をもつことで、現実に「思惟する」からである。この思惟生活も、現実のわたしたちの生である。しかも、思惟することによってわたしたちの行動は整えられ、方向性をもち、計画性をもつ。だとすれば、わたしたちの日々の、計画的な現実の行動は、思惟の生活に依拠してはじめて在ると言える。したがって、物体的な現実の生活を想定し計画している思惟は、目に見える現実の生活を支え、導いている現実である。

したがって、論理的関係は物体どうしの関係と比べてみても、わたしたちの生にとっては優るとも劣らない「現実の関係」である。しかも現実の論理的関係は、生成消滅する物体どうしの関係とは異なり、「ことば」の普遍性と永遠性を承けて、つねに普遍的で永遠的である。それゆえ哲学によって「正しい論理的関係」が明らかにされるなら、その論理的関係は、諸科学が見出す客観的真理、たとえば宇宙の法則と比べて、たとえ主観的であっても優るとも劣らぬ重要な現実的真理であると言える。

したがってスコトゥスの考察によって自罪の罪が神との論理的関係性のうちに悔悛による赦しに至るまで存在することが明らかにされたとすれば、これは哲学による重要な一歩である。じっさい、罪のある活動が一つでも新たにあったとき、たとえその後は同じ活動が一度もなくても、神と自分個人が信仰において取り結んだ関係のうちに、その罪が確実に不変的（永遠的）に「残る」こと、そのことは、現実の自分の信仰生活のうちで、まさに現実的なことがらであると言える。つまり信者は、神の目を意識することによって、たった一度の罪であっても、おのれが犯した罪として確実に心のうちに悔いを残すのである。

それゆえ、洗礼を終えて信仰を持つならば、その信仰において神と約束した関係がある。そのために、心の活動の中で罪があれば、信仰があるかぎり、それは悔悛の時まで残る。そして他方、信仰がなければ、神との関係がない。したがってその心が活動において罪を犯しても、その犯した活動が過去のものになれば、自罪は残らない。したがって自分が犯した罪を「悔いる」必要がない。つまり信仰をもつことが神との間に論理的関係をもつことだから、それがないのなら、自分の罪を「悔やむ」ことには意味がなくなる。

一般に信仰を表明するヨーロッパの人たちは、信仰を持たない人は信用できないと言う。わたしははじめてこれを聞いたときは、なぜだろうと首を傾げた。日本人のわたしは、周囲は非キリスト教徒が多かった。それにもかかわらず、信頼できる人を多く見て来ていた。だから先のことばには疑問しかもてなかった。まだスコトゥスの議論に出合っていなかったからである。すなわち、スコトゥスによれば、人間は、神との関係がなければ、自分の犯した罪を「悔やむ」（心から謝る）という、人間として当然のたしなみがないに違いない、その必要を感じないに違いない、だから、そういう人は人間として信用できない、という結論が導かれる。繰り返すが、神学者スコトゥスによれば、そう考えられる。

信仰を持たない人は信用できないと現代のヨーロッパ人が思うのは、十四世紀初頭のスコトゥスのこの論議が、案外、何らかの仕方で現代のヨーロッパの人々の思惟のうちに伝わっているからということかもしれない。だとすれば、現代のヨーロッパ人と誤解のない付き合いをするためには、こうしたこともわたしたちは知っている必要がある。

21／「悔悛」の意味

スコトゥスは、引用した論述のあと、アウグスティヌスのことばを引きつつ、教会教義との一致を明らかにする議論を展開する。しかしその議論は、これまでの結論がキリスト教信仰の前提と矛盾しないことを確認するためにすることにすぎない。したがって、その部分はここでは取り上げない。いずれにしろ、信仰があることによって罪が残り、その解消のために「悔悛」が必要であることが結論されたのである。しかし、つぎにその悔悛が罪を解消することが明らかにされなければならない。悔悛は、どういう根拠で罪を解消するのか。

このことを明らかにするために、スコトゥスは、まずは「悔悛」poenitentia の意味を詳細に吟味する。

しかしこの「悔悛する」poenitere　ということばの意味を述べようとすると、語に即して言えば、「悔悛する」は、「悔いを保つ」tenere poenam である。そして「悔いを保つ」は、悔いを受け止めることを意味している。ただし受容する意味でたんに受け止めることを意味するのではない。固有の本来的意味では、この名は、四つの仕方で枢要な意味があると

思われる。（同上テキスト　第61段落）

続いて、つぎのように言う。


そして「悔悛すること」が表しているものは、四つの仕方である。

第一に、それが表しているのは、「自分自身が行った罪を告発することである」…（略）。

第二に、それが表しているのは、「自分自身が行った罪を呪う、あるいは、憎むこと、あるいは、自分自身が犯した罪に関して修練することである」…（略）。

第三に、それが表しているのは、「犯された罪のために課された『悔い』（罰）を感謝して受け止めることである」…（略）。

第四に、それが表しているのは、「自分自身が犯した罪のために課された悔い（罰）を、甘受することである」。そしてここにおいて、悔いを保つことがどのような意味なのかが明らかである。なぜなら、それは繰り言によって棄ててしまうことではないからである。また同様に、「甘受する」sustinere　ということばのうちに言われている。すなわち、いわば行為者と悔いを課する者のはたらきの下で、自身の悔いと一体となることを保つことである。


（同上テキスト　第62段落）

哲学的に煩瑣になりかねないところは略させてもらった。それでも以上のスコトゥスの記述から、文語訳の「悔悛する」こと、新訳では「罪を告白する」と言われていることの意味が、キリスト教会としてはたんなる過去の反省と理解されていないことは明らかだろう。

分かりやすいところで言えば、「悔い」と訳しているラテン語「ポエナ」poenaは、通常は「罰」と訳されて、別のラテン語「プニティオ」punitio（英語のパニッシュ）と同義である。つまり、罪を「悔やむ」ことは、まさに「罰」としてラテン語で受け止められている。じっさい、それは苦い薬を飲み込むことが「辛い」ことであるように「苦痛」である。そしてこの「苦痛」は、とうぜん喜びではなく、「悲しみ」tristitiaである。

罪に対して、それに応じた罰があり、処罰を受けることによって罪がゆるされる。このことに関しては、キリスト教の「罪の告白」（悔悛）は、一般社会の「法」の組み立てと一致している。すなわち、神の法（主要には、モーセの十戒、等）があり、それに違反することが「罪」であり、それを司祭に「告白して祈る」ことが、おのれの罪の告発であり、同時に「罰」である。そして、それによって罪がゆるされる。

罪を自ら告白することは、自らの罪を他者に告発することだから、とうぜん楽しいことではない。それを、もしも楽しみでするとしたら、言い換えれば、秘密の告白を楽しむとしたら、それは神に向かって行う自身の「罰」にならない。むしろ心を見ている神の前で隠微な罪を新たに犯すことになる。それは罪のゆるしに結びつかない。また悔悛を、スコトゥスが先の引用のうちに述べているように、弁解じみた繰り言を述べて「忘却する」ことにしたのなら、やはり罰を受けることにならない。悔悛はあくまでも「辛い罰」でなければならない。罰を受ける覚悟があって、することでなければならない。

たとえば戦場での殺人であっても、精神的な後遺症が発症することが知られている。身体的に刻み付けられた記憶が心を責めさいなむからである。このように実際的行為における罪に関しても、それが心の罪として存在し始めたときには、それはわたしたちの心を痛める。このとき、身体的な処罰は、罪の解消に結びつかない。心の罪は、心の中の出来事である。そしてその持続する記憶も心のはたらきであるから、当人の心の自発的はたらきなしには減少も増大もしない。

これは自明な理屈である。社会の法律と処罰は、したがってそれには関与しない。あくまでも「社会のどこかが犯罪によって有形的に傷ついたとき、その犯人を身体的に処罰し、金銭その他によって傷ついた社会の形を修復する」というのが、社会における「刑罰」である。そしてキリスト教会も社会組織の一部としては同様に、罪がなされたときが、「教会」(神との絆を確かなものにする信仰組織)のどこかが傷ついたときである。そして、「その実行犯を、悔いによって処罰し、信仰組織としての教会の傷を修復する」という理屈で動いている。悔悛の秘跡はそういう意味合いで教会において位置づけられている。

そのために、「悔い」は、罰に価するだけ、十分に「辛い」ものでなければならない。すなわち、それは信者にとって修道士が修道院の規則のもとに受ける「日々の修練」のように、「厳しいもの」でなければならない。

他方、社会の通常の、罪と罰の関係とは異なる側面をキリスト教の「悔悛」がもつことを、上述の第三と第四の説明でスコトゥスが述べている。すなわち、「感謝して受け取る」gratanter acceptareとか、「甘受する」patienter suffereという表現によって、彼はそれを示している。それは、悔悛が苦痛に耐える悲しみでありながら、実は同時に並行して、感謝の喜びをともなっていることを示している。つまり、すでに述べたように、悔悛は罪に対する自発的な謝罪であると同時に、罪をゆるしてもらっていることの気づきである。それは神の恵みを感謝して受け止めることである。すなわち、おのれの罪を「辛く耐える」ことと、生きる「喜びを受け取る」ことが、同時に成り立つ。それは「救い」がもつ特殊な様相である。

なぜなら、悔悛において、当人の自由意志は司祭を介在させても、結果的に神の自由意志と「交流する」からである。神の自由意志に接することは、本来、神の国ではじめて受け取ることができる「喜び」である。それゆえ、悔悛は辛いだけのものではない。始めるに際しては、自分の罪と向き合うために「辛い」としても、その罪の告白を司祭を通じて神が聞いて、神が向き合ってくれる（聞いていただく）とき、そこには「感謝の喜び」（恩寵＝グラティア）がある。そしてその心の状態、ないし、はたらきは、そこに「神のゆるし」がある表徴である。

言うまでもなく、この説明には、前章で触れた「罪の悔い」には、それと同時に「神のゆるし」が起こることが述べられている。先に、『正法眼蔵随聞記』のなかの一節を引用した。そこで道元が弟子に返したことば「別、並びに具す」、また弟子が確かめたことば「別解脱戒」は、仏教における同じ種類の救いについて述べている。

22／悔悛という罰と、罪のゆるし

自己革新を求める神信仰は、神を信頼して、自己の心のうちに生ずる罪（欲望）に向き合い、それによって自己の核心に触れ、それを通して、自己自身を「悪」から「善」へ、「不正」から「正」へ、「曲」から「直」へ、「化粧」から「素顔」へ還元する。この一連の作用が神信仰の核心である。しかし、それがなぜ可能となるかを論理的に説明しようとするとき、「ことば」（論理）の限界にぶつかる。

人の「ことば」は、主体を主体のままに伝える機能をもたない。「ことば」は、人に伝えるために、ものごとを「対象化」する。だから主体である自己の核心を、「ことば」にして伝えることはできない。自己を「ことば」で表すとき、自己主体は「対象となった自己」に、瞬時に変わってしまう。

「対象となった自己」の概念とは、「自分は『何であるか』、すなわち、『これこれである』」という概念である。たとえば「先生である」、「部長である」、「引きこもりである」、「店長である」、等々、社会の中で他者に見られている、もしくは、見られたいと思っている自己の概念（姿）である。哲学の用語では、「本質」、「実体」と言われる。つまり、自己の実体とは、「対象化された自己」である。同様に、神の実体とは、「対象化された神」である。その神は生きている神ではなく、概念となった神である。それに対して「主体となる自己」とは、「何であるか」（本質ないし実体）がとらえられない自己である。同様に、「生きている神」とは「主体として作用している神」である。その神は「何であるか」限定できない神である。したがってこの神は、スコトゥスによれば、「無限な神」である。

ただし、主体となる自己が「存在する」ことに、人は「気づく」ことができる。たとえば、デカルトが自分の思惟活動に思いをはせたとき、「我在り」と気づいたことは、ヨーロッパの近代哲学の開始としてよく知られている。デカルト哲学の理解のむずかしさは、おそらくこの「自己」理解のむずかしさに起因する。すなわち、人が「自己」とか「自我」、「主体」、「わたし」ということばを聞いたとき、一般社会生活の中でその「ことば」を聞くばかりであれば、「対象化された」ものを思い浮かべてあやしまない。じっさい哲学以外の諸科学は、ものごとを客観化・対象化して研究する。したがって、理性的に、科学的にものごとを研究する学者は、述べられた「ことば」を、つねに対象化して理解しようとする習慣を身に付けている。

しかし哲学は、「対象化されない自己」を視野に入れる学問である。それゆえに、哲学は「主体的に生きる自己」の問題に対処できる。そしてそれは宗教理解にも力を発揮する。なぜなら、生きていることで主体性をもつ自己を救うのが、キリスト教や仏教の本旨だからである。さきほど、「悔いることで自己の核心に触れる」と述べたのは、このことを指している。つまり「自己の核心」とは、「自己の実体・本質」ではない。むしろ実体・本質がわからない（これこれと限定できない）自己のことである。そしてそれは、「生きて在る」としか言えない「わたし」である。したがって、主体としての自己とは、その「存在」には気づくことができるけれど、何であるかは決してわからない存在である。

そしてそれを理解することが、哲学における「真の自己理解」である。その理解はまた、宗教における「自己の真の救い」である。なぜなら、真の「自己理解」がないとき、自己は迷いの中にあるからである。なぜなら、何のために生きているのか、自分は何なのかと迷うのは、真の自己がわからないことが原因だからである。キリスト教においては、自己の存在がもつ「罪」に気づくことを通して、「罪びと」としての「真の自己理解」に達し、その理解によって、じつは自己が生きて在る」ことに気づき、生かしてくれている神への「感謝の愛」に満たされる。そしてその喜びと、自分が何であるかはわからないままである「辛さ」を同時に懐き続けて生きることが、神に救われた生である。

他方、仏教においては、「無我」を真の自己理解とみなす。この場合の「我」は、「実体」としての自己である。すなわち「無我」とは、「対象化された自己には、実体は無い」という意味であり、「主体の自己」の「存在」を否定しているのではない。むしろその「存在」に気づくことが、「自己の悟り」である。前章で禅宗の教えに触れたが、「殺せ」という親も仏も対象化されたそれぞれの概念であり、その精神上の訓練を通じて、対象化された自己を「無化」して、主体の自己の存在に気づくことが目指されている。

つまり、この肝心なことがらに関して言えば、キリスト教と仏教は、対立しているわけではない。キリスト教も、イエスの教えのうちでは、神を「対象化された概念・救いを依頼する相手」ではなく、人間の側の自己の主体と一対一で向かい合う「生きて在る主体」として受け取ることを「真実の信仰」とみなしている。「神は死んだ者の神ではなく、生きている者の神である」（マタイ福音書22－32）。

じつは、この理屈からすれば、「自己」という言葉で表示されるものは、つねに瞬間の間の存在として理解されなければならない。なぜなら「自己」は、主体のつもりで語られても、そのとたん認識の地平で「対象」となってしまうからである。そしてその認識の地平が、わたしたちの「自己」でもある。したがって「自己」は、じつは瞬時においてだけ、わたしたちにとって、ときに善い自己であり、ときに悪い自己である。善い自己がつねに永続するのではない。悪い自己がつねに永続するのでもない。自己が、ある瞬時に善であり、また別の瞬時に悪であるように、自己は偶然的に存在する。とはいえ、このことの十分な理解のうえで、善の存続と悪の存続は、自己の主体性のはたらきによって持続する。

だから、自己の主体性によって、一方を持続し、他方を停止することができる。しかしそのためには、その主体性（意志）が対象（相手）に向き合う向き合い方を、通常の理屈を超えた仕方で修練しなければならない。つまり主体の善を存続し、悪を停止するためには、主体が対象と戦うのではなく、主体が主体自身と戦うことができる道において、瞬時の戦いができなければならない。その戦いを理解することは、これまで述べて来たことから明らかなように、対象世界の戦いを理解することではない。主体が主体自身に向かう戦いを理解しなければならない。それは、通常の理屈を超えた理解になる。

　イエスがヨハネから教えられた「悔い改め」は、その道である。とはいえ、正しくあろうとしている理性が必要である。じっさい、自己（理性）が自身の悪い自己に向き合うとき、理性は日頃から自身が「正しくあろう」と意図していたことによって、自己のうちにある悪との矛盾にぶつかる。すると、理性は自身の善い習性によって、自分が出会った矛盾を解決しようと、悪のほうを否定する。こうして理性は自己のうちの悪い傾向性を瞬時に破壊する。悪い傾向性を破壊した理性は、それ自身が主体なので、おのれのうちに「善」が完全なかたちで回復するのを見つける。

　その善を見出した理性は、その原因を探して、信仰があれば神を見出す。理性は善の回復を神のゆるしと受け止めることができる。善の回復によって瞬時に心は喜びに満ちる。キリスト教という宗教が約束する幸福、楽園は、この瞬時の喜びを指している。しかし、それは常に瞬時のものであるから、人はそれを永続するためには、「罪を悔いる」同じ修練を必要なだけ続けなければばならない。とはいえ、その道をたどることができた理性は、知った道をたどるだけだから、次からは、瞬時、瞬時に、同じ道を繰り返したどることは、むずかしいことではない

哲学によってたどることができる「悔い改め」とは、以上のようなことである。現実にそれを行うことは、哲学的実践であると同時に、宗教的実践に属する。

さて、キリスト教会の神学者の議論を学んだことで、わたしたちはカトリック教会が認める「煉獄」、ダンテが『神曲』に書いた世界について、一定の理解を得ることができる。というのも、「煉獄」purgatoriumというのは、まさに自罪の罪滅ぼしのために通過しなければならないところだと言われているからである。煉獄においても、人は火に焼かれる。つまり罰を受ける。ただし、そこを通過すれば、天国に行ける。「煉獄」は、永続的な場所ではない。それはちょうど、自罪の罰としての「悔悛」は心における罪があっただけ繰り返しなされなければならないが、それでも、それによって自罪がそのたびに払拭され、ゆるされると考えられているのと同じである。これと比べて、天国も地獄も永続的な場所である。地獄に落ちれば、もはや悔悛による救いの道はない。

ただ、スコトゥスの神学には、「煉獄」の記述はない。あるのは、「地獄の火に焼かれる」という記述だけである。そして煉獄における火は、それによって罪がゆるされるのであるから、「罰」でもあるが、同時に「ゆるし」でもある。つまりその火は、「業火」であると同時に、「浄火」でもある。実際、ラテン語の「煉獄」は、「洗浄する・清める」purgo場所であって、罰する場所

ではない。つまり煉獄の「火」は、キリスト教において、肌を焼く痛みを与える罰のイメージとともに、穢れを清めるイメージを同時にもつのである。

この後者のイメージは、キリスト教独特のものではない。日本でも二月堂の火祭りなど、「祈り」に伴って用いられる火は、やはり「浄火」の火だと言える。そしてこれは、拝火教、つまりザラスシュトラ（英名　ゾロアスター）教から伝わったものではないかと推測できる。

ここでもキリスト教の内には、さまざまな宗教伝統が輻輳している。

第3章

自由と予定説

1／宗教教義のなかの矛盾

これまでのところで、読者にもキリスト教にはさまざまな教義が入って輻輳していることが見えただろう。その由来についてはいろいろと推測を述べてきた。キリスト教の教義にはいくつかの異なる由来がある。ただ、明確な「自己革新」の教義は、ヨハネとイエスによる「悔い改め」に由来すると言えるだろう。そしてキリスト教は、加えてヨハネとイエス以前からあったユダヤ教会の教義の多くを取り入れている。唯一神の教義、十戒その他の律法、天地万物の創造神、全能の神の観念、楽園追放、ノアの箱舟、バベルの塔の物語、アブラハム以降の民族の歴史物語、地獄の物語、等々。わたしたち一般の日本人は、これらが一冊の本にまとめられているのを見るために、そのすべてが一貫して矛盾なく理解できるものに違いないと、つい思ってしまう。

ところが、それぞれが異なる由来をもつゆえに、辻褄合わせ、同じことの繰り返し、ときには矛盾が見られる。そのように理解するほうが理にかなっている。このようなことが聖書に見られるのは、イスラエル民族が数千年の長い歴史のうちで、さまざまな苦難に出合いながら同族として生き抜いてきたその記憶と知恵を、神の名のもとに自分たちの歴史として文字に書き留め、付け加えて来た結果なのである。

イスラエルの人たちが生きて来た土地は、基本的に旧大陸の西アジアである。一部に肥沃な土地が広がるが、一部に荒れ野が広がる山がちの場所を選んだ人たちであった。北からアーリア系の民族が入って来て、その後、多くの強国に翻弄された過酷な歴史をもつ。同一民族として生き延びたのは奇跡だったのかもしれない。その間に、新バビロニア帝国などの大国に支配され、自分たちの宗教を守りつつ、大国がもっていた文化の一部を自分たちの新たな国造りに取り入れてきた。

これと似た歴史経験を、わたしたち日本人はもたない。日本は島国であり、大陸とは海を隔て、火山列島のために山々が連なる。外からの人の流入も、一挙に多数の流入は不可能な場所だった。結局は、時間をかけて外から入って来た文化も人も、しだいに内と「同化」した。そうして生まれたのが日本の文化だと言えるだろう。

歴史経験が異なる文化を理解するためには相手の歴史経験を尊重して知り、理解する努力が必要になる。それを中途半端にすれば、無理解が続く。そしてそれは互いの間を疎遠にすることになる。反対に、理解する努力をすれば、自分たちとは異なる文化が見えてくると同時に、自分たちの文化についての理解も、新たな視点を得ることができる。たとえば日本は大陸に栄えた大国「中国」から、律令体制その他、国家管理の知恵を学んでいる。なかでも儒教の取入れは、仏教とともに日本の精神文化に大きな影響を与えたと言えるだろう。

その学習に際して中国でまとめられたのが「四書五経」と言われるものである。なかでも「五経」は、孔子がまとめたと言われている。今では失われているものもあるが、その内容には「聖書」と似たところが多分にある。「詩経」は、旧約聖書の「詩編」に相当する。「春秋」は旧約聖書の歴史物語に相当する。たしかに、「易経」、「礼記」、「書経」は、国の将来を占うため、国の儀礼の精神を伝えるため、国王その他の偉大な指導者のことばを収めたもので、旧約聖書のうちに明確に似た部分はない。とはいえ、過去のあるときに、今後のために知恵を保存しようとした意図は同じではないかと思われる。その意味で、旧約聖書のようなものが、古代中国でも編まれたと言えるだろう。つまり旧約聖書のようなものを編もうとする考えは、歴史の中で個人や社会が翻弄されるうちに、ある程度の文字作品か、口承されたものがあるという条件が整えば、だれかが思いつくたぐいのことなのである。寡聞にして詳しいことは知らないが、日本神道の世界でも、いくつかの古典作品を神道の「経典」に編むことは行われているだろう。

言うまでもなく、問題はその中身であり、解釈である。キリスト教会は聖書にもとづいてイエスの教えがもつ「救い」を語るが、同時に、その一方で別の教義を用いて、信者の「統制」、「管理」に怠りなく向かっている。すでに触れたが、とくに中世までのカトリック教会は後者の引き締めが強かったと言えるだろう。それが異端やプロテスタント諸派を生み出し、カトリック教会側との激しい争いを生じた。

そしてこの信者の「統制」や「管理」は、神が「全知全能である」という根拠にもとづいている。すなわち、神がすべてを見通しているなら、そしてどんなことでも可能なら、神は悪に対してかならず罰で報いると、教会は説明できるからである。

しかしながら、民衆を支配、指導して、人を管理する仕事は、政治が行う仕事である。政治はそのための手段として法律を整え、違反者には罰を与えている。それゆえ、教会も信者の管理を考えるときには、辛い「罰」を信者の目前にちらつかせる。中世において「悔悛」が「罰」として理解されたことは、中世のカトリック教会が信者の救いよりも信者の政治的管理を企んでいたことを示している。

すでに説明したように、イエスの教えはそれに反して「悪をゆるす」。その教えは他人を支配すること、指導すること、管理することを否定する。つまりイエスの教えは中世のカトリック教会がもっていた信者管理の思想とは真逆のものだった。それゆえ中世のキリスト教神学は、イエスの教えをうまくごまかす必要があった。教会の教義が神の全知全能説をとれば、加えて当人が神と約束を交わしている（神に誓いを立てている）なら、神の権威を背にして教会は人を「神罰」で脅して支配することができる。ところがそれに対してイエスは、「何度でもゆるせ」と命じ、「自分がゆるすだけ、神にゆるされる」と教える。しかし悪人をゆるすことしかしなければ悪人は図に乗って悪に走るばかりになる。とはいえ、キリスト教会は自らの祖であるイエスの教えを、まさか無しにはできない。一方で、何らかの仕方で信者に対する「脅し」を組み込まなければならない。そこで、すでに説明した通り、中世のカトリック教会は罪の告白を、己の罪に気づくことによる「己の解放」（神のゆるし）ではなく、犯した罪が世間に知られることで味わう「辛い罰」であると教えたのである。すなわち、すべてを知る神が罪をゆるすためには、罪を犯した人間は、かならず神の前で告解という「罰」の「苦しみ」を味わうのでなければならない。後期中世の神学者スコトゥスは、悔悛をそのように説明している。

スコトゥスがこのような説明をした理由は、すでに述べたことから分かるように、彼がキリスト教会の神学者だからである。彼の仕事は、キリスト教の信仰内容を正しいと前提して論理を組み立てることである。ところが、わたしから見ると、そのために彼は論理的に説明したい「行き詰まり」に陥っている。つまり信者を脅す根拠となった神の全知全能の概念は、他方で、悪の現在を説明するうえでは躓きの石になる。現に世の中では、悪人である者が権勢を振るい、繁栄している。その理由を説明しなければならない。そのために神学者は、全知全能の神による悪者の裁きは、今即座に行われるのではなく、先になって「最後の審判がある」という信仰に、最終的にゆだねる。すなわち、正義の実現は未来に繰り延べになって、現時点での人間と世の正義は放棄される。

しかし、一方で現実の犯罪を実行せず、がまんしている善男善女を「罰」で「脅し」ながら、他方で、法の網をくぐって悪を行う邪悪な人間に対しては何もできないとなれば、不合理は明らかである。そして明らかな不合理があるなら、全知全能の神の信仰のどこかに、理性的に正しいとは見なせない何かが含まれているに違いない。

「創世記」の初めに示された天地を創造する全能の神、すべてを知っている神の概念は、絶対的な支配者のイメージを作った。その神は、目に見える世界と心の世界のすべてを知り、現実のすべてを支配する神である。神の目は逃れることができない。したがって罪に対しては、いつでも相応な罰が神によって下されるのでなければならない。このような、罪とそれに対応する罰の組み合わせは、人間社会の支配層が被支配層に秩序を守らせるために作る「応報」の仕組みである。

「目には目を」で有名なハムラビ王の法典は、その典型として知られている。しかしイエスはそれを否定して言っている。「『目には目を、歯には歯を』（申命記 19－21）と命じられたのを聞いている。しかし、わたしはあなた方に言う。悪人に逆らってはならない。もしだれかが、あなたの右の頬を打ったならば、他の頬を向けなさい」（マタイ福音書 5－38～39）。

すでに述べたように、一方は、罪に応じて与えられる罰の仕組みである。これは人間社会の管理、支配のやり方である。イエスは、それを無化するように、悪人に逆らうなと言う。つまり、悪人を相手にして戦うのではなく、無視して通り過ぎることを勧める。

このように、キリスト教はイエスの教えを「福音書」のうちに保存しつつ、他方で、古くからの「管理」を、旧約聖書をもとに肯定している。不合理は明らかである。したがって社会の「管理」の教えによっては、イエスの教えは理解できない。言うまでもなく古代の社会は、王の権威は神から与えられたものだと想定し、神の聖性の根拠をもって、社会を罪と罰の組み合わせで支配していた。中世のキリスト教会も、教皇以下の品級（オルド）をもつ一つの社会組織であり、王が国民を支配するのと同じやり方で信者を管理している。

　イエスが求めたのは、一人ひとりの善き主体の在り方である。不安のない、安心しみがある生き方である。そしてそれは、日本語で言う「自然な生き方」である。つまり、日本的に言えば、「神の成る道」（神ながらの道）である。ところが、その知恵を知っているわたしたちは、この列島で農耕民として生活することは知っていても、遊牧民の歴史をもたない。その歴史から生じる、あるいは、大陸に生じる「隣国との関係に配慮する」知恵をもたない。あるいは、外国からやって来て「居留する人々の処遇」の知恵をもたない。それゆえ、ますます相互の関係を緊密にしていく現代において、諸外国と比べたとき、わたしたちは自らの知恵の無さに気づいて困惑するのである。

　ほぼ以上で、キリスト教がわたしたちにとってなじみが薄く、なおかつ、わかりにくい宗教であることの理由は十分に尽くされたと思う。以下、「神の予知」、あるいは、「摂理」と言われるものがもつ問題を通じて、あらためて哲学を通じて、キリスト教について正しい理解を得ることにしよう。

2／二種の「自由」

前章で見たことであるが、悔悛のなかでの神のゆるしは、「人間の意志と神の意志の交流」（神の愛との出合い）が実現することで起きていると、スコトゥスは説明している。つまり自発的な罪の告解が神に知られ、そのとき人と神の「意志の交流」が実現する。言うまでもなく、憐れみ深い神との交流が実現することは、神に救われることである。なぜなら、二つの間で交流が実現することは、人間の意志と神の意志の二者の間で、ある種の一致があること、互いの共有があることを意味するからである。それはまさに神との出合いである。それはキリスト教会が教えている死んだときの「顔と顔を合わせる」至福直観の出合いとは別である。地上に生きている間での出合いである。精神的に人が神に触れることである。そのとき人は神の愛、言い換えると神の恩寵を受け取り、感謝の念に包まれる幸福（神の救い）がたしかに実現する。

しかし、なぜほかの何よりも、スコトゥスは「意志」voluntas(2)において「救い」が実現すると言うのか。たとえば、それは「知恵」によってではないのか。なぜなら、哲学は「知恵を愛する」ことだと言われているからである。そして知恵と言えば、知性の領分であろうか、意志よ

(2) ラテン語'voluntas'は、「わたしが欲する」voloという動詞の抽象名詞である。したがってまずは「欲求」を意味するが、感覚的快楽をベースにして快楽を求める感覚欲求ではなく知性的認識や判断をベースにして、あるいは、知性をもつものが、己を自覚したうえで、真理や正義を求める欲求、すなわち、知的な欲求を指す。次のようにもラテン語の「意志」のもつ意味は説明できる。知性は、対象を抽象化する能力とされている。それゆえ、「抽象名詞の欲求」＝「意志」は、ことばが抽象化されている姿を通じて、欲求が「知的」であるというニュアンスをもっている。

りも知性において救いは実現するというほうが理にかなっているのではないか。このような疑問が湧く。じっさい、スコトゥスの二世代前の神学者トマス・アクィナス（一二五七四没）は、むしろ救いは知性においてあるという理解をもっていた。トマスによれば、知性こそが人間の本質であり、人間の救いは、その能力を通じてこそ、あると言える。この理解がヨーロッパでは一般的だ。

スコトゥスにおいて「意志」は、人間にとって最も大切な「自由」の根拠であった。「知性」intellectus は、それが対象としたものを、「その通りに認識する能力」であり、その意味では、対象の姿に対して受け身的に「忠実に従う」能力であるほかない。それは見方を換えれば「相手の言われるまま」になることであり、受動的に「模倣する」能力であった。それに対して「意志」は、相手を欲するか欲しないか「未決」の状態から、いずれにも偏せずに、どちらにも向くことができる、そういう能動的な能力である。

一方の知性は、目に入った対象に必然的に向かう。しかも受け身的であるから、対象に支配される。つまり知性は、その認識能力において、対象に自己を一致させる。他方の意志は、目に入った対象に向かう（欲する）か向かわない（欲しない）かを、決めずにいることを起点にしている。そして、この起点において、相手との間に距離がとられている。すなわち、まず意志は、自身の主体的能動的能力によって「己とは異なる対象に向かう」という「対象と自己と」の区別を知性に促し、知性は、それを明確に自覚する。つまり意志によって、対象との間に主体が立ち止まる場をもつ。そしてつぎに、向かうか向かわないかどちらにするかも、偶然的（可能的）である。いずれかに決定することが、あるいは、好むほうを選ぶことが意志には可能であり、それゆえに意志は「自由」だと言われている。

しかし一方、スコトゥスは中世最後期の神学者である。そして中世は、一般に古代の哲学を色濃く受け継いでいた。その古代においては、自由は、人が好むものを選ぶ可能性であるというよりも、むしろ自由それ自体が端的に至高のもの、最高の善であると考えられていた。というのは、ヨーロッパの古代は奴隷制社会であり、その社会にあっては、人にとって「自由市民」であることが最高度に大切なことだったからである。クセノフォンの『ソクラテスの思い出』第四巻五章）によれば、つぎのような会話がソクラテスと若いエウテュデモスの間にあった。

「言ってみなさい、エウテュデモス、君は自由が個人のためにも国家のためにも、立派なそして荘厳な宝であると思うか」。

「無上の荘厳な宝と考えます」。

「それでは、肉体の快楽に支配され、そのために最善のことが行えない人間を、君は自由の人と考えるか」。

「決して考えません」。

「たぶんそれは、最善のことを行うことが自由と君に見えるからであり、それゆえにまた、これを行なうのを妨害するもののあることが束縛であると君が考えるからだね」。

「まったくそのとおりです」。

「まったく君には、無自制の人間がすなわち束縛の奴隷と、思えるのだね」。

「そうです。そう思えます」。

「では無自制な人間は、もっとも立派なことを行なうのを妨げられるだけと思うか、それともまた、もっとも卑劣なことをもせざるを得なくなると思うか」。

「わたしの考えでは、それが妨げられるのに劣らず、もっとも卑劣なことも、せざるを得なくなると思います」。

「最良のことを妨害し、最悪のことを強いる主人というものは、どんな種類の主人と君は考えるか」。

「世にも最悪の主人です。もちろん」。

「そしていかなる奴隷生活を君は最悪と思うか」。

「それは最悪の主人に仕えるもののそれでしょう」。

「すると、無自制な人々は最悪の奴隷生活をしているのだね」。

「そうだと思います」。


（以上、佐々木理訳、岩波文庫による）

紀元前五世紀のソクラテスのこの会話から、わたしたちがまず知るべきは、ふだんのわたしたちの思考とは異なる視点で「自由」が考えられていたことである。上記会話の冒頭で、「自由」は最高のものだと言われ、最善のことを行うことが自由だと言われている。ソクラテスは、どんなことでも「好きにできる」ことが自由だとは言っていない。そしてつぎの段階で、最善のことを行うことを妨害されることは、自由とは反対のことであり、むしろ奴隷になっていることだという。

束縛にとらわれた者を「束縛の奴隷」と述べる。すなわち、自制心のない人は、自由に生きているように見えて、じつは自分の自由を束縛するものを自分の主人として仕えている者だという。そしてこの場合、束縛の奴隷になるとは、最善を行うことを妨げられることである。そして最善を行うことを妨げることをさせる主人は、最悪の主人であり、それに仕える奴隷は、最悪の状態にある（きわめて悲惨な）奴隷であると、ソクラテスは言っている。

すなわち、無自制で快楽に溺れている人は、じつは最善のことができなくなっている。彼は、何かを人より楽しくできているように見えて、じつは良いことについて、非常な束縛を受けている。すなわち、最善のことをしたくても快楽によって邪魔されている。そのとき、その邪魔している心、すなわち、無自制な心は最悪の主人であり、それに仕えて快楽を楽しんでいる人は、じつは最悪の奴隷である、というのがソクラテスの主張である。そしてこの種の自由の理解が、古代・中世のヨーロッパの哲学では伝統的なものになっていた。

ところが現在では、一般にわたしたち日本人は、自由とは、野放図に、好きにできることだと考えている。より便利になったことを、より自由になったと考えている。科学が発達し、さまざまな技術がますますわたしたちの生活を便利にしている。しかしこの自由が、わたしたちの自制心を減退させて、地球環境の破壊が進んでも、容易に自分たちの生活を変えることができなくさせている。そのことが分かっていながら、一方で、科学技術の進歩によって自由になることが増えていると考える。言い換えれば、楽に生きられる選択肢が増えることが、単純に自由が増えることだと見ている。

そしてまた一方で、今度は選択肢があり過ぎて、選ぶことに迷うとき、どれを選べば「良いか」わからないとき、むしろこの自由は、わたしたちに選択の責任を迫って来る「困りもの」となる。わたしたちの生活がこれで良いかどうか、わたしたちを「不安にさせるもの」、あるいは、さらに、場合によっては自由は心の「抑圧」、「束縛」に豹変する。エイリッヒ・フロムの『自由からの逃走』（一九四一年）が公刊されたのも、こうしたことが社会に起きていたからである。こうしてわたしたちは、「自由」は自分にとって良いものか悪いものか、わからなくなっている。

言うまでもなく、このように「自由」という「ことば」が状況によってまったく反対の意味になってしまうのは、そのことばがうまく定義されていないからである。哲学の吟味によって正しい定義をわたしたちは見つけなければならない。

古代からの哲学を承けて、中世では、「自由」は二つの方向から見られていた。一つは「善性」から。もう一つは「偶然性、可能性」からである。

すなわち、第一には、自由とは「悪いことができないこと」、「善いことしかできないこと」であった。第二には、自由とは「欲する（愛する、好む）こと、欲しない（憎む、嫌う）こと」が、いずれも同等にできること」であった。第一の自由は、記述のうえでは「できない」と否定的な可能性が述べられている。そのために自由をもっぱら可能性の意味で受け取りがちなわたしたちから見ると、その定義は自由とは反対ではないかとの印象があるかもしれない。

しかし、じっさいには、この自由は「罪悪からの解放」と言えることがらである。「悪いことができない」とは、「悪いこと」からすっかり自分が「離れている」こと、悪の支配から「逃れている」ことである。それを古代・中世のヨーロッパの自由の理解では「悪から解放されている」と考える。そして何らかの努力、あるいは、神による何らかの救いによって奴隷状態から「解放」されて「自由」な人間になるという説明がある。すなわち、良い主人によって悪い主人から解放されることが悪い奴隷状態から「解放される」こと、すなわち、人が真に「自由になる」ことだと考えられた。

ところで、キリスト教的観点から言えば、神がもっている自由は、第一の自由である。すなわち、「悪を為しえない自由」である。神が全能だと言うとき、それは悪いこともできる、という意味ではない。神は、良いことのみを何でもできる、という意味である。

他方、第二の自由は、むしろわたしたちが考える自由に近い。すなわち、「可能性がある」という自由である。何であれ、それを欲することも欲しないことも、いずれの可能性も取ることができる、というときの自由である。

中世後期のスコトゥスにおいて、第二の自由が自由の基盤に置かれ、この第二の自由に、第一の自由が付け加わるか付け加わらないかという違いが、意志を基体として、そのうえにある自由度（自由の完全性の程度）の違いと考えられた。第一の自由が付け加われば、それは完全な自由であり、神の自由である。付け加わらなければ、善悪の分からない、どちらにも行ってしまう人間の自由である。後者は「あやふや」な自由であり、「不完全な」自由であり、「不安な」自由である。中世までは、前者の自由が真の自由として追求されていたのであるが、近代以降は、後者の自由が、わたしたちの不安な現状認識として自由の一般的理解となっている。

じっさい、二十世紀、科学技術によって拡大した後者の自由な世界で、哲学の分野でも実存主義において「不安」の叙述があふれた。キルケゴール、ニーチェ、ハイデガー、サルトル、いずれも不安を語る。そしてその不安の広がりの中で世界大戦が二度もあった。また世紀後半に入って、先ほど引いたエイリッヒ・フロムの『自由からの逃走』という社会心理学の著作が話題になった。「自由」が、近代以前の哲学がもっていた豊かな意味を失ったとき、人間の世界に起こるその悲惨な結果を、わたしたちは案外身近に見ることができる。

３／神の意志の正しさを得ること

人間の重荷になる自由を、善の喜びにあふれた平安な自由に変えるのは、第一の自由、神の自由だ、というのが中世の説明である。イエスも「重荷を負って苦労している者はみな、わたしのもとに来なさい。…魂は安らぎを見出すだろう」（マタイ福音書 11‐28〜29）と言っている。キリスト教会的（神学的）説明を加えれば、この第一の自由を得ることは、ほかでもない信仰を得ることである。したがって何よりもキリスト教会の信者になることが、神の自由を得て、平安を得ることだと説明される。

とはいえ、わたしの見方では、キリスト教には「宇宙全体を己の国とする支配者」という神概念、その国を「隅々まで統制することができる全知全能」の神概念、安定した支配の「秩序を求める」神概念、それにともなう「罪と、応報としての罰」を定める神の概念をもつことによって、むしろ善男善女を脅している。つまり不安にしている。とはいえ、これらは本来のもの（ヨハネ・イエスの教え）ではなく、メソポタミア文明の流れを汲む大帝国のバビロンで捕囚となった経験と、ユダヤ民族の一部が一時居留したエジプト王国の経験から学ばれ、ユダヤ教に受け取られていたものである。そしてそれがそのままキリスト教会の秩序、法概念として受け継がれている。

しかし、すでに述べたように、ヨハネ（洗礼者）もイエスもユダヤ教会に拒絶され、イエスは罪を着せられて殺害された。したがって、既存のユダヤ教会と二人の間には、深刻な対立が現実にあったと考えなければならない。ところが、実際には、既存のユダヤ教会がもっていた要素が、旧約聖書ごとキリスト教会に受け継がれた。そのために、この深刻な矛盾がわたしたちのキリスト教理解を困難にしている。

言うまでもなく、たしかに支配のための観念はどれも、キリスト教会の設立以来、キリスト教会の教義の主要な柱としてユダヤ教から受け継がれている。それゆえ、伝統的な社会組織としての教会は、それを捨てることは決してない。したがって世界が「キリスト教」と名付けているものの全体を知るためには、支配のための概念をヨハネ・イエスの教えとは別建てに、わたしたちは「キリスト教」の理解のうちに組み込んでおかなければならない。

とはいえ、キリスト教の始原となった「悔悛」の教義は、やはりそれ自体で独立して理解しなければ矛盾（混乱）なしに理解することはできない。しかも、ヨハネ・イエスの教え、すなわち「悔悛」の教えこそ、キリスト教の本質だということは、死後に復活したイエスが語ったとされているつぎのことばに現れている。「罪のゆるしを得させる悔い改めが、エルサレムから始まり、すべての民に宣べ伝えられる」（ルカ福音書24－47）。明らかにイエスは「悔い改めが伝えられる」と言っている。「全知全能の神（の概念）が伝えられる」とは言っていない。

たしかに、中世の神学者スコトゥスは、「悔いる」という「罰」を自ら進んで（自発的に、自由意志で）受けることが神のゆるしを受けることにつながっていると理解している。しかし、その中で「罪は罰によって償われる」という概念は、繰り返し確かめて来たように、やはり国家（支配）のための法概念である。しかも「償い」は、直接には「ゆるし」を意味しない。なぜなら現代でも、有罪判決、すなわち罰を受けることの確定を受けた被告人に対して、それでは気持ちのうえで不足を覚え、罰による償いとは別に「謝罪」を求める被害者の姿が現実にある。その姿は、それらが別のものであることを証明している。すなわち、「罪の償い・処罰」と「罪のゆるし」の二つは、同じ罪に対してまったく別の意味地平にある。

そもそも国家が法によって行う罪に対する「罰」は、罪を犯すことに対する「脅し」として人の心に作用する。支配者が課すその厳しさを恐れることが、まさに民衆の支配を可能にする。そしてそれは社会が秩序を保つために用いる「応報」のルールである。つまり「これから先に」罪を犯すことを「止める」ために、このルールがある。

したがって刑法の罰則は、本来的には犯した罪を後になって償わせるための法ではない。むしろただ、公開される処罰によって応報が実際に行われることを一般人に「見せる」のが、法による処罰の目的である。つまり、死刑も禁固刑も、ほんとうは犯罪の「償い」ではなく、民衆一般に対して、処罰の「恐ろしさ」を実際に見せることが法の本旨である。つまり処罰は、償いというより、「見せしめ」である。

したがってまた、これをまねた宗教における「天罰」や「神罰」の脅しは、それと同じように、信者を「脅し」によってコントロールするために用いられる。それは神による救いとはまったく異なる地平にある。救いではなく信者に対する教会の政治的な支配の手段として用いられる。したがって教会の脅しに屈して何かで（たとえば金銭で）罪を償っても、それは神による救いにはつながらない。

その理由は、すでに明らかになっているように、罪に対しての償いはその償いが肉体的罰であっても、あるいは、金銭その他であっても、いかなる手段を取ろうとも、それが物質的なものによる償いであるかぎり、決して「心の救い」にはならないからである。罪に対しては、心からの、それも純粋に心だけの謝罪が唯一、神による救いにつながる。すなわち、それだけが心の平安に至る道である。それがヨハネ・イエスの教えだった。

同様に、福音書のなかでイエスは「レビ記（19－18）」のことば「復讐してはならない。民の人々に恨みを懐いてはならない。自分自身を愛するように隣人を愛しなさい」をもとにして「隣人愛」を説いている（マタイ福音書22－39）。すなわち、「レビ記」は、「モーセの十戒」に、一つ、神の法「隣人愛」をあらたに加えているのである。ところで、それが神の法であるなら、そしてそれを率直に（正しく）受け取るなら、「敵を愛さない」こと、「敵を憎む」ことは、神の法に対する背反である。言い換えると、だれかを悪魔視することは、神の法に対する違反であり、罪である。

もしもそうであるなら隣人愛以外の罪（例えば「モーセの十戒」のいずれかについての違反）につ

いても、その罪があった者の中で、物体的償いをしない者、罰を受けない者がいたとしても、それを責めることは、人を悪魔視することであり、神に対する背反である。たとえば、悪いことをした人間がのうのうと楽に生きていたとしても、その人間に対してさえ、隣人愛が求められる。イエスが「敵を愛せ」と言ったのは、この論理を正しく（率直に）受け取っているだけである。

４／「未来」への信頼と「過去」の事実

ところで、悪人の処罰は、将来の犯罪の抑止のためである。処罰があることを知らされた人間は、恐れを懐くことによって犯罪の実行を自制する。多数の人間を管理する立場の人（組織の上位者）は、それによって各人が今後、善男善女であることを期待する。それが分からずに犯罪を冒す人間は理性のない動物にすぎないとみなされる。各人が理性を持つことを前提するヨーロッパ社会では、そういう人間は排除すべきものにすぎない。

それに対して、心からの「謝罪」は、「すでに過去に」罪を犯した人間の「ゆるし」のために、「今」求められるものである。すなわち、処罰と謝罪は、いずれも罪の償いであるが、罪を起点とする時間的方向性がまったく逆である。一方は未来に向かい、他方は過去に向かっている。未来に向かう「処罰の規定」は、権力者による「今後の世界支配」を保証する手立てである。過去に向かう「悔い」は、罪人個人が「心の平安」を「今」に得る道である。なぜなら「処罰」は、今後の生を規定する恐怖を用いた人間の管理であり、一方「心からの謝罪」は、現在の苦悩を除くものだからである。一方は、わたしたちの前に広がる「未来」を背景にしている。それに対して「心からの謝罪」は、否定しようもない「過去」にもとづいている。

したがって、一方の根拠は「将来」であり、他方の根拠は「過去」である。ところで、「将来」とは、まだ現実になっていない世界である。わたしたちが「夢見る世界」であり、あくまでも「想像の世界」に属している。言い換えれば、真実かどうか疑わしい世界である。人間社会の管理者が「世界支配」のために用いている根拠は、わたしたちの間に作られる「未来」、いまだ現実になっていない」世界である。管理者はその世界を「計画」して夢を吹聴し、人間を管理する。

他方、心からの悔いは「過去」にあった「事実」にもとづいている。それは当人にとっては自分が経験した「自明な事実」である。「疑うことのできない真実」である。つまり「未来」は確実なことを知ることができない未知の事象世界であり、他方、過去の事実はすでに知られたことである。それは確実に定まっており、アリストテレスによれば、「神でさえ、過去の事実を変えることはできない」（『ニコマコス倫理学』第六巻第二章）。

わたしたちは、日々、現実の社会で事件が起こるたびに犯罪と処罰を見せつけられる。犯罪とその処罰は、たしかに目に見える現実である。そして新聞その他によってそれは広く報道される。それに対して、過去は記憶のなかのことである。過去についての報道や指摘はなされるが、それでも、過去はすでに目前のことではない。人の記憶に訴えない限り、納得が得られない。ところが心からの謝罪は、その過去に対してなされる。思い起こすことも謝罪することも、心の内という人目に触れないところで行われる。そのために処罰こそ現実的で、心の中で思い起こし謝罪することは、目に映らないがゆえに観念的で空虚だと、わたしたちは思ってしまいがちである。しかも政治は、すでに述べたことから明らかなように、未来における犯罪の抑止のために明文化された法律を設け、それを広く人々に周知させている。

それゆえ、本来の政治は、わたしたちが「未来」という非現実を期待するなかで、それを「善き未来」にするという「約束」の下に為されている。つまり政治的に意味を持つことがらは、一般に「未来」（いまだ来たらず）に向かったことがら、非現実のことがらである。なぜなら、未来の世界こそが周囲の世界をこれからも支配しようと願う現今の支配者たちが注目する世界だからである。過去は、現今の支配者にとって、現今の支配を得た、あるいはそれを保持した「栄光」の記憶にすぎない。現今の支配者の不安、課題は、未来を支配できるかどうかである。したがって政治は、未来について語る。大衆にも、未来を考えることを促す。過去の反省には興味がない。政治に先導されて未来に期待するのが大衆である。それを喜ぶ大衆は、その現実をはっきりと自覚していない。

それゆえ、過去の誤りを正す批判は、政治に関心を持つ人たちの関心を、残念ながら、あまり引かない。繰り返すが、未来は、今においては定まらないものであり、非現実である。したがって、政治家が約束している未来が実際には来なかったとしても、人間には未来は分からないという理由で、仕方ないこととして処理される。こうして、大衆は政治にだまされつづける。

とはいえ、科学が現実を理解するうえで信頼されていることは、政治家も無視できない。そのため科学的見解は重視しなければならない。それまで無視すると大衆も政治に信頼を置かなくなる。ところが科学的見解は、すべて科学的現実（過去に観察された事実）に負っている。たとえ科学が未来の予測のための理論を提供しても、政治と同じく、大衆の未来への「期待」にもとづいて理論をつくっているのでは決してない。科学の予測は、あくまでも現実の事実に基づいての予測である。それゆえにこそ、科学は現実的信頼を得ている。したがってたとえ未来に目を向けてあるのが政治であっても、科学が示す現実を無視すれば、政策自体が現実から遊離してしまう。

現代は、民主主義（デモクラシー）の、言い換えると、大衆（デモス）の政治（クラシー）の時代である。人々は多かれ少なかれ、心も体も大衆向け（期待を抱かせるだけ）の政治に左右される。それゆえに人々は、未来という非現実だけに根拠をもった政治や、それと一致した似非宗教家の政治的発言に左右されやすい。人々は自身の判断を怠け、支配者たちの教育的先導によってより善き生活を期待する。大衆は、支配者の声だけを拾うように自分たちの耳をつくっているのである。

哲学の力で真実を見分けなければならない。

宗教の救いが過去の「罪の現実」に負っているならば、宗教の救いは、科学と同様に、現実の政治よりも「現実的である」ことを知らなければならない。むしろ政治のほうが「想像の産物」なのである。つまり本当の宗教は、政治よりもはるかに現実に根拠を置いている。繰り返すが、その理由は、過去の事実は確定しているからである。それは科学と同等に現実の事実にもとづいている教えである。したがって各人の未来に訪れるという天国や地獄のたぐいの話を、現実であるかのように語って脅す宗教は似非宗教であり、真の宗教の本質を誤って伝えている。このような似非宗教は、政治と同じように善男善女を容易に騙す。

ところが大衆は、まだ来ぬ未来への夢を聞きたがる。それは不幸な現実から目をそらすことができることに「救い」があると思い込んでいるからである。自分たちに任せれば好景気が来る、敵対者に任せれば不景気になると語る政治家は、天国と地獄を語る似非宗教家と同じく、未来という非現実を根拠にしている。占いは当たるかどうか「分からない」。それゆえ、当たらなくても占い師は責められない。それと同じように、似非宗教家や政治家が言った通りの未来にならなくても、彼らは自分たちが責められないことを知っている。夢を信じたほうが愚かだったと言うことができるからである。ちょうど詐欺にかかった人間が、詐欺師よりも自分を責めてしまうことが起こりがちなように。

しかし、哲学が明らかにするのは、その理解の誤りである。平安に至る謝罪こそ、罪を犯した現実の過去にむしろしっかりと基づいており、国家が行なっている不安を煽る処罰は、国民を管理するための「見せしめ」にすぎない。それは未だ来ない非現実（たんなる観念）にもとづいた恐れを、犯罪の抑止のために使用しているだけである。同様に、似非宗教は、天国や地獄の話で信者を囲い込み、勢力を拡大する。

哲学はさらに、平安に至る謝罪の意味を明らかにする。平安に至る謝罪は、「心からのもの」でなければならない。ところで、「心から」のはたらきは、自発性、自由意志によるはたらきである。つまり主体的に動く、能動的な心のはたらきである。それは決して外部からのものに刺激された、あるいは要求されたことへの受動的な心のはたらきではない。そして真実の「自発的である」ことは、それが「生まれながらの」意志であることを意味する。なぜなら自発性は、「個々の命の発現」だからである。

言い換えれば、それは生まれながらの「魂から生じる」。そして「生まれながらの」であれば、「まっすぐな」意志である。それはまだ既存の社会のことばによって捻れ曲がっていない。善悪の判断が混乱した魂ではない。その魂は、知性と意志が始まる原点である。それゆえ、本来の意志は既存の社会に流通する「ことば」によって捻れ曲がっていない「率直な」意志のはたらきである。そして「まっすぐ」であることは、すでに説明した通り「正しい」意志であることを意味する。

もしも人間を造ったものが神であれば、「生まれながらの」意志は、その神の意志が造ったものである。神が造ったその意志が、本質的に、「そのままに」保たれ、人間社会によってゆがめられていないのであれば、それは神の正義（正しさ）を保った状態ではたらく。力学の法則で、新たな力が加わらなければ物は等速直線運動をつづけると言われているように、意志もまた、神の作りし状態を保っているのなら、つねに等しくまっすぐにはたらく。

神の正義を保つ意志のはたらきは、当然、神の意志と、また神の知性とも一致する。ところで、純粋に精神的なはたらきに対しては、物体的な距離は影響しない。それゆえ、この意志のはたらきは、かならず神に通じる。つまり、確実に神に知られる。それゆえ逆に言えば、この善き意志をもたない人間は、神に知られることがない。イエスも「詩編」を引用して、「わたしはお前たちをまったく知らない。悪を行う者たちよ、わたしから離れなさい」（マタイ福音書 7－23）と言っている。この箇所では、明らかに「全知全能」（悪い人間の行動も心も、神はいっさい見逃さない）の説が、神自身によって否定されている。イエスによれば、神は、善きものしか見留めないのである。

ところで、「謝罪」は、己の犯した罪に自ら気づくこと、それを認知することを示す。スコトゥスによれば、たしかに認知してその対象をとらえる（認識する）のは知性である。しかし、何事であれ「思いも寄らないこと」に気づくはたらきは、知性を「既定されたもの」（既成概念の束縛）から自由にする（解放する）はたらきである。したがって、それは知性とは別の精神的能力のはたらきでなければならない。それゆえ、それは意志の自由がもつ力であると考えることができる。心が思いも寄らないことに自発的に気づく能力は、受動的な知性の能力ではない。むしろ主体的にその知性を自由に動かす意志である。知性を動かすものは、少なくとも知性と同等の能力で、しかも能動的な能力でなければならない。そうでなければ高い資質の知性能力を動かす資質があるとは言えないからである。

　すなわち、知性よりも下位の能力である身体がもつ感覚は、知性に対しては思考のための資料を提供するだけで、思考を既成概念から解き放ち、新たな方向に仕向ける力はない。それゆえ、思考を新たな方向へ仕向ける力は、知性と同じ精神的能力のうちにあると同時に、既成概念にとらわれた知性とは別の能力でなければならない。それゆえ、そのような（既成概念から知性を解放する）はたらきの根源は知性ではなく、自由意志のはたらきだと言わなければならない。スコトゥスの論理は、こういうものである。

　そしてその意志のはたらきが率直にはたらくなら、その意志のはたらきは神に通じると考えられる。それゆえ、己の罪に気づいて（悔いて）率直に「悲しみ」を受け取る意志は、神の意志に一致する。そして神の意志に通じるなら、神にその存在を気づかれる。つまり神に認められ、神の意志と交流する。そして、神の意志は憐れみ深いから、かならず神の「ゆるし」を受ける。そして神の「憐れみ」は神の「愛」であり、神から受け取られるものであるから、神の「恩寵」であり、神の「恵み」である。そして同時にそれは神的無限の「感謝」である。悔悛した者は、己の意志を通じてその感謝、恵みを受け取り、その知性は、受動的必然的に、それを認識して記憶することになる。

　キリスト教の信仰説明においては、つぎのように言うこともできる。それは神の意志の自由に触れることであり、神の自由を得ることである。ところで、神の子とされたイエスは「わたしは道であり、真理であり、命である」（ヨハネ福音書14－6）と言う。言い換えると、神は命そのものであり、不死である。それゆえ、神の意志と一致した人の意志は、その知性において命そのものを経験する。それは死を超える経験をもつことである。そして人間の知性はその喜びを記憶する。

5／第二の自由

神の意志に触れるためには人間側の意志が自由でなければならない。なぜなら、神の意志は最高度に自由なものであり、その意志と一致するためには、人間の意志も自由でなければならないからである。そして自由であるためには、一つには自発的であること、一つには対立したはたらきのいずれにも関わることができる可能性をもつことが要求される。つまり「心から」のものである意志のはたらきは、それが「自発的」であることによってはじめて本当に「自由」と言えるものになり、「対立したことがらのいずれとも関わることができる」という可能性によって、はじめて十分に「束縛のない」自由なものになる。

第一の自由は、すでに述べたように、生まれながらのものでなければならない。ゆえに、意志自身の「自発性」に一致している。主体的、創造的に動ける人間は、この自由をもつ　主体的に動けず、教えられなければ動けない人間は、この自由を失っている。この自由は、それゆえ、当人が自らの「主体性」をどれだけ発揮できるかによっている。言い換えると、当人が他人頼みにならずにいられるかによっている。そしてすでに述べたように、主体化するのは当人の自発性なので、他者が「教える」ことはできない。そして、一般に「教える」ことができないものは、「説明する」ことができない。それゆえ、スコトゥスも説明していない。

他方、第二の自由は、何よりも「可能性」のことだと言える。中世の神学者スコトゥスは、これについてどのように言っているか、それを見たいと思う。

スコトゥスは、「矛盾が生じることだけを避ける」意味での「可能性」、すなわち、矛盾のないことなら、どんな突飛なことでもありうるという可能性を、上記『オルディナチオ』の同じ巻の同じ区分の第2問題第57段落で提示している。すなわち、同じものについて意志が「同時に」、肯定と否定の両方を同じ欲する作用で欲することには矛盾がある。したがってそれは不可能である。しかし「継続する瞬間」の中で、「異なる瞬間」(今)に即して、対立するそれぞれを欲することは可能である。ただし、ここでスコトゥスが「肯定と否定」を意志の対象として挙げたのは、意志が「判断」に関わった場合を条件にして述べている。つまり欲求の関与なしに知性のみで一方を選択する判断をする場面ではなく、自分の欲求が関与して意志が欲するほうを知性が選び取る判断である。

自分の欲求が関与する場面とは、自分が実践的に関与する場面である。すなわち、現世の行動に結びつく場面であり、そこでの判断である。本の中での判断ではない。

言うまでもなく、本来、意志のさまざまなはたらきは「欲する」、「欲しない」、ないし「好む」、「嫌う」という欲求の相違であって、肯定する、否定する、という判断の相違ではない。近代に至って、デカルトが誤謬となる判断の作用を知性のはたらきとしてよりも意志のはたらきとして述べる（『省察』四）のは、ここにあるスコトゥスの議論からの影響だと思われる。というのも、スコトゥス以前では、中世の神学者は、「判断」はもっぱら知性のはたらきだと考えていたからである。じっさいスコトゥスも、第1巻の第38、39区分で意志の自由を分析する際には、意志の相違を、判断ではなく、もっぱら欲求の相違の可能性をめぐってのみ議論している。

ところで悔悛を論じる場面で、スコトゥスが「判断」の場面を意志の自由を論ずるに際して持ち込んでいるのは、同じ精神作用でも知性とは区別される意志が、「道徳的判断」に関わるからである。すなわち、真か偽かではなく、「善い」、「悪い」、あるいは、「正しい」、「正しくない」の判断である。知性の判断の問題か、意志の判断の問題かは、道徳問題をどのような地平で理解するかの違いと関係している。すなわち道徳問題を、法律その他の知識による判断の問題と見るか、それとも当人の意志の「まっすぐさ」の問題と見るかの違いである。前者は、法律的な善悪の知識による判断である。具体的には裁判官の立場で被告の行為を判断するときの見方である。このときは、正義とは、知性の判断（選択）の問題と見られる。この立場を取るのがトマス・アクィナス（一二七五年没）であり、近代ではイマヌエル・カント（一八〇四年没）である。他方、後者は、意志の判断は実践的場面での道徳的判断だと見る。その善悪の判断、正義か不正義かの判断は、各自の意志の自発的はたらきが、神が与えた「生まれたまま」の性格を保持しているかどうか、それにもとづく判断であるかどうかを見る立場である。すなわち正義とは、意志の性格（まっすぐか、まっすぐでないか）と、それによる判断（選択）の問題と見る。

　スコトゥスは、主意主義者であり、基本的に後者の立場に立っている。ただしキリスト教神学者としては、教会の規定の法に従う。したがって彼の考察（ことば遣い）は、ときに主知主義的である。そのためスコトゥスの主知主義的説明は、思想の根本にある主意主義的傾向と複雑に入り組んでいる。この錯綜が起きる理由は、すでに述べたように、キリスト教がヨハネ・イエスの教えを一方の柱として据えながら、ユダヤ教からの伝統があって、集団の維持、保全を目的に、「ゆるし」のためには「償いとしての罰」が必要であると見るからである。あるいはまた、教会の破壊の危険に対しては「決してゆるせない」という「敵対視」（悪魔視）を認める（たとえば、ユダはゆるされない）ほかないからである。そのとき、スコトゥスの神学も全体としては矛盾が起きている。

　それゆえ、ここでは、わたしがすでに述べた観点からの区別をもとにして理解を進めたい。すなわち、第一の自由は、「神の正義」をもつ自由であり、この自由と一致するとき、人間の意志のはたらきは、正しい自由、真なる自由をもち、この自由は、「罪からの解放」という性格をもつ。一方、人間の意志には、神と同様に、第二の自由がある。その自由は、さまざまな選択を行うことができる可能性である。この「可能性」における自由の本質は「どちらも可能だ」と言う意味において、神の意志の自由と人間の意志の自由は本質的に同じである。

ただし、この後者の自由において人間の自由は、神の自由とかならずしも一致しない可能性を含んでいる。それは神の能力の限界のなさに対して、人間の能力には限界（条件）があるからである。つまり神の可能性は、第一の自由を併せ持つので、必然的に善であり、なおかつ可能であるゆえに無限であるが、人間の能力には、善に関しても可能性に関しても限界がある。その限り、人間の意志には「罪の束縛を含む」自由、すなわち第一の自由を欠いた自由がありうる。言い換えれば、「罪を犯す」自由がある。さらに、人間能力の物体的限界もあって、人間の意志の「可能性」（能力）にはさまざまな限界がある。

神の自由はつねに正義である。しかも天地を創造し、全知全能である神には、その無限の能力によってできること、可能なことは、「善いことのすべて」である。それゆえに、神の意志の「可能性」は無限である。永遠の存在である神には、時間の制限もない。つまり時間的継続性が有する限界性がない。それは時空的構造を飛び越える可能性を意味している。したがって、通常の人間の論理からすれば現実には不可能であることも、神には現実に可能であると言われる。問題は論理的矛盾だけである。論理（ことば）に即して言えることは、すべて現実化可能であるのが、神である。これはたとえば数学的に記述可能なら、すべてが数学的世界で可能である、ということと類似のことである。

このことが引き起こす問題が、神による「予知」と人間の「自由」の問題である。つまり或る時点で或る人がどのような状態であるかは、時間に縛られない知識をもつ神は、すでに知っている。だとすれば、人間が自分の意志でどのように振る舞うつもりであろうとも、神が予知している状態に、その時点でかならず「なる」ことが決まっている。それゆえ人間の自由は、人間の目に自由であるように「見えて」いるだけで、じっさいには各人の未来は「運命」と呼ばれる神の摂理によってすでに「決定して」いる。したがって、個人の意志的努力にどれだけの意味があるか疑問である。人間の自由と対立して見える「神の予知」、「予定」の問題とは、そういう問題である。

6／予知・予定（摂理）の問題

神が全知全能なら、神は未来のすべてを知っているし、神が知っているということは、未来までもその通りになることを神が決定していることだという理解が、神の「予知」、「摂理」、「予定」の説である。ただし、ラテン語では、「予知」と「摂理」は、どちらも同じ単語'providentia'（目の前に見ている）である。通常の日本語に訳せば「予見」、「先見」である。「予定」'praedestinatio'は、「あらかじめ運命が決まっていること」を意味する語である。

後者は運命論であり、人間の自由を明確に否定する。古代においてアウグスティヌスにより異端とされた。ひとつには、これがメソポタミア文明由来の「星占い」と関連するからである。星の運行によって人間の一生が予見できるという「星占い」は、人間の運命がその生まれ月日によって「分かる」ことを意味している。そしてそれは一種の「予定」説、人間の自由を否定する説である。ギリシア・ローマの文化では、すでに述べたように「自由」は至高の価値である。それゆえ、古代ローマの自由市民アウグスティヌスも、人間の自由は絶対に守らなければならないという立場であった。

　とはいえ、主知主義的解釈をとれば「予知」にもとづいた「予定」がありうる。なぜなら、主知主義では、知性認識にもとづいて意志のはたらきがあるからである。つまり知性が予知していることは、知性が予定している。全知全能の知性が予定しているなら、意志は知性の判断に従ってそれを決定するだろう。じっさい主知主義では、自由は知性の選択可能性を根拠にして説明される。それゆえ、主知主義では予知があれば、神自身の全能の意志による予定が可能だと、説明される。そもそも何が善かわかっているなら、神がその善を予定することは論理的に決まっている。したがって神が予知したことは、すでに予定されていることが決定していると結論される。それ以外にない。

　したがって、予知と予定は、知性による「理解」に基づけば、同じことである。それらは、結果的に全時間にわたる「神による世界支配」の考えを主張している。なかでも「予定」説は、人間の「運命決定論」を唯一絶対の神、全知全能の神にもとづいて説明する。以上のことから分かることは、予定と予知が結びついてしまう主知主義の立場から離れて、予定と予知とを区別できる根拠をめぐって、主意主義者であるスコトゥスの論究が中世の後期（十三世紀末〜十四世紀初め）にあったと言える。

宗教の本来の役目は、罪悪からの「救い」、すなわち罪悪からの心の「解放」にある。神による人間生活の「支配」ではない。もしも人々の生活に憐れみ深い神の支配があるのなら、しかもその神が全知全能であるのなら、すべての人の生活はすでに救われているはずである。それが現実には「無い」。ということは、神による人間の生活支配が実際には「無い」ことを意味している。それゆえ、とくに神の支配を決定づける「予定」説は、宗教（救い）の本質にもとづくものではない。むしろそれは、旧約の時代にユダヤ人を支配した大国の支配の方法に教会組織がならって、教会が信者の「政治的支配」をするとき、教会がその裏付けにしたことがらにすぎないと言える。

じっさい、もしも現状と将来がすでに予知された通りになっており、人間側の努力による変化が決して起きないとなれば、わたしたちには予定されていることが起きるのを心して「待つ」ことしかできない。そうであれば、支配者側からは、民衆の統率は計画通りにできることになる。なぜなら、民衆が自分たちの生活は「運命だ」と思ってくれるなら、権力者が何をしようと、権力者の計画は神の計画と見なされるからである。

他方、多数の集団を支配して安定的に維持することを目指す政治の本質は「支配者の幸運」を目指す。それは被支配者の「犯罪の抑止」、および支配者の「財力の増強」と支配者の敵を倒し、味方を増やすこと」である。すなわち、支配者の「繁栄」を目的とする。それは支配者の自由を、被支配者の自由に対して優越したものにしなければ達成できない。それゆえ、支配者の自由のもとに、被支配者の自由は制限される。これは神の自由の名のもとに、人間の側の自由を制限することである。そしてそれが教会による信者の支配を絶対のものにする「予定説」である。アウグスティヌスは、この極端を戒めたと言える。

ルネサンス期に、当時の民衆がルターのプロテスタント運動に刺激されて、支配者側に対して激しく抵抗する（ドイツ農民戦争）姿をカルヴァンが目にしたとき、彼が新たにプロテスタント教会をつくるうえで「予定説」を唱えたのは、民衆の抵抗運動に国家の危機を覚えたからに違いない。彼は国を安定させ、繁栄させようと意図して、民衆に対して神の定めた「運命」を甘受して、大人しく財産を増やすために生きることが、神が求める良き信仰生活だと教えた。

しかしこのように信仰を支配の道具に使うことは、その使用が過剰であるとき、カルト的と言われる。それは似非宗教家が政治的支配の欲望を持つことが原因となって、宗教の教義のなかに、その道具を見つけ出して使うことから生ずる。たとえば天国と地獄がすべての人の将来にあると主張し、その条件を決めれば、人々は天国に行くための条件に見境なく殺到する。あるいは、地獄に落ちる条件を免れるための方法を決めれば、それにも人々は殺到する。なぜなら、まっとうな人は、多かれ少なかれ、己が罪をかかえていることを知っているからである。
己の罪を覚えたものが、罰があるのではないかと不安になったとき、人は一般に、心からの謝罪よりも、「物質的な償い」による神のゆるしのほうを求める。カトリック教会は司祭の前での罪の告解しか有効ではないと教える。しかし心からの謝罪は、心の底から自身を相手に「さらす」ことを意味する。つまり教会は信者に対して、教会の支配の前に己の心を「裸にする」ことを要求する。したがって、教会ないし司祭の支配を嫌う人は、罪の告解を躊躇する。それでも、人前で裸になることは「怖い」、「恥ずかしい」。自分の心を人前に「さらす」ことは、だれでも嫌うことである。

すでに述べたように、スコトゥスは司祭の前で行う悔悛を「罪を償う罰」であると述べる。「罰」であるから、恥ずかしくても司祭の前で告解する必要があるという理屈である。このようにスコトゥスが「悔悛」を「罰」だと論じる理由は、彼がカトリック教会の神学者であり、かつ、司祭という教会組織の幹部にあたるからである。つまり彼の議論も、悔悛の真実をゆがめている。

しかし真実の悔悛を見失い、他方で教会に操作される告解を避けようとすると、今度は自分の心ではない「物」（身体的か、金銭的か、物体的なもの）で「罪を償う」ことのほうを、人は選ぶほかない。こうして間違った信仰のために、不正な献金が横行する。中世末期に横行した教会発行の「贖罪札」も、同様の背景をもっている。なぜならそれは、司祭に告解することを金銭で代償することだからである。

しかしすでに述べたように、罪から生ずる不安は、本人の「心からの謝罪」によってしか「神のゆるし」、すなわち、「完全な解消」につながらず、「永遠の平安」を得ることはできない。謝罪を司祭相手に（他人の前で）することは、神にとってはむしろ意味がない。教会人相手の謝罪は、どこかに嘘が混じる可能性があるからである。その嘘が分かるのは、本人と神だけである。したがってその嘘を「告解」の事実として受け止めることは、信者の心を教会の支配のもとに置くことを意味するにすぎない。したがって教会が定める司祭相手の告解は、かならずしも「神のゆるし」につながらない。嘘がまじれば、罪が重なるだけである。

ほんとうは、「ヨハネ福音書」八章にあったように、「心の中で」、なおかつ「自分が罪を犯した相手」を目の前にして心から謝罪することが、神のゆるしを得る要諦であり、それだけである。他人に語る、あるいは他人に聞いてもらうことによって他人に証人になってもらう必要はない。神に対する自分の行為について他人の証言を欲しがるのは、ヨハネ・イエスの教えにおいては、それ自体が罪である。じっさい、「右の手のすることを左の手に知らせてはならない　（マタイ福音書６－３）と言われている。

神はすべてを知るものなのだから、他人の介在は必要ない。心からの謝罪をすれば、そのとたんに目の前の他人の罪を「ゆるすほかなくなる」からである。そして同時に、自分の苛立っていた心に、ふいに「平安」が訪れている「不思議」に、人は気づくはずだからである。この「不思議」に「神の慈愛」を覚えるのがヨハネ・イエスの教えである。

それゆえ司祭を含め、他人の前で声に出して告解するのは余計なことである。一般にこれを知らないために、人は不安を煽る人に負けてカルト的信仰に陥る。じっさい他者支配のための宗教物語を作る人は、すでに述べたように、将来（非現実、あるいは、未現実）への不安を煽り、それをよりどころに民衆を操るための信仰を作る。そしてその信仰を利用する。真実を知らない人は教会の権威を前にして、恐れ、怯え、簡単にその信仰にとらわれるのである。

しかしすでに指摘したように、己が罪をかかえていることだけが今の「現実」であって、将来の地獄も天国も、少なくとも「今」は非現実である。その非現実をよりどころとする教義は、よりどころが非現実であるために、どれも確実性をもたない。つねに捏造の可能性をもつ。それゆえ、その教義は現実の救いにはつながらない。あるいは、つながることの確実性がない。その不確実性を無視して、あるいは知らずに天国や地獄を信ずることは、哲学の立場からすれば、どこかで間違い（罪）を犯す可能性をもっている。

すでに明らかにしたように、キリスト教会の教義の内に、ユダヤ教由来の説としてその道具があることは、確かなことである。キリスト教会はその教義を放棄できない。それを認めつつ、古代中世を通じてその使用を常識の範囲に納める努力が「神学」で為されてきた。カトリック教会において神の「予知」は認めても、「予定説」が異端とされたのは、その一つである。したがって哲学によってキリスト教が正されてきたことを知ることが、キリスト教の常識的な理解（カルトに進まない信仰の理解）には不可欠なのである。

7／摂理を認めつつ「今」を生きる

教会神学者スコトゥスは、カトリック教会の教義に従って、神の「予知」を認め、神による「予定」を否定する。

スコトゥスは、つぎのように、天国行きが予定されていた者が断罪されると言う。

神の意志は、対象に先立っている。それゆえ、神が対象を欲し、或る者を救おうとする同じ永遠の瞬間において、神はそれを嫌悪することができる。そして同一の瞬間に彼を断罪することを欲することができる。それゆえ、或る者が予定された同一の永遠性の瞬間において、その人は斥けられる。（スコトゥス『レクトゥーラ』第1巻第40区分第6段落）

さて、主意主義者スコトゥスによると、意志のはたらきは知性のはたらきに先立っている。ただし、これは時間的な先後ではない。時間的には同時でも、はたらきの効力については意志のほうが知性に優っているということである。つまり知性が何かを認識すると同時に意志がはたらくとしても、知性がその「何か」を特定する（理解する）まえに、意志の「好き、嫌い」のはたらきがある、という意味である。したがって、人間の場合、わたしたちの対象についての認識は純粋に為されるのではなく、しばしば自分のもつ意志（欲求）に左右されている。つまり、ものごとの認識が、自分がもつ好き嫌いの欲求によって間違って「作られてしまう」可能性が高い。つまり好きなものは実態よりも良く見え、嫌いなものは実態よりも悪く見えてしまう。わたしたちの認識は、たいていの場合、完全に中立的ではない。人間の間で根深い「偏見」がなかなか払拭できないのはこのためであると、スコトゥスの立場では説明できる。

　したがって知性の認識が対象に対して「正しい」ものであるためには、前述のことに従えば、先に意志のはたらきが「正しい」もの、つまり「ゆがんでいない」、「まっすぐである」必要がある。そして意志のはたらきが「正しい」ときは、その意志は神の意志と一致している。スコトゥスによれば、この状態が、知性が認識を正しく行うことができる状態である。そしてそれは同時に、信仰を正しくもっている状態である。このような認識を周囲についてもち、信仰をもつ者は、正しい認識と正しい信仰をもつのだから、正しい行動を取ることができる。そして、自分の意志が神の意志と一致しているならば、神に将来を保証されている。つまり天国に行くことができる。このことをキリスト教で「予定されている」という。他方、それが拒否されることを、「斥けられる」、「断罪される」という。つまり地獄に放り出される。

　さて、神は「全知全能」であると信じられている。ただし「全知」omniscientia は、「全能」omnipotentia に含まれている。なぜなら、全知は、知性の「能力」が「完全」であることを言うからである。そしてスコトゥスは、神の全能は人間理性によって証明することができないことを認めている。「全能は、第一作用者について信じられていることであり、論証されないものであると思われる」（『オルディナチオ』第1巻第42区分第9段落）。第一作用者とは、世界の秩序において第一の作用者（作出原因）のことであり、創造神のことである。

とはいえ、信仰によるとしても、神が全能だとすれば、課題にしていることがらはどういうことになるか。スコトゥスは精妙な論を展開する神学者である。「精妙博士」というあだ名で当時から呼ばれている。彼の論述の理解には忍耐が必要になる。

さて、スコトゥス（『オルディナチオ』第1巻第38区分・第39区分）によれば、神は同一の瞬間に、わたしたちが出合うあらゆる瞬間に現前することができる。たしかに現代の相対性理論によれば、光のスピードで動けるなら、いかなる場所にも、同一の瞬間に遍在することができる。神は全能なので、光のスピードで動くことぐらい十分に可能でなければならない、そもそも創造論によれば、光のスピード自体を、神は作っている。したがって神の能力によってなら、神はすべての時間（瞬間）にわたって、あらゆる所に同時に現前することができる。このことを、スコトゥスは「永遠性の同一の瞬間（今）」と表現する。

しかし、神はすべてを知る立場にあったとしても、人間の意志の自由に支配の手を伸ばさない。前述した第二の自由は、神にも人間にもある自由である。つまり意志のはたらき（善と悪、好意と嫌悪、等）に関しては、神は人間の意志を管理しない。あくまでも絶対的な正義をもつ第一の自由に対して人間が己の意志を一致させたとき、神はその意志に好意を寄せ、救うのである。それがなければ、神は「知らない」と「拒否する」。

したがって人間が成長の過程で周囲の社会から「間違ったことば」を受け取り、その知によって意志がゆがんでしまっていれば、その意志に主導される認識は「悪い、間違った、不正な認識」になり、その認識は神に知られることがない。すなわち、その心は神に管理されていないために、むしろ悪に浸食されている。その認識はその心に不安を生み出し、その不安に駆られて、間違った意志は、ますます間違った判断をそのときどきで知性に導く。つまり不正な意志は、その根拠における不正が原因となって不正なことに好意を懐く。そしてその喜び（快楽）に誘われて、知性は正しい判断ではなく、自分に都合が良いだけの判断をする。それは多くの場合、誤った判断である。誤った判断があれば、それによって誤った行動（不正な行動）がとられる。

したがって誤った判断をとる人は、その根本の原因はその人の意志（欲求）の誤り、すなわち、意志がまっすぐでないことにある。その意志は、神によって「知らない」と斥けられ、断罪される。

しかし言うまでもなく、或る瞬間に、何かの偶然において自分が好意を懐いていたことがらに「悪」を見出して、その意志の歪みが正されることがありうる。その瞬間とは、神がその意志を救う瞬間である。したがって、その瞬間、救いが予定される。ただし、意志は第二の自由は失わないので、いずれの瞬間にも、その都度、救いが予定される意志になることもあれば、斥けられる意志になることも可能である。つまり予定されることは、瞬間瞬間のことであって、瞬間以上に長続きするという保証はない。あくまでも救いは、人間の意志が神の意志と一致したときの一瞬のことである。

このように、わたしたちの時間認識で見ると、神は人間のすべてを予知しているが、天国行きか地獄行きかは決定していない。神の予知は全ての瞬間にある。それゆえ、すべての瞬間にわたって、それぞれの瞬間のわたしたちの個々の意志の様態（正・不正）に合わせて、神はわたしたちを永遠的に予定していたり、永遠的に断罪していたり、それぞれである。ここで、実際には「瞬間」にもかかわらず「永遠的」と言われるのは、その決定が永遠性を持つ神による決定だからである。すなわち、神のはたらきは、つねにわたしたちがもっている時間空間の制限を超えている。

それゆえ、神のはたらきは、継続する時間のうちに生きるわたしたちの目から見れば、どの瞬間も永遠的でありながら「未決定だ」と言える。なぜなら結局、そのときにならなければ分からない、いずれでもありうるからである。つまり神の意志は、どの瞬間の意志についても、わたしたちを天国に予定するか断罪するか、可能性の自由を保ち続けている。

言うまでもなくカトリック教会は聖書を典拠にして、神は、教会の判断は神の判断であると約束していると主張している。すなわち、教会の頭とされたペトロにイエスが言う。「わたしも言っておく。あなたはペトロ（岩）。わたしはこの岩の上にわたしの教会を建てる。黄泉の力もこれに対抗できない。わたしはあなたに天の国の鍵を授ける。あなたが地上でつなぐことは、天上でもつながれる。あなたが地上で解くことは、天上でも解かれる」（マタイ福音書16－18〜19）。

ところで、「つなぐ」、「解く」ということばは、哲学では「結合」と「分離」である。そして「結合」と「分離は」、文において「肯定」と「否定」の判断を意味する。それゆえ、先の聖書のことばは、神が教会の判断をそのまま自分（神）の判断にすると読める。

そうであるとすれば、教会の判断にしたがって神はものごとを決めていると、教会は特権をもって主張する。教会は先の聖書のことばをよりどころに、信者をコントロールする特権を主張している。言うまでもなく聖書は教会が編集したのであるから、ほんとうにイエスがそう言ったかどうかは分からない。それでも教会の権威によって「聖書は聖書」なのである。

すなわち、イエスを裏切ったユダの断罪（地獄行き）は、キリスト教会によって決まっている。他方、使徒パウロが当初行った信徒の迫害は、ゆるされることが決まっている。それによって教会は、約束を守る神を信頼する。とはいえ、神の自由は、否定してはならない。裏切り者のユダと使徒パウロについての断罪とゆるしは、決定事項だとすることができたとしても、他方で、神の至高の自由は、わたしたちの将来を決めずにいることができる。こちらも至高の神への尊崇を考えれば、認めなければならない。

このような理解は矛盾が避けられないが、それでも教会は、自分たちの信徒を守り、敵を排除しなければならない。言うまでもなく、これはカトリック教会のご都合主義である。しかしこの理解を支持することが、教会神学者スコトゥスの仕事なのである。とはいえスコトゥスは、それらの矛盾を乗り越えるために、「瞬間」のうちに「永遠」を見ることを主張している。この点は見落とさないことが重要である。なぜなら、天国行きの予定も地獄行きの予定も「瞬間」において決まっているということだからである。つまりわたしたちが数か月先を予定するように、その予定が余程の事故がないかぎり予定通りに実行されるという意味と同じで、将来が神によって「予定されている」のではない。むしろ、わたしたちの意志のはたらきが「正しさ」、「正しさ」をもつかもたないか、そのどの瞬間にも「予定の変更」が「永遠性」の下に起こる。

8／宗教の弁別と哲学

まえがきに述べたことであるが、キリスト教は日本人によく分からない側面をもつ宗教である。おそらく大半の日本人は、すぐれた外国人と見られる人たちが「信じている」と言うのを聞いて、キリスト教はきっとすぐれた宗教なのだと期待を込めて思う。そしてキリスト教をいくぶんか齧った信者たちから絵画つきの物語のような聖書の話を聞いて、すなわち、かつて日本の貴族の女性が絵を見ながら物語を聞いて『源氏物語』を知っていたように、一つの外国の知識として心に留めている。そして多くの人は、ふと、よくよく考えてみると「よく分からない」と気づくのである。

言うまでもなく、仏教とて日本人は古くから耳にしていても「よく分からない」状態のままに放置している。じっさい仏教は、古く聖徳太子の頃に、やはり支配層から受け入れが始まり、しだいに庶民へと伝えられた。そして宗教としては、すでに述べたように、庶民の能力に合わせて、見た目にわかりやすそうな、たとえば地獄の絵や、仏の絵や仏像などを飾り、さまざまな場面での祈りの形式を整えて、「分からなくても」「信じている」と言えるように、何とか格好をつけて来た。それが偽らざるところだろう。じっさい仏教が分からなくても、だれでも死ぬと、お寺で「戒名」をつけてもらうことができる。わたしたちはそれで安心している。

したがって、最近になって日本に紹介されたキリスト教が「よく分からない」のは、無理もないのである。その理由は、たぶんいろいろであろうが、わたしが指摘したいのは、つぎのことである。すなわち、一、二世紀前までに日本人が知っている宗教（仏教や儒教、日本神道）のなかに、キリスト教がユダヤ教から受け継いでいる「知恵」、すなわちメソポタミア文明とエジプト文明がもっていた知恵が入っていない。たとえば神が天地を創造し、人間を造ったこと、神が全能であること、その神が戒律を厳しく守ることを人間に要求することなどである。そしてその戒律のなかには、「寄留民」、現代で言う「避難民」の扱いが含まれる。現代の日本政府が、キリスト教信仰をもつ国々から、外国人の国内での扱いに関して疑問や非難が寄せられていながら有効な反応ができないのは、その知恵がいまだに受け取れていないからと言える。さらに、古代ギリシア語にある「ことば」の概念、「恩」と「感謝」、「愛」が、神によってもたらされると見る「特別の理解」は、いまだに日本人の理解のうちにない。そのために、「愛する」という言葉の意味が狭く、身体性をともなってしか理解されないことが多い。

ほかにも、キリスト教には神の子が救世主（キリスト）として地上に派遣されたという話や、その人物が磔にされて殺され、復活して天に戻ったという話など、日本の神代の話よりも想像しにくい話がある。また最後の審判の話も、日本人には初耳の話である。さらに人間をほかの生き物とは同列に扱わず、人間は、神が自分に似せて作った特別な生き物であるという概念がある。これらも、日本の精神伝統にはない。これらについて知らずにいた日本人にとって、キリスト教は分からなくて当然だろう。

他方、キリスト教が日本人にも理解できると思えるところは、日本に古く伝わった仏教が携えていた知恵が、キリスト教にも入っている側面である。つまり前章までに述べて来た「悔悛」による救いの話である。なぜなら、「自分の罪に気づく」というのは、親鸞の教え（浄土真宗）が含んでいる「自分が悪人だと気づく」ことに等しいからである。じっさい仏教の一つである「浄土教」を学んだ親鸞のことばを伝える『歎異抄』の最初のフレーズには、「弥陀の本願には、老少善悪の人を選ばれず」、「そのゆえは、罪悪深重、煩悩熾盛の衆生をたすけんがための願にてまします」がある。つまり衆生の一人である自分は「罪悪深重」だと思うから、そしてだからこそ、きっと阿弥陀仏が助けてくれる、という理解がそこにある。この理解は、「阿弥陀仏の救いが期待できるから悪いことをしても大丈夫だ」という誤った認識を「本願ぼこり」と名付けて否定しており、神仏に頼ることではなく、自己の悪の自覚に基づいて自己の存在に気づくことを求める点でイエスの教えに通じる。じっさい福音書に記されたイエスのことばにも、「正しい人ではなく、罪びとが招かれている」（マタイ福音書 9－13）という有名なフレーズがある。自分は罪びとだから、そしてまさにそれが事実だからこそ、神仏はきっと助けてくれるという理解は、イエスと親鸞のあいだで共通の理解である。

すなわち、親鸞のフレーズの背景には、「天皇のような雲上人たちは善人と言えるだろうが、自分たち庶民は、少なからず悪いことをしないと、どうしても生きていけない」という、日常生活において罪悪感を覚えてしまう庶民感情がある。じっさい、魚をとる人も、田畑で粕・麦・菜っ葉を刈りこむ村人も、鳥をつかまえ、ウサギをとらえる山地民も、殺生のない生活はとてもできない。さらに祭事その他では、おおっぴらにお酒を飲む、商売もする。ところが、仏教では、殺生も、飲酒も、金銭の遣り取りも戒められている。それゆえ「海川に、網を引き、釣りをして、世を渡るものも、野山に、ししを刈り、鳥をとりて、命をつなぐともがらも、あきないをもし、田畑をつくりてすぐる人も」、「身にそなへざらん悪業」は同じだ（『歎異抄』13）と、親鸞は言う。

そしてそれは、イエスが相手にした人たちにも言えることだった。じっさい先ほど聖書から引用したフレーズの直前には「徴税人」ということばがある（マタイ福音書 9－11）。当時は、税を徴収して回る職業についている人は、罪人、汚れた人とされていた。

要するに、キリスト教には、このように、一方で古くから仏教などを通じて日本人にもなじみがある教えとともに、他方、ユダヤ教由来のあまりなじみのない思想が混ざっている。ところで、ものごとは、知っていることと知らないことが整理されずに混雑したまま提示されると、全体をどのように受け止めればいいか、人は迷って混乱する。これは驚くべきことではない。したがってわたしたちは、キリスト教理解（納得がゆくこと）のためには、全体のイメージを一枚の絵画で理解しようとすることを止めて、枢要な部分を別々に、論理的に理解することが必要である。

そして論理的な理解によって整理することは、なにより哲学の職分である。

地球上、どこに生きる人も、だれでも、よく生きようとしている。これは同じである。他者に無理やりに納得させられ、自分では納得できない生き方で生きたいとはだれも思っていない。安心して、納得して、自分の生死を得たいと思っている。そしてそういう生死なら、神から与えられた生死だと納得することができる。じつは宗教も、文学も、哲学も、「ことば」をよりどころに、それに答えようとしている。じっさい、だれかほかの人が納得すればいいのではない。あるいは、自分の納得はあきらめて、納得したらしい特定のだれか（宗教家、作家、哲学者、等）の言うことを聞いて、言われた通りに生きれば、自分の納得はどうでもいいのではない。宗教、文学、哲学のことばを通して、むしろ「自分が納得する」ことを、すべての人が必要としている。

他方、人生について宗教で語られた「ことば」の誤解、無理解が、間違った宗教活動をゆるしている。一人一人が自分で納得できているかどうか、それをしっかりと確かめずに、先走って宗教を自分勝手に理解したつもりになってしまうことで、間違った宗教が広まり、本当の宗教があたりからなくなってしまう。本当は、「分かった」と自分が十分に納得できて、つまり自分が本当に「救われて」、その経験を直接にもつことで、はじめて宗教は正しいかたちで受け取られ、受け継がれる。それができないと、受け取られる宗教の内容が自分勝手な理解によって不正に書き換えられてしまう。

自分の納得が得られないままで、つまり分からないままで救われずにいると、その弱みを突かれて、それを見透かしている者から脅され、ただの不安・恐怖のために納得してみせる、あるいは、自分でも納得したつもりになってしまう。あるいは、弱い自分を強く見せようと、納得していないことであるにもかかわらず、それを他者に向かって納得していると強弁し、間違った宗教を正しい宗教、正しい信仰だと主張して見せる、そういう欺瞞が起こる。自分に対してもあわてて自分が正しいと強弁して、自分を見失い、死に物狂いで伝道に走る人が出る。それは、本物の宗教から見れば、むしろだれよりも救わなければならない人たちである。

宗教は、ことばのみによる納得を人々に求める。一方で、それについて行けない庶民を見捨てることができず、別の方法で救うことを目指す。しかし、ことばの説得が効かない人に対しては、世界宗教は、じつはその真理を明らかにする力をもたない。絵や像を、説得に際して補助する努力があっても、それには限界がある。限界を越えようとしても、結局は、そのような人に対しては、論理的説得の努力を放棄するほかない。そのため宗教は、納得を得るために、論理的ではなく、身体的な修練を課す。修練は、自分の身体が受けるほかないものであるから、他者に任せられない。このことが、宗教がさまざまな身体的修練を用意している理由である。宗教の真理は、まさに「この身体」のうちにある「このわたし」自らが受け止めて、納得しなければならない。しかし、己の欲望を抑えるためと称して行われる禁欲の修練は、当人とは別の人物、たとえば修練者に修練を教え、指導する似非宗教家の欲望（弟子を増やすこと）を実現するための修練と見分けがつかない。そのために、間違った宗教との違いは、この場合も、ものの見事に隠されてしまう。

　宗教と同様に、広く庶民を相手に、ことばによる納得を得る必要があるものとしては、民主主義の政治がある。同じく、ことばによる納得が得られない庶民に対して、さまざまな手段で「その気に」（良い政治が行われ、問題が起きているのは当人の責任にすぎないと思うように）させる。そこにあるのが巧みな演説である。いかにもそれらしい「ことば」で、政治家は庶民を説得する。有効な反論がなされなければ、その演説の真偽、善悪は、庶民には分からない。

　相手の「ことば」に対応する「ことば」（ロゴス）だけが、その場合も真偽を明らかにして、正しく理性（ロゴス）を納得させる力がある。しかし政治家になっている人物は、効果的な演説をする力が人に優ることで、「抜きんでた政治家」なのである。したがってそうなった人間に、同じく自分がもつことばの力で対抗できる庶民は少ない。そのために、庶民の側からは悪い政治と良い政治を見分けることがむずかしい。

紀元前のギリシアで、一対一の対話を通じて人々と交わったソクラテスは、政治家アニュトスを実質の相手とする裁判で、自分のしていたことはアニュトス一派に恨まれていたが、彼自身としては「神に仕えるためだった」と言っている（『ソクラテスの弁明』23C）。つまりソクラテスが始めたことは、直接にはアニュトスという政治家の資質を問う対話であったが、他方で、彼によれば、神に仕えてアニュトスの宗教を正しい宗教にする、言い換えると、アニュトスその他と、彼自身が、誤りを正して「正しく神に仕える」ことを目的としていた。当人が仕える神の名がアテネ神かヘラ神か、あるいはゼウス神か、またはダイモーン神か、それは問題ではないのである。

ソクラテスは、政治家アニュトスの勢力によって宗教問題で訴追され、死刑になった。この事実は、まさに哲学は、その始まりにおいて、政治と宗教の両者と扱うことがらを同じくしていることを示している。そしてソクラテスの哲学は、両者の逸脱、不正に対して、正義を求める有効な手立てであろうとしていたことがわかる。

それゆえ、宗教を「指導する」側と政治を「行う」側の人間は、正しいことをするつもりなら、哲学する能力、言い換えると、論理的理解力を持っていなければならない。なぜなら、納得がいくことがらでなければ、宗教であろうと、政治であろうと、正しいことを行う、言い換えれば、正しい宗教を実践することも、正しい政治を実践することもできないからである。

そして、繰り返すが、納得がいくものであることを確かめる能力は、自分が思考を進めるときに使っている「ことばを吟味する」能力である。そしてそれは理性能力であり、論理能力である。

「論理」とは、ことばが本来進む仕方、ことばを本来の仕方で「連ねる」道筋である。したがって、論理能力とは、実質「ことば」の能力である。自分がもつその能力だけが、理性の自分が納得できる真理を見つけることができる。

ところで、その能力は、論理的な問いに答える能力である。したがって、その能力は、一対一の問答においてのみ、鍛えられ、明らかになる。

その論理的理解力をもつ人々が、一人一人、自分の能力で、論理的理解をもって納得するうえであれば、間違った宗教活動も、政治活動も起こらない。したがって、どこかで宗教や政治において危うい場面が繰り返されるなら、それは一対一の問答を軽視して、真剣に論議を行わないゆえである。その能力をもつはずの人々が、その能力の発揮に関して怠惰であるか、あるいは、真理に対する嘲りをもつか、いずれかによってである。そしてそれは、とりもなおさず哲学の無さである。

哲学の無いところでは、不安は決して根絶やしにされない。そのため宗教においても政治においても哲学のはたらきが失われるとき、戦争、自殺、等々、暴力や悲劇に終わる誘惑が人々を支配する。

9／天地創造の主としての神

古くから伝わる日本の伝統意識は、自然界との共生に取り組むことを忘れられずにいた。周囲で自然に植物が成長し、植物の成長に合わせて動物たちがあふれ、反対に、植物が枯れ、退潮していくと、それに合わせて動物たちも消えていく。自然の姿が神々の姿として、ここによく見られていた。それは伝えられている和歌に見られる描写において確かなことに思える。言い換えれば、その姿のうちに日本人は「神ながらの道＝神の成る道」を見ていた。それは、日本人が、少なくともその時代には、天地自然のうちでさまざまな命がそれぞれ自分の生き方をしている姿を認め、賛美し、受け入れていたことを示している。

その後、日本に入って来た仏教は、はじめて日本人に「ことばを通じた人間の救いの道」――神に至る道――を教えた。しかし仏教は、その中に「神による天地の創造」という教えをもたなかった。キリスト教がもつ天地を創造する神は、天地を自分の思いのままにする神である。それは人に「力による支配」の現実を教える神だった。

日本が知った仏教は創造神を語らなかった。その教えをもたないからだ。そのため仏教が入って来ても、日本は自然を支配することを知らず、自然に対する古来の敬意を失うことがなかった。

自然は、日本人に「神ながらの道」を教え続けた。それゆえに、神社の森が維持されるだけでなく、日本の寺には、いつの頃からか、自然を模した庭が作られるようになった。仏教の僧たちも、その庭の管理を通して自然に「神ながらの道」を学び続けた。

ただし、中国ないし韓国由来の仏教自体には、自然に対する畏れはない。あるいは、共生意識はない。それは古い寺である四天王寺（大阪）の中庭を見ればわかる。四角いプールのような池が中央に作られ、中にはハスがあっても、ほかに緑の姿はない。四角い池はインドの文化である。四天王寺では、日本人の目には、乾いた空気に包まれた空間に塔が立っている寺である。じっさい、仏教は本来、仏陀との一対一の対話、あくまでも人生について議論する個々の人間どうしにおいて、人生の真理を見出す教えであった。自然との共生を教える宗教ではない。

それゆえ、インドで生まれた仏教の文化を承けて、韓国や中国の寺には、自然を模した庭が作られることはなかった。とはいえ、中国由来の儒教も、あるいは中国で発展した禅宗も、天地自然を支配する神仏を語らない。そのため、自然を神の宿りとして畏れる日本人に、自然を従僕と見て、それを支配することを教えることはなかった。

それゆえ、キリスト教がもつ、天地を創造し、自然のすべてを支配する神の観念は、日本の古い伝統意識とはまったく合わない。その観念は、日本庭園をめでる日本人の多くに受け入れられるものではない。そのために、その観念をユダヤ教から受け継いでいるキリスト教は、日本人には理解することがむずかしいのである。

さらに、哲学の祖ソクラテスにおいても、天地創造の神が語られることはなかった（1）。また「浄土経典」には、多くの浄土が多くの仏陀によってつくられたことが語られている。しかしわたしたちが棲んでいる世界を「穢土」と述べていても、これをつくったものがだれか、ということについては何も語られていない。じっさい、ソクラテスと仏陀の論は本質的に哲学であり、宗教を正しい宗教にする力をもつ論であった。そして両者とも、天地や人間を創造する神を語らなかった。その論は、人間が正しく生きることを目指すだけである。

それゆえ、哲学が天地を創造した神の存在を明らかにすることは、まったく期待できない。じっさい、中世キリスト教神学は、創造神の実在を宇宙論で証明することができないことを明らかにして十四世紀の前半に使命を終えた。同時にまた、創造神は全知全能であると信じられているにもかかわらず、なぜ神は悪を許容しているのか、これについても有効な説明ができずに終わった。

天地を創造する力は、全知全能である。なぜなら、知ることができないものを創ることはできないし、その逆も真だと言われるからである。それゆえ、すべてを（物体から心の中まで）知るものが、すべてを創ったと言われる。このように、神の「天地の創造」と「全知全能」の一つは、必然的に結びつく説である。そしてそのどちらの説も、繰り返すが、哲学的に正しいと証明できないことが、中世の神学で明らかになった。

哲学で宇宙創造神と全知全能の神の真理性が証明できないということは、その教えの正当性が理性的に疑われる事態である。哲学は、キリスト教がユダヤ教から承けている宇宙創造の神話が、合理性をもたないことを示したと言える。あるいは、キリスト教会は哲学を用いて自身の理性的正当性、優秀性を示そうとしたが、哲学が、なんと自身の足元を崩す危険なものであることを示したと言うことができる。なぜなら、哲学が宗教を正しいものにする力をもっているとすれば、しかもその哲学が、宇宙の創造神の存在と全知全能の神の存在を説明できないことを明らかにしたとすれば、キリスト教は旧約聖書にある神の天地創造説と、それにともなう神の全知全能説が理性的な説であるという主張を捨てなければならない。

とはいえ、宗教は哲学に従属するべきだとは思われていない。なぜなら、宗教は人間より上位の「神」を扱っているからである。

一方、「神の成る道」を自然界のうちに見る日本の伝統的神観念は、哲学が否定するものではない。なぜなら、「自然に成るもの」ということばは、「自ずから成るもの」を意味し「自ずから成るもの」は、そこに「主体的はたらきが在る」ことを意味するからである。つまり自然界のあらゆる場所に、さまざまな生き物が、それぞれに主体性をもって生きていることを受け入れる思想が、日本の神道にはある。すなわち、人間を含めて、生物全体の多様性を認めるのが日本神

（3）プラトンの作品中『ティマイオス』や『饗宴』には、神が天地、ならびに人間を創造した類いの説を語るソクラテスが出てくるが、プラトンの作り話であることは、日頃のソクラテス像を伝えているクセノフォンの『思い出』などから明らかである。

道である。これは、現代科学において言われている「生物多様性」の説と一致する。
「自ずから成るもの」は、すべて「主体性をもつもの」である。なぜなら、自分自身を原因として成長するからである。あるいは、自分自身を原因として自分から動くからである。ところで、「主体性をもつもの」と言うとき、ヨーロッパの哲学では、そのことばによって「人間」をおもだって理解する。そしてそれは、「人格性をもつもの」と受け取られている。そして、神の「人格性」は、なかんずくキリスト教の神の「ペルソナ性」である。キリスト教の神は、人格神だからである。そしてキリスト教の神学において、神の人格性は、中世を通じて哲学の議論によって深められ、最後まで否定されることはなかった。

それゆえ、人格概念はその後も哲学の領域に受け継がれ、近代的な人間理解（ペルソナの理解）が進み、わたしたちが知るヨーロッパ近代の「個人主義」、「人権」の理解が生み出された。人格性に関する哲学史におけるこの肯定的な歴史と、「神」を「人格性をもつもの」と理解する宗教は、哲学から見て不合理ではなく、正しいことが明らかになっている。ところで、日本神道において、天皇家を生み出す神々の系統史は別として、自然のそこここに、「自ずから成るもの」、すなわち「生命の主体性」を見出す日本の宗教思想は、卑俗な「アニミズム」と呼ばれて久しい。しかし哲学から見れば、以上のように、むしろそれはキリスト教ないしヨーロッパ哲学と同様に、合理的で正しい理解なのである。

10／「宇宙創造神」と「支配」

したがって、日本人が宇宙の創造神を理解できず、そのためにキリスト教の受け入れに際して困難を覚えるのは、日本人の理解が古いからでも、間違っているからでもない。むしろ宇宙創造神の宗教を「新しい、すぐれた宗教」と見ることのほうが誤りであり、わたしたちの日頃の判断を誤らせる危険がある。近年、日本で興る新たな宗教が不正なものになる（信者を幸福にするより、不幸にする）原因の多くは、その宗教が哲学的には説明できない宇宙創造神を取り入れることによって、不正なこと（無垢な人々を神の「罰」の観念で脅すこと）を「神がすること」であると説明する「過ち」を、可能にしているからである。

すなわち、人を救うもの（人に正しい道を示すもの）として受け取られるべき「神」は、罰を与えて「人を苦しめる神」であると教えて、人々を脅している。すなわち、天地創造説が認められれば、神の全知全能が認められ、それを背景にして神の正義の名のもとに、いくらでも人間社会において法律を構成している「ことば」のごまかしが効くのである。あるいは、「神」はそれと同等の能力をもっていると信者に想像させるだけで、「神」と呼ばれるものは、人間には対抗できない処罰を行う者として「想像され」、「神の処罰による脅し」によって教会の信者支配が可能になる。

わたしのこの意見は、多くのキリスト教知識人たちから拒絶されるかもしれない。ただし注意してほしいのは、わたしが間違っていると言っているのは、キリスト教の教説の一部、すなわち、天地の創造説と全知全能説であって、すべてではないという点である。

じっさい、現代聖書学の常識によっても、旧約聖書のはじめの「創世記」のなかで、第一章にある「宇宙創造説」と、第二章以下の「エデンの園とそこからの追放」以下の話は、出来が異なっていると考えられている。わたし自身は、「創世記」第一章の宇宙創造説が生まれた背景には、ユダヤ人が経験した特別な歴史があったと考える。新バビロニアによる大量捕囚があり、後に古代ペルシア帝国の名君「キュロス王」による解放政策が生じたとき（紀元前五三八年、「エズラ記」ほか）、ペルシア帝国から、ユダヤ人の宗教を報告するように命令を受け、ユダヤの支配層がその報告文書のうちに、宇宙創造説をわざと編入したのではないかと推測する。つまり民族に伝わっていた大量の伝説に、ペルシア帝国に伝わっていた神の宇宙創造説を頭に載せて、ペルシア人たちに、自分たちの宗教に違和感を懐かせないように、わざと聖書を編集したのではないかと疑っている。なぜなら、かなりの分量の文書を、捕囚のユダヤ人は自分たちの宗教報告として帝国に提出したらしいからである。「どうせ、忙しい帝国の役人は最初の方しか見ないだろう」と考えて…。現代でもよくある手法である。そしてそれが、いつのまにか正統教義として受け継がれることになったのではないか。

じっさい、よく指摘されることであるが、第一章の天地創造の話の次に来る第二章では、神が「わたしたち」という複数で述べられている。これは、「創世記」第一章の、唯一の神が世界を創ったという説、そしてそこから生じてくる全知全能の唯一の神とは、明らかに矛盾する。しかも、エデンの園での人間の生活という絵は、日本の神々の高天原での生活と比べて見るとき、特段の違和感はない。

またユダヤ民族を率いたヤコブが「イスラエル」と呼ばれるようになった面白い物語が、同じ「創世記」にある。ヤコブの子孫がその名で呼ばれるようになった由来は、ヤコブが神と「相撲をした」から（創世記 32）という。相手は天使だったと、キリスト教会は解釈しているが、聖書自体は、神だと言っている。すなわち、「或る神と相撲をとった」物語である。ヤコブはエルと呼ばれた神と相撲をとって勝ったが、腿を痛めたという。すなわち、旧約聖書の一部には、多くの神を認める日本人にも十分馴染めるところがある。

また、ヨーロッパの宗教はむしろ唯一の国王による帝国の支配を正当化するために、唯一の神による世界支配（天地創造）という物語が作られたと、宗教学で言われている。すなわち、国王の権威性を宗教的に説明したと言われている。しかもユダヤ人支配層のバビロニア捕囚後に編まれた「イザヤ書」では、ユダヤ人を捕囚状態から解放したキュロス王が「神から油を注がれた者」＝「キリスト」と呼ばれており（イザヤ 45）、その書の全体が、大軍を指揮する王の如き神を描いている。

じっさい、唯一の国王がいて、その下に従属する官僚たちが秩序をもって下層の臣民をコントロールする、これが、当時もっとも進んだ王国、新バビロニア王国、並びにペルシア帝国の支配の仕組みだった。それを正しいことだと民衆に了解してもらえれば、国の内部は安定である。その了解を得るために生まれたのが、唯一絶対の神による世界支配の説である。国王は、その一部を神から委ねられていると、民衆に考えて（信じて）もらえれば、王の支配は宗教の権威によって守られる。それに対する反抗は、神に対する背信行為として王の名で処罰できる。王国による巧みな人心操作である。

　アブラハムの時代、ユダヤの民は、メソポタミア文明の都市から出て、長く遊牧の民であったとされている。その後、一時、古代エジプト王国に居留した（創世記 47以下）とされている。ユダヤ人は、おそらくその一部は王国の役人を務めただろう。遊牧民を率いるための宗教をもっていたユダヤ人は、それまでは遊牧民を統率する方法しか知らなかった。ユダヤ人はエジプトではじめて、農業を基盤とする文明の地での民衆支配の要諦を学んだに違いない。奴隷となったユダヤ人が、エジプトによる支配から脱出する（「出エジプト」）に際して決めたのが「モーセの十戒」と言われている。

　おそらくエジプトで学んだ「法の精神」、国民を支配するための「基本法」が盛り込まれたに違いない。しかしそれは同時に、大きな国家に囲まれたユダヤ民族の「神の法による民族自立」であった。ちょうど日本が「中国の脅威」を感じて、中国の法律を真似て発布した「十七条の憲法」が、そのじつ当時の日本の国風を守る砦にしようとしたことと似ている。

ただし、「モーセの十戒」の内、第二戒と第三戒は、それぞれ神の像の禁止と神の名を告げることの禁止になっている。これは明らかに、祈りを他者に知らせない意味をもつ。つまり神との関係を秘密に保つことを求める戒律である。したがって、この二つは、個人ごとの信仰を守る戒律であり、信仰のために他の人間の支配下に陥らないためにつくられた戒律である。そこには、アブラハムがメソポタミアの文明から脱出したときの古い信仰（知恵）の内容が含まれているように見える。

さらに、それに続く旧約聖書のいくつかは、モーセのときからの歴史を記述している「歴史」の記述は、周知のように、特定の人々による支配を正当化する根拠になる。これもエジプトなどの大国から学んだことと推測される。ちょうど日本が、中国から歴史の記述を学んで天皇支配を正当化する『日本書紀』等を編んだように。そしてユダヤ人の歴史は大陸における遊牧民と農耕民、諸民族の戦いの歴史であり、それは大陸に生きる人々が共通にもっていた歴史だった。この種の歴史は、海を隔てて厳しい潮流に守られた列島の日本人の歴史にはない。じっさい、農耕民を主体としていたかつての日本には、居住を定めない人たちを内にかかえた歴史はあっても、外から大規模の遊牧民に迫られた歴史がない。

とはいえ、約束の地にたどりついたユダヤ人たちは、そこで安住の地を得て、農耕と牧畜と、後には商業交易をして生きた。このような歴史を経て、ユダヤ教は、次第に「遊牧民と農耕民、両方の民衆支配の知恵をもつ」という性格を身につけていった。そしてさらにユダヤの支配層が捕囚となった間に、新バビロニアとペルシアの国家支配の要諦を学んだのであろう。こうしてユダヤ教は、国家支配の知恵をさまざまに学んで、それを自分たちの経典に取り入れたのだと思える。

これに対して、ヨハネ・イエスの教えは、ふたたび「支配からの脱却」の性格をもっていた。それは、かつてメソポタミア文明の国家から脱出したアブラハム・ヤコブの指導理念が内にもっていたに違いない性格である。それは「支配のための知恵」ではなく、むしろ「支配からの脱却」を実現する知恵だった。それはユダヤ教会が諸大国の支配から学び、それまでに身につけた支配の性格を内部から破壊するものだった。

一方、日本人は、遊牧民の歴史をもたないが、仏教を通じて宗教による国家の支配からの脱却は学んでいる。釈迦牟尼は、よく知られているように、王宮（支配機構）から出て、修行して仏陀になったからである。つまり日本には、中国から学んだ定住する農耕民の支配の知恵と、その支配からの脱却を可能にする仏教から学んだ知恵がある。しかし、大陸をしばしば混乱させた遊牧民の勢力に対抗する歴史はもたない。あるいは、一部を居留させる歴史をもたない。この歴史の違いが、日本におけるキリスト教の理解を阻み、その結果として、日本人が明治以来はじめた世界との付き合いを不如意にさせている。

たとえば、外国人には、不用意に「あやまる」ことはしないほうがいいと、かつて日本の人々は噂し合った。日本人は、親鸞の教えた浄土教（浄土真宗）をよく知っていたので、何かあれば、つい謝ってしまうが、そうするとアメリカ人に対しては、自分たちが「悪かった」と認めることになって、ほんとうは間違っていないとしても罰を受けることになってしまう、という話である。しかし、キリスト教は、罪に対する罰の原則とともに、すでに述べたように、「あやまる」ことも教えている。つまり「隣人関係」における「謝罪」と、公的立場における「判断の誤り」、あるいは「行動の誤り」に関する「弁明」ないし「反省」の理解を、それぞれ別のことがらとして処理する知恵を、キリスト教は、あるいはヨーロッパは、長い歴史を通して人々に教えている。一方、日本にはその知恵がない。そのために、とくに隣国との関係において、日本は解決の道を見失いがちなのである。

じっさい、「支配」と「支配からの脱却」の両者をバランスよく身につけなければ、現代の国家政治のもとにある民衆は、安心して、あるいは他者を信頼して生きることはできない。たしかに、わたしたちは社会から、あらゆる機会を通じて、つぎのことを政府公認の真理として教えられている。すなわち、現に「正しい支配」が行われているから、個人はそれからの「脱却の視点」をもたなくても大丈夫だ、と。しかし、少なくとも人間のもつ能力ぐらいで、数千人を超える多数の他者を支配するとき、真実に正しい（完璧な）支配ができるのかと言えば、つねに怪しいのである。

じっさい理性的に考えれば、真実に正しい支配があるとすれば、それは「善き主体による」ものでなければならない。そしてその支配は、「支配される側の主体」を善きものとする（幸福にする）ものでなければならない。そうであれば、支配の道は、相手の主体の善さを傷つけるもの（主体を不安にさせるもの）であってはならない。そして、主体の善さを傷つけないためには「善き主体の在り方」が知られていなければならない。なぜなら、主体を善きものとするためには、目標とするそれを知っていなければならないからである。ところで、その「善き主体の在り方」を見出す道は、やはり哲学の道でしかない。

あとがき

今夏は、九月に入っても炎暑の日が続いた。将来の熱地獄を思わせた。環境問題に関心があるわたしは内心、この仕事を急かされた。わたしにとって哲学の研究は環境問題と無関係ではないからである。

昨秋、まずは思いのままに書き上げたデジタル原稿があった。編集者の意見を聞いて修正を加え、春先にこの本になる元原稿を仕上げた。ところが、今春、わたしの原稿を見てくれていた編集者に異動があって、試し刷りの校正ゲラが編集者の意見付きで送られて来たのが半年近く後になった。

わたしはその空き時間を利用して小説を書く勉強をして拙い小説を書き上げ、出版のための段取りを整えた。さらに少しできた時間の中で、道元の『正法眼蔵』の一部と、親鸞の『教行信証』を読んだ。今春、大学で教える仕事がなくなって時間ができたからである。一方で　新型コロナ禍の規制措置が取れて月に五、六日の野鳥公園のボランティア活動が春から復活していた。そのため、思いのほか忙しい毎日だった。

しかしこの期間の小説と仏教の学習も手伝って、送られて来た校正用ゲラに編集者の意見を参考に手を加えてみると、思いのほか良さそうな本の姿が見えて来た。

見ての通り、この本の第一章は宗教と哲学と文学の間の相違と共通性に関わって長く扱っている。半世紀前の学生時代、わたしは哲学と文学は違うと、同じ教室に通う女子学生に向かって意固地に主張した。怪訝な顔をされても、わたしは違うとしか言えなかった。彼女には、わたしが機嫌を損ねて怒っているように見えたかもしれない。もちろん怒っていたつもりはない。怒っていたとしても、怒っていたのは適切なことばを見つけられない自分に対してだった。半世紀を経て、ようやくその違いを語ることができるようになった。

その長い時間がわたしの哲学が形をとるために必要だったのだと、今にして思う。しかし、そんな時間は無駄ではないか、怒ったような主張などさっさと引っ込めて、女の子と仲良くしたほうがよかったのではないかと、おとなの意見を言ってくれる人がたくさんいるかもしれない。

同じように、半世紀前のわたしは、自然環境が削りとられ、危うくなっていく姿に説明し難い辛さを感じていた。言うに言われぬ怒りを感じていた。何が原因なのか、半世紀前には何も言えないどころか、何も見えなかった。その隠れた原因が、ようやく説明できそうなくらいに見えて来た。しかし、すでに時を失っていることを告げるような炎暑の夏を、今、味わっている。一方、たくさんの若い人たちが地球温暖化に立ち向かって日本でも声を上げ始めている。

数千年のむかし、文明の進展があり、社会がもつ大きな力を前にして、現代にまでつながる声を上げた人たちがいた。哲学の果てに釈尊とソクラテスが、個人宗教の始まりにおいてザラスシュトラとイエスが、おそらく（わたしの推論としては）「いのちの本源の善美」に気づいて声を上げた。ヨーロッパ中世の神学者ドゥンス・スコトゥス、日本の道元、親鸞は、それぞれ自分の教授と著作活動を通じて、七百年ほど前、それを長い時間をかけて「確かめていた」ように、わたしには見える。

そのように見れば、わたしの七百年後の仕事は、むしろ読者諸氏に寄り道をさせただけかもしれない。とはいえ、宗教まで含めて、ヨーロッパの哲学をこれまでとは異なる視点で説明することは、今回、できたと思っている。またこの本を読んでくれた読者諸氏には、せめて、広い意味で人の命を破壊している問題（人権問題、環境問題、平和問題、等々）に勇気をもって声を上げている若い人たちを陰で嘲笑うような態度だけはとらないでほしい、彼らのほうがわたしよりも「正しい行動」をとっていることは確かだからと、心からお願いしたい。

二十年ほど前のことになる。東北地方の中学が、修学旅行先の東京でのボランティア体験のプログラムをもっていた。そこに、東京の港湾地区にある公園でわたしがしていたボランティア活動がなぜか組み込まれていた。わたしの知らないところで旅行会社が勧めていたらしい。よくわからないまま、当時、わたしは十校ほどの中学生を相手にした。そのうちの一つの中学が、五月のある日、野鳥公園に大型バスでやってきた。わたしは二十人くらいの生徒たちに、人のためではなく、草のために草を刈る「正しい時季」があることを教え、カマを持たせて草刈りをさせた。生徒たちは黙ってカマを振るって草を刈った。翌年も、同じ中学から生徒たちが引率されて来た。そのとき引率していた先生の一人に言われた。「去年、うちの生徒たちが学校の外の道路脇の草を刈りたいと言い出したんですよ。わたしたち、本当に困りました」。

わたしは文句を言われたのかと思い、どう答えればよいか戸惑いながらその先生の顔を見返した。すると、そこにあったのは満面の笑みだった。嬉しそうな眼だった。

それからほどなくして、わたしは数が増えていく相手に身が持たず、旅行会社を通じて修学旅行の迎え入れをすべて断るほかなくなった。その数年後、東北を大震災が襲った。被災地の名前にいくつか聞き覚えのある名前があった。

わたしは時間が取れず、震災の跡を訪ねることはできなかった。あの時の生徒たちはどうしているだろうかと思う。満面の笑みを浮かべて「困りました」と、わたしに嘆いて見せた先生はどうしているだろうかと思う。

でも、きっと、あの時の中学生たちは、世慣れた中高年の現実主義に負けずに、黙って「正しい生き方」を探している立派な大人になっているだろうと思う。わたしが草を正しく刈るときがあることを語ったあと、黙々と草を刈っていた彼らの後ろ姿を、わたしは今も覚えている。相変わらず人間の欲望のままに環境破壊が進むなかで、わたしもさまざまな経験を積んで、今はほんの少し、人を信じることができる人間になった。
わたしをここまで導いてくれた神に深く感謝して、以上、拙いあとがきとしたい。

令和五年九月　東京の拙宅にて

八木雄二

著者略歴

八木 雄二　*Yuji Yagi*

1952年、東京生まれ。慶應義塾大学大学院哲学専攻博士課程修了。文学博士。専門はドゥンス・スコトゥスの哲学。東京港グリーンボランティア代表。東京キリスト教神学研究所所長。著書に『スコトゥスの存在理解』(創文社)、『イエスと親鸞』(講談社選書メチエ)、『中世哲学への招待』『古代哲学への招待』(平凡社新書)、『「ただ一人」生きる思想』(ちくま新書)、『神を哲学した中世――ヨーロッパ精神の源流』(新潮選書)、『天使はなぜ堕落するのか――中世哲学の興亡』『聖母の博士と神の秩序――ヨハネス・ドゥンス・スコトゥスの世界』『哲学の始原――ソクラテスはほんとうは何を伝えたかったのか』『裸足のソクラテス――哲学の祖の実像を追う』『神の三位一体が人権を生んだ――現代思想としての古代・中世哲学』『ソクラテスとイエス――隣人愛と神の論理』『「神」と「わたし」の哲学――キリスト教とギリシア哲学が織りなす中世』『1人称単数の哲学――ソクラテスのように考える』(以上、春秋社)など。訳書にドゥンス・スコトゥス『存在の一義性――ヨーロッパ中世の形而上学』(知泉書館)、『中世思想原典集成』(共訳、平凡社)など。

キリスト教を哲学する

隠されたイエスの救い

2023年10月25日　第1刷発行

著　者────八木雄二
発行者────小林公二
発行所────株式会社　春秋社
〒101-0021 東京都千代田区外神田2-18-6
電話 03-3255-9611
振替 00180-6-24861
https://www.shunjusha.co.jp/
装　丁────本田　進
印　刷────株式会社　太平印刷社
製　本────ナショナル製本　協同組合

ISBN 978-4-393-32412-7
定価はカバー等に表示してあります